U0895273

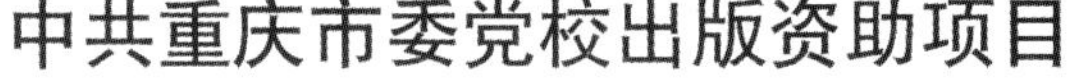

中共重庆市委党校出版资助项目

李严昌◎著

政府回应过程研究

中国社会科学出版社

图书在版编目（CIP）数据

政府回应过程研究/李严昌著.—北京：中国社会科学出版社，2018.6

ISBN 978-7-5203-2607-0

Ⅰ.①政… Ⅱ.①李… Ⅲ.①国家行政机关—行政管理—研究—中国 Ⅳ.①D630.1

中国版本图书馆 CIP 数据核字(2018)第 107711 号

出 版 人 赵剑英
责任编辑 张 林
特约编辑 张 静
责任校对 周 昊
责任印制 戴 宽

出 版 中国社会科学出版社
社 址 北京鼓楼西大街甲 158 号
邮 编 100720
网 址 http://www.csspw.cn
发 行 部 010-84083685
门 市 部 010-84029450
经 销 新华书店及其他书店

印 刷 北京明恒达印务有限公司
装 订 廊坊市广阳区广增装订厂
版 次 2018 年 6 月第 1 版
印 次 2018 年 6 月第 1 次印刷

开 本 710×1000 1/16
印 张 17.25
插 页 2
字 数 268 千字
定 价 79.00 元

目　　录

绪　论

“政府回应”是个新词语，实际上现实中的许多现象和问题都属于政府回应的范畴。概念的最大功用就是简化现实，让人们在纷繁复杂的现象中理出一些头绪。政府回应来源于西方的“回应性”概念。回应性强调公共管理者应当对公民的要求做出积极的反应和答复。它主要是一个规范性概念，是西方行政改革的一个指导性理念。但若从经验性的角度看，政府回应是一种政府行为。在实际政治生活中，政府回应往往表现为是政府与公民的互动，因此政府回应也是一个政治过程。将政府回应视作一个政治过程，那么，当代（改革开放以来）中国政府回应过程是什么样的？就成为一个非常值得研究的课题。

一　研究意义

“回应”（respond），顾名思义就是回答、反应的意思。政府回应（government response），就是政府在公共管理中，对公众的需求和所提出的问题做出积极敏感的反应和回复的过程。政府回应的本质内容是政府与公民、政府与社会的关系，“政府回应是政府与公民关系的核心环节”①。从最广泛的意义上讲，有政府就有政府回应，但从严格意义上讲，政府回应是民主政治的产物，是现代政府的主要特征，是政府治理的一种重要方式。专制政府也有回应，但其根本目的是维护统治阶级的利益。“在非民主社会中，公共权力的所有权和行使权集于统治者一身，尽管回应也会出现，但这种回应绝大多数情况下是偶然和被动的，其取决于统治者

① 李伟权：《政府回应论》，中国社会科学出版社 2005 年版，第 10 页。

的善良意志和统治需要，而非一种必然的价值和模式。”① 而在现代民主社会，政府回应是为了公共利益的最大化，是政府必须遵循的价值。在现代社会，政治公民的主权者身份和作为行政公民被管理者角色之间存在的冲突，即在严密而成熟的公共行政体制下，公民如何有效地表达、实现和维护自身意志和利益的问题显得愈加激烈，而相应的，政府如何应对公民的要求的问题也日益突出。

（一）研究的学术意义

20 世纪七八十年代以来席卷全球的政府改革大潮的一项主要内容就是增强政府的回应性。“过去二十年中全球政府现代化和民主化的一个最重要趋势是建立和加强地方治理运动。要求增加政府回应和政府责任，同时要求政府与许多国际组织和慈善组织协同工作在这一运动中起着十分重要的作用。”② 不论是资本主义国家还是社会主义国家，不论是发达国家还是发展中国家，不论是信奉自由市场主义的美国，还是北欧的福利国家，都非常重视并积极致力于政府与社会、政府与公民关系的重构。政府回应代表了一种互信合作的新型的政社关系和政民关系。不过，就政府回应的理论探讨和实践行动及其效果来看，西方国家最值得关注。

从政治学角度看，“政府回应”在西方的兴起与西方国家的“合法性危机”有直接关系。20 世纪六七十年代，西方国家普遍遭遇了严重的社会危机。由于经济衰退而导致社会矛盾丛生，犯罪猖獗，社会运动风起云涌，革命呼声也十分高涨。正是这种严峻的形势使得西方国家对公民和社会的各种要求做出及时有效的应对。政府作为国家的主要代表，必须承担其回应公民的具体职责。

从行政学角度看，政府回应是对西方传统官僚制政府模式的一种反动。西方国家长期以来实行官僚制，官僚制的主要特点是奉行价值中立、等级制、专业化和非人格化。这种制度有效地避免了政党分肥导致的政府腐败、软弱和低能，打造了一个稳定高效的政府，但也由此排斥了公民对公共事务的参与，忽视了行政机关对公民的责任。随着社会的发展，

① 陈新：《微博论政与政府回应模式变革》，《上海行政学院学报》2012 年第 1 期。

② ［美］阿伦·罗森鲍姆：《比较视野中的分权：建立有效的、民主的地方治理的一些经验》，《上海行政学院学报》2004 年第 3 期。

政府职能不断扩张，出现了所谓的“行政国家”。庞大的官僚系统变得越来越效率低下、反应迟钝，尤其是与普通民众的关系日益疏远。官僚制越来越被视为民主的对立物。所谓的民主仅仅体现在政治选举上，与行政无关。公民的权利在行政领域得不到体现，反而还常常受到政府的侵犯。因此，官僚制不仅被指责为有害于民主，而且还有损自由。于是在20世纪60年代，西方行政学出现了“新公共行政”学派，高举民主行政和社会公平的旗帜，强调政府对公民的责任和回应。如果说新公共行政的政府回应还主要停留在理念的层面上的话，新公共管理则在实践上找到了一条可行之路。新公共管理强调“企业家精神”和“顾客导向”，在公共管理实务中开辟了诸如下放权力、政府组织扁平化、全面质量管理、流程再造、公共服务市场化等多种增强政府回应性的有效途径。90年代兴起的治理理论在政府回应上又有新突破。治理理论强调政府和公民、政府和社会的合作关系，不仅仅是对公民和社会的要求做出反应，更要致力于一起积极寻求解决问题之道。20世纪七八十年代以来的政府改革在西方国家取得了积极的成效，同时使得回应性理念的价值日益凸显。如何看待回应、如何提高政府的回应性，已成为当代世界全球性的行政学前沿话题。

对于中国政府回应而言，西方在政府回应方面所做的一切理论和实践努力，值得我们总结和借鉴，但这必须建立在对自身状况认识清楚的基础之上。中国政府回应是什么一种现状，呈现出什么规律，如何改进等问题，值得深入研究。

对政府回应的关注，在西方是30年来的事情，在中国则是21世纪的新现象。政府回应虽说是来自西方的概念，但不能说此前中国就不存在政府回应。政府回应性不是西方代议民主体制所专属的问题，当前中国面临的治理困境和转型危机使中国的政府回应性问题显得尤为突出。就当代中国的政府和公民关系来看，从大的方面讲，中国政府的回应性还是值得肯定的。就凭中华人民共和国成立以来尤其是改革开放以来经济社会发展取得的巨大成就和人民生活的极大改善便可说明政府的作为基本符合民意、顺应民心。但与此同时，腐败和官僚主义也一直是影响当代中国政府和公民之间关系的主要因素，民众希望政府能有更多的回应性。在西方，政府回应性研究主要是在行政学界，但在中国，政府回应需要政治学的关注。对于当代中国而言，不存在三权分立，不存在政治与行政的明显分割，没有民选官员、政务官和事务官的区分，因此，政府回应就是指政府与普通民众的关系。在西方，政府对立法机关、司法机关、政党、行政首长的回应的重要性往往比对普通公众的回应更重要，但在中国，由于党政的紧密关系和立法机关、司法机关的相对孱弱，政府对公众的回应就是最重要的了，也是最值得研究的。与西方不同，鉴于党政结合紧密和政府在国家政治体系中的主导地位，政府回应的意义绝不仅仅在于公共管理中的公民满意，而是直接关涉整个当代中国政治体系的公民认同的政治合法性问题。

因此，非常有必要基于中国的经验并借鉴西方政府改革的视角和理念，创新和发展中国的政府回应研究。

（二）研究的实践意义

政府回应是政府理论的重要组成部分。政府理论发展到今天，必须将政府回应作为一个专题加以研究。从政府的价值体系方面看，回应性已经作为政府所追求的基本价值之一。从政府的行为过程看，无论是决策还是执行，都必须对民意加以有效回应。回应有利于决策民主化科学化，有利于执行的顺畅。从政府的组织结构看，回应性要求创建一个扁平化、有弹性的政府组织。从政府制度看，回应性要求在实现对政府有效控制的前提下适度增加行政人员的自由裁量权，创建一种有效激发行政人员积极性和服务精神的制度和机制。从政府发展的角度看，政府回应的最终结果就是政府发展，政府回应有利于增强政府能力，有利于增加政府的合法性，有利于政府的稳定、可持续发展。

政民关系是当代中国的主要政治关系之一，也是行政体制改革和服务型政府建设的根本内容。因此，研究政府回应问题，对中国政治发展和政府建设具有重要的现实意义。国际行政院校联合会主席莫汉·考尔在北京举办的2000年年会开幕式上讲道："增进政府的责任性、回应性和效率，对于未来国家和全球发展具有特殊的意义，而在新世纪国际新秩序形成中必将发挥重要作用的国家里讨论这一主题，尤为恰当。"①

---

① 莫汉·考尔：《增进政府的责任性、回应性和效率》，《国家行政学院学报》2000年第5期。

第一，政府回应对当代中国政治发展具有重要意义。有学者已经提出，不能仅仅用西方政治发展的标准如民主化来衡量中国政治发展，改革开放以来中国政治体制改革并非停滞不前，而是取得了坚实的进展。[①]中国政治发展主要体现在各种政治关系的变化上，如党政关系、国家与社会的关系、政企关系、政府与公民的关系等。没有政治发展中国所取得的巨大经济成就是不可想象和无法解释的。实践证明，中国政府对经济社会发展的要求是能够做出有效回应的。没有对安徽小岗村农民要求的尊重，就不会有农村的各项改革；没有对个体户和私营企业主的宽容和支持，就不会有市场经济的波澜壮阔；没有对诸如广西宜山村村民意愿的尊重，就不会有村民自治的广泛推行；没有对非典危机的反思，就不会有对公共服务和民生问题的深切关注。在民主尚不健全、公民参与不足的中国，政府回应不仅为经济社会发展提供了重要保障，而且为中国共产党执政提供了强大的合法性支持。汶川大地震事件就是最佳的注脚。良好的政府回应有效地促进了公民参与和公民社会的成长，逐步形成了政府与社会的良性互动。这无疑对中国政治发展具有深远意义。

第二，提高政府回应性，建立规范的政府与公民关系应该成为今后中国行政体制改革的着力点。回顾我国以前的行政体制改革，其思路基本上是停留在对政府内部机构的改革上，更侧重于按照政府自身需求来安排其改革任务。而一直没有做好对政府与公民关系——这一政治、行政领域第一大关系的调整，因此在政府与社会之间也就没有形成一种较好的互动关系。正是因为在国家与社会、政府与公民之间没有形成很好的互动关系，政府的职能定位很难跳出自身设定的圈子，所以以前中国行政体制改革总是走不出：精减—膨胀—再精减—再膨胀，一放就乱、一乱就收、一收就死的怪圈。事实上“明确规范的政府与公民的关系，对于行政体制改革以及整个政治、经济和社会生活的民主化具有十分重要的理论和实践意义”[②]。因此中国下一步行政体制改革应该把行政体制

① 燕继荣认为，从“治民”“治政”“治党”三个方面来概括和理解中国政治发展，可以显现中国改革在政治方面所取得的重大成就。参见燕继荣《治民·治政·治党——中国政治发展战略解析》，《北京行政学院学报》2006年第1期。

② 宋全喜：《中国行政体制改革的理论定位》，《理论与研究》2000年第5期。

改革定位在调整政府与公民的关系上，构建规范和谐的政民关系。

第三，提高政府回应性应是当前服务型政府建设的核心理念和关键内容。以公民为本位，对公民的需求做出及时有效回应，并提供多样化的优质公共服务是国外服务型政府建设最为显著的一个特征。中国政府改革和服务型政府建设必须在政府和公民关系上摆正姿态，坚持公民本位。要紧紧围绕服务于公民需求和公民权利来进行政府改革和服务型政府建设。不应仅仅停留在机构调整和职能转变层面，更要在机制转变上下功夫。没有机制的转变，职能极易扭曲。建设有效的公民参与和政府回应机制，是服务型政府建设的根本任务。没有政府与公民的良好互动，服务极可能成为政府权力扩张的借口，服务就会异化。基层治理和服务型政府建设中的典型案例，无一不是将服务建立在对民意的回应上，无一不是发展民主和改善民生的有效结合。

第四，提高政府的回应性和回应能力是目前中国度过矛盾多发期的有效方法。现阶段，中国正处于行政改革和社会转型的关键时期，社会矛盾呈现多发易发的局面，政府面临着诸如公众利益诉求的多样化、公共危机爆发的突然性和严重性等一系列空前的挑战。诸如此类的挑战带来的社会不稳、社会失序甚至是社会危机，足以可以加剧中国走向高风险社会，而这些问题的妥善解决迫切需要政府提高其回应公众的能力。如果政府的回应性及其回应的有效性越低，社会的挫折感越强，此时政府将面临更严重的信任危机；反之，如果政府在做到及时回应的同时又能最大限度地确保回应切实有效，那么政府便可以不断获取社会信任，而信任作为一种社会资本又有利于政府今后回应的有效，最终有利于社会矛盾的化解。

二 国内外研究文献述评

政府回应问题是西方学者最先提出的。不过，西方早期的研究并没有将政府回应问题作为一个独立的研究课题。政府回应是民主理论的一部分。在传统行政学那里，政治和行政是分开的，政府回应主要体现在政治选举上，更具体地讲，就是体现在政治领域民主选举的政务官与选民之间的责任关系。至于官僚制的行政系统，应该是中立的，凭其专业知识就可很好地执行政策。官僚制政府直接对经民众选举产生的政务官负责，与民众并无直接的责任关系。因此实际上，在 20 世纪六七十年代民主行政理论和新公共管理理论兴起之前，政府回应问题是被忽视的。随着社会的快速发展，一方面，庞大的官僚制政府越来越难以适应变化的社会，政府扩张带来机构臃肿，官僚层级导致政府效率低下、缺乏应变、政策失灵，政府管理的国有企业的低效率，一味强调行政程序规则的重要性而忽视了公众的多样化需要，政府提供的公共产品并不能真正为社会所需要等等，对日益增加的公共事务缺乏治理能力，因而广受批评，其合法性受到质疑；另一方面，知识的普及和教育的进步提升了公民的主人翁意识和参与意识，他们积极要求在公共事务中拥有发言权并发挥作用。

正是在这种背景下，政府回应才被作为一个重要话题而深受关注。政府的回应性第一次被自觉地作为公共行政和政府治理的基本价值之一。政府回应开始在行政领域得到重视。始于 1968 年的新公共行政运动在理念层面重新张扬了民主、社会公平和回应性，弗雷德里克森在 1968 年的会议上首次将社会公平的价值引入公共行政，后来在 1980 年出版的《新公共行政》一书中指出社会公平就是强调公共行政要回应公民的需要而不是公共组织本身的需要。在新公共行政之后，新公共管理理论致力于“突破官僚制”，强调公共决策的社会参与和公共服务的“顾客导向”，认为市场机制和企业家精神是实现政府“顾客导向”的有效途径。戴维·奥斯本和特德·盖布勒的《改革政府》(1992) 的十条原则之六是“顾客驱使的政府：满足顾客的需要，不是官僚政治的需要”[①]。拉赛尔·林登在《无缝隙政府》一书中提出公共管理不是以部门、职能为导向或以数量、规模为导向，而是以顾客为导向，以结果为导向，以竞争为导向。新公共服务理论则基于公民权，认为公共行政官员在其管理公共组织和执行公共政策时应该集中于承担为公民服务和向公民放权的职责，他们的工作重点既不应该是为政府这艘航船掌舵，也不是为其划桨，而应该

① 戴维·奥斯本和特德·盖布勒在《改革政府：企业精神如何改造公营部门》(上海译文出版社 2006 年版) 一书中提出“企业家政府”的十点纲领：促进在服务提供者之间的竞争；减少科层制，放权给公众；关注结果；目标驱动而不是规章驱动；顾客导向；预防而不是事后处理；增加收入；分散权威，参与式管理；引进市场化机制；掌舵而不是划桨。

是建立一些明显具有完善整合力和回应力的公共机构。登哈特夫妇的《新公共服务》(2003) 一书中“回应”是出现频率最高的词汇之一。治理理论强调治理主体的多元化和治理过程的协商互动，明确提出政府回应性是善治的基本价值理念。莫汉·考尔 (Mohan Kaul)(2000) 认为，由于面临着全球经济力量的增强、新技术革命的冲击等各种各样的挑战，政府必须及时对政府治理模式进行相应变革。良好的经济和财政政策必须伴之以健全的法律框架以及负责任的、有效的和有回应力的政府机构。未来会引导公民更多地投入到公共政策的制定中来，公民要求更多的回应性服务，因此主要的政府机构将处于不断增长的改革压力之下。①

总的来看，政府回应理论的发展可归结为四种范式：①作为民主理论一部分的政府回应。关注政治领域民主选举的政务官与选民之间的责任关系，“民主的主要性格是政府对公民的偏好不断地做出回应”(罗伯特·达尔，1971)。②新公共行政的政府回应。20 世纪六七十年代，新公共行政学派推崇民主行政，关注官僚机构对公众的回应性，将社会公平的价值诉求引入公共行政，“社会公平就是强调公共行政要回应公民的需要而不是公共组织本身的需要”(弗雷德里克森，1980)。③新公共管理的政府回应。80 年代，新公共管理强调“顾客导向”，开辟了诸如下放权力、政府组织扁平化、全面质量管理、流程再造、公共服务市场化等增进政府回应性的途径。新公共管理的市场服务型政府回应模式实际上成为公共行政理论和实践领域的主导范式。④新公共服务理论的政府回应。对新公共管理进行反思，认为“政府不应该像企业那样运作，它应该像民主政体那样运作”(罗伯特·登哈特，2004)。回应性不仅是政府满足“顾客”的需要，其本质是政府要与公民及公民之间建立信任与合作关系。

在政府回应理论范式嬗变的同时，西方学者对政府回应也进行了许多实证研究。如弗朗西斯·洛克在《美国官僚系统的回应性和中立能力》(1992) 一文中，对美国官僚系统的回应性作了分析，认为美国公众在政府决策中起着决定性作用。皮亚·马可尼博士在《意大利公共行政改革

① 莫汉·考尔：《增进政府的责任性、回应性和效率》，《国家行政学院学报》2000 年第 5 期。

与面向公众的政府回应性》（1997）一书中专门研究了意大利为了提高政府回应性所进行的政策制定、行政程序改革、公共服务的改进，以此追求政府的善治。纽约大学的塞巴斯蒂安·塞尔义在《政府失败：结合体、回应性和立法行为》（2002）一文中对政府回应在政府失败中的表现作了简单的论述。

应当指出，国外有许多人对政府回应的认识存在疑虑。正如民主与官僚制存在张力一样，体现实质民主的回应性也与官僚制存在张力。很多人担心回应性将威胁传统文官制度的核心价值如连续性、中立性等。在国外政府改革尤其是美国“重塑政府”运动中，一个主要的措施是放松政府内部规制，其目标是提高政府绩效和政府对公民多样化需求的回应性，但原则是保留原来规制所蕴含的文官制度核心价值的延续。任何背离这个原则或者不能肯定有利于坚持这个原则的改革都会被阻止。结果就是，早在20世纪70年代就被提出的放松规制的改革，在90年代的重塑政府运动中仍未取得很好的效果，最典型的例子就是1995年，克林顿政府提出的旨在增加管理灵活性的公务员改革法案被国会否决。另外，放松规制就意味着行政自由裁量权的扩大，在对政府充满不信任的西方，人们非常担心大规模的放松规制会带来监督失控，导致政府滥用权力。如何在增加回应性和维护官僚制核心价值之间达成平衡，如何在放松规制与防止权力失控求得平衡，在国外仍是一个未解的大问题。另外，还有一些人认为“在最好的情况下，回应以牺牲专业效率为代价，不过是一种必要的邪恶；在最坏的情况下，如果不是明显的腐败，回应至少体现了政治权宜之计。在这一观点看来，回应与专业主义是相矛盾的，它打着民主的旗号迫使公务员满足公民要求，哪怕违背公共利益也在所不惜。”① 所以，回应与效率、回应与专业主义的平衡问题，也值得考虑。

与西方学者相比，中国学者对政府回应的研究整体起步较晚，“政府回应”问题是在2000年前后受到重视并开始进行研究的，在以往很少被提及。这与国内形势的变化紧密相关。随着中国改革开放和现代化建设

① ［以］埃瑞·维戈达（Eran Vigoda）：《从回应到协作：治理、公民与未来的公共行政》，孙晓莉摘译，《国家行政学院学报》2003年第5期。

的不断深入和发展，中国的经济社会发生了巨大变化，如社会经济成分多样化、人们的经济利益多样化、社会需求多样化等。这种从单一化向多样化发展的趋势，要求政府适应多样化经济社会发展的客观需要，调整其职能。公众希望政府更重视公众的需求和选择，对公众提出的意见、建议和所要解决的问题给予及时回复。2000 年 7 月，国际行政院校联合会 2000 年年会在北京召开，这次年会即以“政府回应”为主题之一。自此，政府回应才成为中国行政管理学界研究的热点。最初，政府回应在政府责任研究中被提及的，如张成福的《责任政府论》（2000）、张贤明的《论政治责任——民主理论的一个视角》（2000）都从政府责任角度提出了政府回应问题。张成福认为，政府责任是指政府能够积极地对社会民众的需求做出回应，并采取积极的措施，公正、有效率地实现公众的需求和利益，政府的责任意味着政府的社会回应。[①] 从理论上论述政府回应性的主要是俞可平，他是国内引入治理理论的先驱，他在《权利政治与公益政治》（2000）、《治理与善治》（2000）等著作中，将政府回应性作为善治的主要内涵和基本要素之一。他认为，回应性越大，善治的程度越高。他提出考察中国政府回应的七个指标：党和政府的咨询机制、党政机关工作的主动性、政府制度创新、党和政府听取公民意见的情况、决策部门对政策的修订、政策反映或代表公民要求的程度、公民要求对政府决策的影响。但他并未对政府回应性问题作进一步的深入探讨。[②]

随着国内行政体制改革和服务型政府建设的进行，政府回应终于被作为一个独立的问题来研究了，并且迅速成为学界的热门研究课题。从 2000 年开始，以政府回应为主题的论文出现且逐年增多。据笔者在中国知网以“政府回应”为篇名检索文章的结果显示，截至 2016 年 9 月 1 日，发表的论文共计 363 篇（具体年份分布见表 0—1）。

---

① 张成福：《责任政府论》，《中国人民大学学报》2000 年第 2 期。

② 俞可平：《增量民主与善治》，社会科学文献出版社 2005 年版，第 142—145 页。

表 0—1 **政府回应论文历年发表数量统计** 单位：篇

年份	2000	2001	2002	2003	2004	2005	2006	2007	2008
论文数	6	6	5	8	6	7	8	15	23
年份	2009	2010	2011	2012	2013	2014	2015	2016	
论文数	27	38	25	37	40	49	41	22	

何祖坤的《关注政府回应》（2000）是政府回应研究的开篇之作，文章认为，“政府回应，就是政府在公共管理中，对公众的需求和所提出的问题做出积极敏感的反应和回复的过程”①。该文在国内首先将政府回应作为一个政府的行为过程来研究，并从政府回应的实践意义、有效载体、回应制度建设三个方面对中国政府回应给予了说明。紧随其后，关于“政府回应”的研究成果开始大量出现。对这些研究可作如下总结：

在政府回应的理论研究方面，学者们主要注重探讨政府回应的内涵。黄小勇的《行政的正义——兼对“回应性”概念的阐释》(2000）一文认为，建立在程序化、非人格化亦即理性化基础上的传统公共行政的效率、效果、经济及责任等价值背后蕴藏的是形式正义，其最大缺憾就是，把过多的资源消耗在维持公共行政的形式理性方面，牺牲了实体性目标的实现，即以实质正义为代价。西方发达国家 20 世纪 80 年代以来的行政改革的一个重要取向就是强调“目的”控制的意义和作用，期望以实质（实体）正义来统合形式正义，克服传统行政的困境。而“回应性”表述的正是这种实质正义的政府改革目标。② 陈水秘的《政府回应的理论分析与启迪》（2000）一文认为，政府回应既是公共管理实践的过程，也是系统的政府管理理论和行政理念的逻辑延伸。因此对政府回应从传统思想到新公共管理的理论发展作了梳理总结。他认为，“政府回应是政府与公众的一种双向互动过程，是公共管理的民主化的具体表现，政府管理的过程，不仅仅是政府自主性扩张和能力的展现过程，更重要的是，它是政府与社会、政府与公众之间互动的过程。也就是说，行政权力的运行

① 何祖坤：《关注政府回应》，《中国行政管理》2000 年第 7 期。

② 黄小勇：《行政的正义——兼对“回应性”概念的阐释》，《中国行政管理》2000 年第 12 期。

不仅取决于自身的强制性、支配性和惩罚性，在某种意义上还取决于作为相对人即社会公众的同意”①。王巍在《公众回应性：服务行政的核心特征——服务型政府回应机制的流程与制度设计》(2004）中首次提出了“政府回应机制”的概念及其构建原则，其后他又在《论“政府回应”的内涵和主导模式转型》（2005）中，从公共行政发展视野中公民主导角色的变换和公共利益实现预设的变迁这两条线索的把握出发，抽象出行政管制型、市场服务型、民主治理型者三种处于渐进更替发展过程中实现“政府回应”意义的“理想模型”。② 戚攻在《论“回应”范式》(2006）中指出，回应作为对一类社会互动现象、关系及过程的理论规制，是基于治理理论、服务型政府建设、公民社会发展等而创造的一个新范畴。③ 唐晓阳在《建设和谐社会必须提高政府的回应能力》(2006）中首次提出了“政府回应能力建设”的命题。娄成武、顾爱华的《行政回应的哲学解读》(2006）认为，行政回应是现代政府的重要制度及理念，从哲学层面上解读，它具有主体性、公共性、约束性和相融性的内涵，行政回应的哲学特性决定政府应该以扮演表现性角色、反映公民诉求、对公民负责和为公民服务为价值目标。④

就国内目前关于政府回应的实践研究情况来看，“问题—对策”式研究是普遍模式，在提出若干问题的基础上提出构建政府回应机制、提高政府回应能力的相应对策建议。如张峰的《试论增进我国政治回应制度建设》(2005)、景云祥的《和谐社会构建中政府回应机制的建设》(2007)、袁国玲的《当前政府回应问题探析》（2007)、徐智晨的《论政府回应的理论依据、现状以及改进思路》（2008）和聂鑫《增强我国政府回应能力的理论意义与现实对策》(2008 年）等都是如此。袁国玲在《当前政府回应问题探析》中考察了当前我国政府回应存在的三类问题：回应效率问题、回应议程问题、回应公正问题，分析其存在的原因是回应责任心不强、制度缺失、集团利益的阻力，提出改进的三条对策是：设

① 陈水秘：《政府回应的理论分析及启迪》，《地方政府管理》2000 年第 11 期。

② 王巍：《论“政府回应”的内涵和主导模式转型》，《探索》2005 年第 1 期。

③ 戚功：《论“回应”范式》，《社会科学研究》2006 年第 4 期。

④ 娄成武、顾爱华：《行政回应的哲学解读》，《中国行政管理》2006 年第 9 期。

计回应流程、公众评介回应绩效、注重政府回应的法规建设。[①] 徐智晨的《论政府回应的理论依据、现状以及改进思路》认为政府回应的理论依据是新公共服务理论，中国政府回应的现状是政府回应动力缺乏、政府回应效率低下、政府回应载体局限、政府回应向度单一，中国政府回应改进的思路是重塑行政伦理、改造组织结构、完善电子化的政府回应平台、推进公民参与。[②] 梁莹的《政策过程中的基层回应机制研究——基于实证层面的探析》(2007) 是少见的对基层政府回应机制的实证研究，通过问卷调查和回归分析发现，基层政策过程中的回应与互动非常欠缺。李和中的《从区域治理的差异性看我国政府回应性的构建——基于我国东中西部的实证比较》(2010) 虽然试图对我国东中西部地区的政府回应差异性做实证分析，但重点还是从共性的角度提出提高我国政府回应能力的政策建议。[③]

但也有学者深入研究了政府回应的一些具体问题。如吴志军在《政府回应的短缺——转型期中国政府形象建设面临的主要问题》(2001) 中探讨了政府回应与政府形象建设的关系。郑文静在《论政府回应的公众环境》(2001) 中对政府回应的公众素质作了全面的探讨。李伟权的《"互动决策"：政府公共决策回应机制建设探索》(2002)、《简论政府公共决策回应机制建设》(2002) 最早专门探讨了政府公共决策中的回应机制问题。谭亦玲在《小议政府回应及其有效性》(2004) 中研究了政府回应的有效条件，提出回应的有效性取决于三方面的因素：政治机构的敏感性和效能、市民社会的完善程度、利益表达渠道的通畅性。李诗衡在《建立健全农村公共服务回应机制》(2007) 一文中探讨了农村公共服务领域的政府回应问题。祁光华在《基于政府回应的公务员能力模型》(2008) 提出了政府回应的三种类型：执法型政府回应、立法型政府回应、前瞻式政府回应，与此相对应建构了基层公务员、中层公务员和高层公务员三个层次的公务员能力模型。[④] 马得勇、孙梦欣的《新媒体时代

① 袁国玲：《当前政府回应问题探析》，《中共银川市委党校学报》2007 年第 4 期。

② 徐智晨：《论政府回应的理论依据、现状以及改进思路》，《理论界》2008 年第 7 期。

③ 李和中、高娟：《从区域治理的差异性看我国政府回应性的构建——基于我国东中西部的实证比较》，《新视野》2010 年第 1 期。

④ 祁光华：《基于政府回应的公务员能力模型》，《中国行政管理》2008 年第 5 期。

政府公信力的决定因素——透明性、回应性抑或公关技巧?》（2014）就政府回应性与政府公信力的关系进行了量化研究。

在对政府回应性高度重视的情形下，一些学者提出了建设“回应型政府”的目标，如王成兰、刘富春、郭春甫、陈渝的《回应性政府：构建和谐社会对政府治理模式的必然要求》(2005)，刘泽伦、刘小云的《迈向回应型政府——全球化下政府治理范式转换的路径》（2005），崔卓兰、蔡立东的《从压制型行政模式到回应型行政模式》（2007），分别从建设和谐社会、全球化政府改革、政府自身演变等角度提出建设回应型政府的目标。卢坤建、苗月霞专门就回应型政府建设撰写了一本专著《回应型政府建设的理论与实践》（2011），对回应型政府的概念和内涵进行了界定；同时以对广东省江门市政府改革实证分析为基础，提出了建设回应型政府的思路。①

近几年来，在群体性事件频发、网络问政勃兴的时代背景下，国内政府回应的研究主要集中在应对突发事件、网络舆情的策略与机制等方面。如对突发事件中政府应对公众逆反心理的研究（李伟权，2013）、从社会冲突理论分析应对群体性事件的研究（钱颖萍，2014）、对网络问政回应机制的研究（李松林，2013）、对基于政府公信力的网络舆情公关策略的研究（张志泽，2014）、对网络民意回应的政治过程及机制策略的研究（孟天广等，2015）。这些研究对互联网时代的政府回应的一些微观机制做了比较深入的研究。翁士洪、顾丽梅（2012）对政府在网络参与环境下如何回应，其机制何在，有何形态，进行了很有价值的探索性研究，提出了鸵鸟模式（网民参与、政府不予回应）、杜鹃模式（民意先发、政府被动回应）、蜂王模式（政府主动、民意部分参与）和鸳鸯模式（政府主导、政民高度互动）四种网络参与下的政府决策回应模式，并分析认为杜鹃模式是地方政府决策回应的主要形式。② 李放、韩志明（2014）将网络公共事件的政府回应方式分为话语性回应、行动性回应和制度性回应三种。文宏、黄之玦（2016）的《网络反腐事件中的政府回应及其影

① 卢坤建、苗月霞：《回应型政府建设的理论与实践》，中山大学出版社 2011 年版。

② 翁士洪、顾丽梅：《网络参与下的政府决策回应模式》，《中国行政管理》2012 年第 8 期。

响因素——基于 170 个网络反腐案例的实证分析》基于 2008—2015 年 170 个网络反腐案例数据对网络反腐事件中的政府回应及其影响因素进行了量化研究，发现网络反腐事件中政府回应性压力来自中央政府、网络舆论和爆料人，具有较强的“人治”色彩。许鑫（2016）基于 102 个现实案例对网络公共事件政府回应的现状、问题与策略做了实证分析，对政府回应的主体、速度、方式、渠道做了量化研究。

从专著的情况来看，李伟权的《政府回应论》（2005）是目前国内第一部比较系统地研究政府回应理论的专著，是在其博士论文《我国政府公共决策过程中公众参与的回应机制研究》的基础上修改出版的，因而该书的主要关注点是决策中的回应机制，分析我国政府决策过程中回应性不足的问题，探讨了我国政府决策过程中的回应机制存在制度性障碍的原因，分析了政府回应机制内在机能与逻辑，形成了对我国政府回应机制创新和建立回应型政府的思路，提出了解决我国公众参与政府决策制度缺失以及政府回应性差的政策措施。该书没有摆脱“问题—对策”型研究的框架，实际上与“政府回应论”的书名不太相称。该书的主要理论贡献在于第一次对政府回应的内涵、层次、特点、理论基础、理论变迁等作了比较详尽的阐述。刘力锐的《基于网络政治动员态势的政府回应机制研究》(2012)、朱丽峰的《网络民意与政府回应问题研究》(2013）虽然偏于网络民意的政府回应问题研究，但对于一般意义的政府回应研究还是有很多启发的。原丁的《服务型政府回应力研究》（2013）主要是基于案例分析就如何提升服务型政府回应力进行了对策研究。钟俊生的《中国失地农民民意表达与政府回应研究》（2013）分析了失地农民民意表达中政府回应存在的问题、原因及改进对策。肖唐镖主编的《维权表达与政府回应》（2012）从社会稳定的视角对维权表达与政府回应的理论与实践进行了探讨，具有多学科对话和强调本土化的特点，对政府回应本土经验的科学研究和理论进步都具有重要的学术价值。

总的来看，国内外对于政府回应的研究还是初步的。国外学者主要是将政府回应视为一种价值理念，致力于倡导公共行政的新理念和改善公共服务。国内学者主要致力于将回应性理念引入中国，并开始将政府回应视为一种政府行为和政治过程。这样就开始了对中国政府回应行为和过程的研究。但就目前的国内研究状况来看，这种研究显然还是很不够的。第一，在理论方面，以往的研究主要集中在政府回应的基本概念和理论基础方面。对政府回应的影响因素、功能、动力、制度和机制等问题缺乏深入研究，尽管有些研究涉及这些问题，但比较零散，没有形成一个系统的政府回应理论。第二，在实践方面，多停留在政府回应的表面问题的研究上，大多数研究都是泛泛提出若干问题，对政府回应具体运作机制和过程缺乏探讨，尽管在网络舆情应对方面出现了一些比较好的机制研究成果，但不能反映整体上的政府回应现状。正是针对这两个方面的不足，系统的而不是分散的、整体的而不是局部的政府回应理论的建构和对中国政府回应过程和机制的探讨，就自然成为本书研究的对象和价值所在。

三 本书的写作思路、分析框架和研究方法

本书在前面学者研究的基础上，将政府回应作为一个政治行为和政治过程来研究。笔者无意写一部纯理论的《政府回应论》，但试图超脱对当代中国政府回应研究中普遍存在的报告式的“问题对策”式写法。本书所讲的“当代中国”，是指改革开放以来的中国。

笔者强烈地感到，中国和西方的政府回应有重大差别，绝非谁好谁差就能简单概括了的。首先，中国政府回应所处的政治制度环境与西方不同。中国不存在三权分立，而是中国共产党领导下的人民代表大会制度，就实际运行情况来看，党和政府在整个国家政权体系中处于主导地位，而且党政结合紧密。中国公务员制度奉行的首要原则是党管干部原则，中国不存在与政党政治相对独立的文官集团。其次，中国的社会文化环境与西方不同，中国不存在西方那样成熟自立的公民社会，官本位思想与民本思想巧妙地结合在一起，造成独具特色的“清官情结”，公民民主意识和权利观念淡薄。中国和西方的这种差异必然在政府回应上反映出来。政府回应在西方语境下有其具体的发生背景和含义，本书试图对“政府回应性”做一个中国式的理解。

基于这种考虑，笔者不愿意只停留在对当代中国政府回应性的“好或差”的简单评价上，而是试图对当代中国政府回应的现状做一种描述和解释。为此，本书主要致力于完成两大主要任务：一是建构符合中国政府建设需要的政府回应理论，二是揭示中国政府回应规律和过程机制。

本书将政府回应视为政治行为和政治过程，最基本的理论依据是政治系统论。因此，选取政治系统分析作为理论分析框架。

政治系统分析是根据政治系统理论提出来的。政治系统论是由美国著名政治学家戴维·伊斯顿于20世纪50年代将一般系统论原理引入政治学研究之后而逐步形成的。1953年伊斯顿发表《政治系统：对政治学现状的探讨》，最早提出建立政治系统理论的重要性。随后陆续发表《政治分析的框架》和《政治生活的系统分析》，进一步完善了他的政治系统分析。伊斯顿的这三本书被公认为政治系统论的经典著作。其后，许多政治学家如加布里埃尔·A. 阿尔蒙德、戴维·阿普特、威廉·C. 米歇尔等进一步发展了政治系统论。

政治系统理论的主要观点包括：

（1）任何社会的政治现象都可以当作一种系统现象。政治系统就是社会系统中与社会性价值的权威性分配有关的一系列互动行为。与一般系统一样，政治系统有三个要件：系统是有边界的，边界外是围绕着系统的环境；系统可以分为若干子系统；系统能够进行输入，并能将输入转换为输出。

（2）政治系统是开放的动态系统，它不断与环境发生交换和互动，这便表现为输入和输出。输入是环境对政治系统的影响，输出是政治系统对环境的反应。政治系统的输入有两种：需求和支持。需求就是来自民众的各种要求，支持即民众给予政府的物质的和非物质的支持。需求不能得到满足和支持降低会对政治系统产生压力，而输出的功能正是消除压力，维持政治系统正常运行。输出也包括两个方面：决策和行动。“这就是说，政治系统的基本原理是，民众在通过向政府纳税和服从政府管理而给政府以支持的同时，也向政府提出要求；政府根据民众的支持和要求做出相应的决策和行动。”①

（3）来自环境的欲望在转化为需求输入到政治系统之前，需要经过一些结构机制和文化机制即所谓“守门员”的过滤。在现代政治生活中，公民被组织在各种团体之中，政治组织、社会团体是公民进行输入的中介。因此，现代政治系统基本呈现三级化的结构模式：个体公民——作

① 燕继荣：《现代政治分析原理》，高等教育出版社2004年版，第196页。

为中介的公民社会——国家或政府。

（4）政治系统的平衡有赖于输入和输出之间调适，这种调适是通过反馈实现的。反馈指的是有关政治系统成员的需求、支持状况及其对输出的反映的信息对政府的传递。通过反馈，政治系统在不断地进行输入→输出→再输入→再输出……从而使自己无限地生存与维持下去。

政治系统分析根据系统理论建立了政治系统的一般框架，其核心分析范畴包括系统、环境、输入、输出、反馈。系统与环境之间的输入、输出和反馈构成了政治系统自我维持平衡和生存的最基本的模式。它着力就政治系统与环境之间的关系展开输入—输出分析，着重从这个“输入—输出”的无限过程中去理解政治系统的平衡和持续，从政治过程中去把握政治运动的规律。政府回应是指政府对公民的要求做出反应和答复的行为和过程。其作为政府的一种行为实际上就是政府系统对环境要求的输出，作为一个过程，政府回应就是政府系统与环境之间的输入—输出—反馈的互动过程。因此，运用政治系统分析来研究政府回应是可行的，它可以揭示政府回应的动态过程。

在政治系统分析中，互动的起点即输入来自环境，因此首先应该对环境的状况进行分析。环境就是政治系统之外对政治系统方式影响的社会系统和自然系统。对于政治系统而言，社会系统对其的影响较大，因此，在研究政府回应时，政府系统的环境主要就是属于社会系统的本国政治、经济、社会、文化环境以及国际社会环境。

环境对政府系统进行输入而产生的压力是政治系统进行输出的根本动力，而输入往往需要中介，正是这些中介在促使政治系统输出方面发挥了重要的推动作用。对于政府回应而言，政治组织、社会团体等是促使政府回应的外部动力，而政府系统自身结构及其生存发展的需要产生了政府回应的内部动力。

政治系统分析的主要关注点是政治系统的生存与维持问题。伊斯顿指出，“一个系统如何通过必要的变革而设法维持其生存这个难解之谜，形成了政治生活分析的核心问题”①。因此，政治系统的输出往往是被动

① ［美］戴维·伊斯顿：《政治生活的系统分析》，王浦劬译，华夏出版社1999年版，第567页。

的，这就是被动回应成为政府回应基本形式的原因。被动回应过程（“公民提出要求—政府做出回应—公民反馈”）实际上就是最为典型的“输入—输出—反馈”模式（如图0—1所示）。

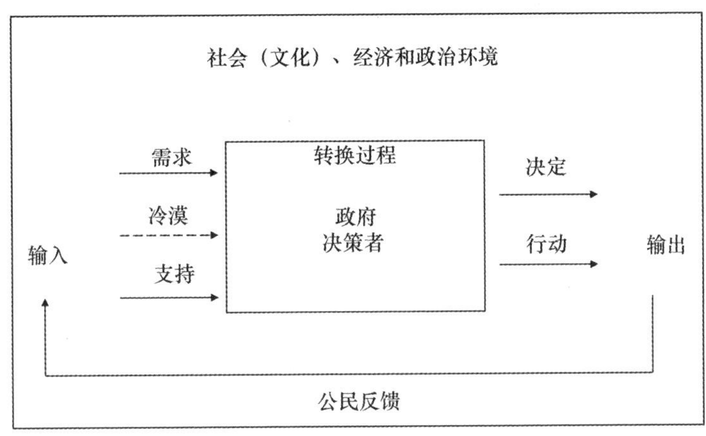

图0—1　政府被动回应流程

至于主动回应，则主要是政治系统“内输入”的结果，其过程（“政府界定问题提出方案—政府公开信息征询民意—政府反馈”）可表示为“（内输入—输出）—反馈—再输出”（如图0—2所示）。

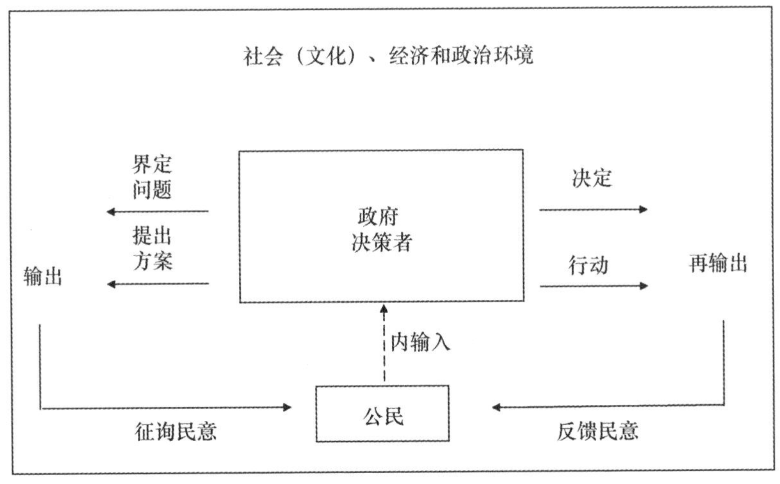

图0—2　政府主动回应流程

在政治系统分析框架之下，政府回应是政府系统与环境之间的互动，政府回应过程主要体现为“输入—输出—反馈”的模式。为了更深入、更丰富地了解政府回应的过程机制，还需要使用一些更为具体的研究方法。

关于政治过程研究的方法，主要有结构—功能主义方法、阶段启发法、传播学研究法、团体研究法、制度性的理性选择、博弈分析法等。本书所研究的当代中国研究政府回应过程，实际上是一个非常复杂的问题，因此综合采用了这几种方法。

（一）结构—功能主义方法

这种方法关注政治过程中的各种结构及其功能。中国学者胡伟在《政府过程》一书中使用了这种方法。基于中国国情，他将结构分为体制性结构和人格化结构，分析他们在利益表达、利益综合、决策、执行这些功能开发中的作用。政府回应作为一个政治过程，涉及许多政治结构，如政党、政府官僚、代议机构、政协机构、社会组织、新闻媒体等，并且包含许多的政治功能，如利益表达、利益综合、决策、执行等。如在当代中国被动政府回应过程中，体制性结构反应迟钝，而由政府领导人、街头官僚等组成的人格化结构起到了重要作用。

（二）阶段启发法

这种方法是政策过程研究的基本方法。哈罗德·拉斯维尔是这种方法的开创者。早在 1956 年，他便将决策过程分为情报、提议、规定、合法化、应用、终止、评估七个阶段。后来的大多数政策研究学者都沿用了这样一种方法。保罗·A. 萨巴蒂尔将其命名为“阶段启发法”。在政策研究领域这种方法一直占据着主导地位。20 世纪 80 年代末以来，对该方法的批判日益增多，认为这种方法过分关注某一阶段而忽视了过程的整体性，过分简化了现实中各层级政府众多政策建议的多元与互动的循环圈。就政府回应过程的研究而言，主动政府回应的主要形式就是公共政策，因此，阶段启发方法在很大程度上也是有适用性的。可以将主动回应分为政府界定问题并提出方案、政府公开信息和征询民意、政府对民意的反馈三个阶段。

（三）团体分析法

团体分析法是政治过程研究中最早使用的方法。在20世纪“政治过程”作为政治学的一个领域出现之时，团体研究法也诞生了。在此之前，政治学研究主要注重规范研究，而忽视经验研究，注重制度和法律等静态的研究，而忽视动态的研究。1908年，美国著名学者阿瑟·本特利的《政府过程：一项关于社会压力集团的研究》问世，该书首次提出了政府过程研究，一改以前的“法律—制度研究范式”。与此同时，针对“法律制度研究范式”集中关注国会、总统、法院等正式机构的做法，该书关注利益集团（压力集团），把政治过程解释为利益集团（压力集团）在政府内外相互作用的结果。1951年，戴维·杜鲁门推出了《政治过程：政治利益与公共舆论》，对政治中的利益集团进行了深入系统的研究，发展了本特利的团体理论。

就政府回应过程而言，这种方法认为，利益集团是政府与公民之间互动的重要中介。但与西方相比，“中国社会各利益集团之间、利益集团与政府之间合作程度较高，社会性、非政治性特征较明显，各利益集团对政府、对执政党的依赖性也较强”①。在组织形式上挂靠党政组织，缺乏自主性；在角色定位与功能发挥上，往往不是代表公民影响政府，而是政府通过他们贯彻政策和动员民众。因此，利益集团在当代政府回应过程中的作用虽在不断增大，但影响并不大。这与中国一元化的政治结构有关，这种结构是不能容纳公开的利益集团现象的。因此，当代中国公民的诉求主要还是以个体方式提出的。这决定了团体分析法在本书研究中的次要性。

（四）制度主义的理性选择

理性选择理论将政治科学认为是对政治过程的研究。在理性选择理论中运用最多的分析工具是博弈论（the game theory），它是一种战略均衡理论。制度性的理性选择是理性选择理论与新制度主义的结合物。它继承了理性选择理论的理性人假设，认为政治行为是个人以自我利益为中心而进行选择的结果，选择的标准是为了有效地达成既定目的。这就是理性选择的过程。它也继承了新制度主义的特点，特别关注制度，它把

---

① 程浩、黄卫平、汪永成：《中国社会利益集团研究》，《战略与管理》2003年第4期。

制度定义为规则，规则指导着行为；制度约束行动者实现自我利益的最大化。制度是互动个体之间节约交易成本的一种设置。行动者的战略互动在解决集体困境中具有十分重要的作用，而制度是行动者互动的基础。制度不仅约束着行动者的决策和行为，而且还给其他行动者提供选择的信息。

在当代中国政府回应过程中，公民与政府之间的关系在一定程度是可以用理性选择和博弈论来分析，尤其是在一些被动政府回应的案例中分析各自的策略。但也应看到，由于中国公民社会和政府势力悬殊，许多情况下政府根本不需要考虑策略的问题，原子化的公民个体要面对政府这个庞然大物也绝非讲究策略就能成功。因此，这种分析法在本书中的运用也是有限的。

本书研究的对象是改革开放以来的中国政府回应的过程和机制，因此主要是一个实证性的研究。这必须是在大量的实证材料的基础上，注重对现实政府活动的观察、描述与归纳，这在很大程度上要借助案例分析法。此外，本书的研究还建立在一些调查问卷分析的基础上，其中有的是自己亲自调查的，有的是借用他人已发表的成果。

四　本书的内容架构

根据上述研究思路和分析框架，本书的具体内容结构安排如下：

绪论：交代本书写作的意义、国内外研究文献综述、写作的主要思路、分析框架、研究方法、主要内容以及创新与不足之处。

第一章：政府回应的基本理论。主要介绍政府回应概念的西方起源，梳理总结西方学术界对政府回应概念的不同理解、西方政府回应内涵的发展以及西方政府回应理论中所显现出的三种政府回应模式。并在此基础上，提出本书所要使用的“政府回应”概念，构建政府回应过程理论。

第二章：当代中国政府回应的环境。着重介绍当代中国政府回应所处的政治和文化传统环境、社会经济经济环境、政治环境以及国际环境，分析政治文化传统、市场化改革、社会主义政治制度和意识形态以及全球化和国外行政改革对当代中国政府回应可能产生的有利和不利影响。

第三章：当代中国政府回应的动力。分析政府回应的外部动力和内部动力。政党尤其是执政党和公共舆论是政府回应的主要外部动力，政府利益、政府内部制度、行政文化是政府回应的主要内部动力。

第四章：政府回应过程之一：被动回应。主要描述被动政府回应的过程，着重分析公民的地位、公民的要求类型、公民的要求的提出方式对政府回应的影响，考察政府在接到公民要求后的回应策略和回应方式，分析街头官僚和行政领导在被动回应过程中的地位和作用，指出中国政府被动回应的示范效应。

第五章：政府回应过程之二：主动回应。描述主动政府回应的具体过程，探讨主动政府回应的缘由，政府征询民意的方式和相关制度，分析执政党和权力精英在主动政府回应中的关键性角色，指出中国政府主动回应的替代效应。

第六章：中国政府回应过程的基本特征和优化路径。在对中西方政府回应所处的环境背景进行比较分析的基础上，把握当代中国政府回应过程的基本特征。并就优化当代中国政府回应过程的两个主要路径（体制改革、主体建设）进行具体探讨。

结语：对全书进行总结。在对每章内容进行简要回顾总结的基础上，提出了研究的主要发现，在清楚认识到研究自身局限性的基础上，探讨了未来可能进行的相关研究方向。

第一章

政府回应的基本理论

政府回应作为一个正式的学术概念，还是最近的事情。既然如此，那么对这个概念的界定就可能不是那么细致和严谨。事实上，很多人根本就没有对其进行界定，而直接加以使用。当然这跟他们所研究的主题和侧重点有关，政府回应只是作为稍带而被提及。但是对于本文而言，将政府回应作为直接的研究对象，政府回应作为一个核心概念，就非常有必要对其进行一番界定，分析政府回应的基本要素、主要类型和功能。除此之外，还必须对政府回应的一些理论基础和实践中形成的主要模式做一番介绍。这些基本的理论问题是本文研究当代中国政府回应的基础。

政府回应的理论首先来自西方的民主实践和公共管理实践。西方学者在研究和发展民主理论和公共行政理论的过程中，逐渐形成了关于政府回应的一些理论。因此可以说，政府回应既是公共管理的实践过程，也是系统的政府管理理论和行政理念的逻辑延伸。在理论与实践的相互作用下，政府回应作为一种公共行政的价值而凸显出来。自20世纪80年代以来，西方一些国家在政府改革中提出了增进政府的责任性、回应性和效率的目标，政府回应逐渐成为各国政府和学术界所共同关注的热门话题。就目前来看，西方的政府回应主要停留在价值理念层面。实际上，政府回应既是一种价值理念，也是一种政治行为和政治过程。中国学者逐步开拓了对政府回应的行为研究和过程研究。在本章中，笔者将政府回应作为政治行为和政治过程来研究，并在前人的基础上对政府回应这一概念做出界定，初步探索政府回应的基本理论。

第一节 政府回应在西方:一种公共行政的价值

“回应”，在汉语里就是回答、反应的意思，既可以作动词用，来表示一种动作行为，又可作名词用，来描述一种姿态。在英文里，作动词时的对应词是“respond”或“answer”，作名词时的对应词是“response”。回应的主体有很多种，可以是个人，也可以是组织。组织回应既包括政府回应，也包括非政府组织回应如企业回应等。尽管汉语里有“回应”一词，但“回应”其作为行政学的一个学术概念，首先是由西方学者提出来的，用来表示政府的一种性质和公共行政的一种价值，通常译作“回应性”，其英文对应词为“government responsiveness”。

一 西方公共管理的实践与“政府回应性”概念的演化

在西方，回应性最初是从民主理论中衍生出来的。在18、19世纪，人民主权理论已经在西方社会深入人心，人民主权已成为当时英美法等主要资本主义国家的根本政治原则。人民主权理论认为，国家的主权属于人民，政府的权力来源于人民的授权，政府要向人民负责，如果违背了民意，人民就有权起来革命。因此，政府回应性主要是一项政治原则，即政府必须听取和遵从民意，向人民负责。

随着社会的发展尤其是工业化的快速推进，西方国家的政治制度在不断地调整和具体化。主要是两个方面：一是政党制度的成熟，二是文官制度的确立。这两个方面是相互联系的。政党制度的成熟的主要标志就是将政党活动限制在纯粹的政治领域，不在行政领域互相倾轧，保障了国家公共管理活动的正常运行。建立文官制度的主要目的就是克服政党分肥制的弊端，保持一个相对独立的行政领域。

文官制度的主要理论依据是马克斯·韦伯的官僚制理论。马克斯·韦伯认为，资本主义时代的最大特征就是合理化。这种合理化在知识领域的表现是科学化，在社会组织领域的表现就是官僚制。官僚制是有人类以来最为合理的组织形式。其主要特征是：（1）在职能专业化的基础上进行劳动分工，按权力自上而下排列成严格规定的等级层次结构体系。

每一个下级机关在上一级机关的控制和监督之下，同时，由下到上又有着申诉和表示不满的权利。（2）有明确划分责权的规章制度。按系统的劳动分工确定机构和人员的职责领域。为了履行这些职责，提供必要的权力，需要有明确规定的必要的强制性手段，其应用的条件也予以详细规定。（3）指导一个机关行为的规则，包括技术性规则和行为准则两个方面。为了合理地应用这些规则，必须对有关人员进行专门训练和培训。（4）系统化的工作程序与公私分明的界限。管理行为都依据一套严格、系统而明确的规则，管理当局的成员与组织的财产要明确分离，办公场所与居住场所也要分开。（5）严格的公事公办。非个性化的机构赋有特殊的权利和义务，它们是组织而不是职位占有者的财产。任何任职者都不能滥用正式的职权，只受有关准则的指导，但合法权力能以各种不同的方式来行使。（6）对官员，注重知识和能力。每个机构都通过竞争性选择来招聘人员，根据技术以及非个性的标准确定职位候选人，基于资历、成就或两者兼而有之进行晋升。① 在官僚制理论中，权力是通过金字塔式的等级制而集中的。官僚组织是自成体系的，只是对上级负责，以保障最大效率地完成组织目标。

文官制度的确立，使得威尔逊、古德诺等人的政治—行政二分原则得以实现。但官僚制本身的集权性质，与民主制产生了一种紧张关系。作为民主理论的衍生物，回应性主要是被保留在了纯粹的政治领域，主要是指政府民选官员和议会议员为对民众要求的反应和答复。在选举中，来自于各个政党的候选人，他们为了角逐权力，必须拉住更多的选民。他们到处走访，与民众打成一片，倾听他们的呼声，承诺一旦胜选就任便会满足他们的要求。当选之后，他们便成为政府民选官员和议会议员，一般他们也会尽量兑现给予当地民众的承诺，注意听取民意，尤其是那些想谋求连任者。

要说行政官僚与民众的关系，在责任方面只是一种间接的关系，即行政官僚向民选官员负责，民选官员向公民负责；在公共事务中就是一种管理与被管理的关系。“选票象征着政治—行政二分的政治方面。从管

① 参见张康之《寻找公共行政的伦理视角》，中国人民大学出版社 2002 年版，第 44—45 页。

理的角度讲，是等级与权力链。它使得被选举的官员在执行人民的意愿的借口下，对非选举官员进行控制，因为是人民选举的，所以管理必须是中立的有伸缩性的工具，以便于那些体现人民意愿的被选举官员可以自主地做事，而人民则通过他们的所作所为来断定他们是否负责。”[①] 因此，早期行政学者对公民参与是持排斥态度的。如威尔逊在《行政学研究》中认为，“当公众评论直接关注政府的日常琐事和政府对日常工作的方法的选择时，它当然会像是一个笨拙的家伙，像是一个乡下人在操纵一架难以驾驶的机器。”[②] 这样，行政官僚在与公民接触时所表现出的冷漠无情、高高在上、拖沓刁难等官僚主义也就在所难免了。

官僚制天然地就有一种自我膨胀的内在动力。随着社会的发展，公共事务日益繁多，官僚机构也因此变成了庞然大物，即出现了所谓的“行政国家”现象。官僚制下政府提供公共服务的方式正如路易斯·高思罗普所称作的“礼貌的伦理”：“我们遵纪守法，依照法规与标准行事，而不是依照人民的意愿行事”，“这使公共行政呆板机械、枯燥乏味、单调无聊、平庸无奇、缺乏回应力”。[③] 官僚机构的表现不仅不能为广大公民所忍受，而且也为民选官员所担忧。民选官员感到根本不是在自己控制行政官僚机器，而是自己被其所劫持和俘获。

在这种情况下，官僚制成为众矢之的而备受批判。改革大势已不可阻挡。新公共行政学派高举社会公平的旗帜，反对政治行政二分原则，要求将民主贯彻到公共决策和公共事务管理和公共服务之中。这就出现了民主行政理论。“一个民主国家不仅要以民主原则为基础，而且还要民主地行政，让民主哲学渗透行政机器。”[④]

尤其是在新公共管理学派那里，官僚制被宣布即将终结。戴维·奥斯本继《改革政府——企业精神如何改革着公营部门》之后，又推出

---

① ［美］查尔斯·J. 福克斯、休·T. 米勒：《后现代公共行政》，楚艳红等译，中国人民大学出版社2002年版，第16页。

② ［美］伍德罗·威尔逊：《行政学研究》，载彭和平编《国外公共行政理论精选》，中央党校出版社1997年版，第17页。

③ 参见［美］乔治·弗雷德里克森：《公共行政的精神》，中国人民大学出版社2003年版，第27页。

④ ［美］珍妮特·V. 登哈特、罗伯特·B. 登哈特《新公共服务：服务，而不是掌舵》，中国人民大学出版社2004年版，第155页。

《摒弃官僚制——政府再造的五项战略》一书。书中宣称："在最近20年里，官僚体制已经面临土崩瓦解。当今世界里瞬息万变，技术革命、全球范围内经济竞争、市场日益分化、从业者受过良好的教育、苛求的顾客以及严格的财政限制，所有这一切都使得高度集权、自上而下的垄断专权显得过于老态龙钟、反应迟钝，在变革和创新方面显得无能为力。"大家都意识到传统的官僚体制已经难以奏效，"没有人比那些曾经深受其害者更能理解官僚体制是何等梦魇般地让人心灰意冷"①。新公共管理学派提出用企业家精神来改造政府，将市场机制和企业的管理技术引入政府部门，更加重视结果而非过程，注重政府绩效考核，要求政府工作以顾客为导向。

麦克尔·巴泽雷在《突破官僚制——政府管理的新愿景》一书中非常具体地指出官僚制的弊病和新公共管理的优势："官僚机构关心自己要什么，自己怎么看，而以用户为驱动的机构关心的是用户的要求和看法；官僚机构注重各个部分的角色和责任，而以用户为驱动的机构注重组织的整体工作；官僚机构的作用通过它所控制的资源和它完成的工作量来体现，而以用户为驱动的机构的作用通过它为顾客所实现的成果体现；官僚机构只会控制费用，而以用户为驱动的机构创造的价值要大于投入的成本；官僚机构按惯例办事，而以用户为驱动的机构根据对服务需求的变化改变自己的工作；官僚机构为权力而竞争，而以用户为驱动的机构为工作而竞争；官僚机构坚持依照标准程序办事，而以用户为驱动的机构做每件事都有明确的目的，同时留给别人选择的余地；官僚机构公布政策和计划，而以用户为驱动的机构在制定和修改其工作策略时与客户进行双向交流；官僚机构把理论与实际分开，而以用户为驱动力的机构授权前台服务人员对如何改进客户服务作出判断。"②

新公共管理学派由于过分强调政府和企业的相似性而遭到新公共服务理论的批判。当新公共管理理论代表人物胡德提出，新公共管理远离

---

① ［美］戴维·奥斯本、彼德·普拉斯特里克：《摒弃官僚制——政府再造的五项战略》，中国人民大学出版社2002年版，第18页。

② ［美］麦克尔·巴泽雷：《突破官僚制——政府管理的新愿景》，中国人民大学出版社2002年版，第7、8页。

了使公共官僚具有政治合法性的传统模式，转而偏爱“相信市场、相信以经济理性主义语言来表达的私人工商业管理方法和理念”时，金和斯迪沃斯在《政府是我们的》(1998）一书中提醒牢记：政府属于它的公民。登哈特认为，新公共服务应当是服务于公民，而不是服务于顾客；追求公共利益；重视公民权胜过重视企业家精神；思考要具有战略性，行动要具有民主性；承认责任并不简单；服务，而不是掌舵；重视人，而不只是重视生产率。新公共服务理论认为，新公共管理学派的主张会使公共行政的公共性消失殆尽，“政府不应该像企业那样运作，它应该像民主政体那样运作”，不应像对待顾客那样对待公民，而应像对待主人那样对待公民，要积极倾听公众的声音，并邀请他们参与到治理过程之中。[①] 新公共服务在埋首经济理性的过程中，高扬民主、正义、平等和政府的回应性等政治价值。

这样，回应性在20世纪七八十年代的政府改革时代被凸显了这样一种内涵：它不仅仅是一个向人民责任的民主原则，而且代表了一种与官僚制不同的组织结构，正如理查德·C. 博克斯所指出的：“组织结构的实践经历一直在两个相反的价值之间徘徊：一方是公共回应性价值（包括分割的治理体系，政策制定过程中开放公民参与，组织由选任官员领导等）；另一方是行政理性价值（包括集权化的科学性—目的性体系，公民作为旁观者和服务的消费者，专家式决策等）”[②]。回应性不再只是政治领域的价值，终于被确立为一种公共行政的价值而重新回到了行政领域。这种回归在一定程度上是民主制对官僚制的一种胜利，民主从政治领域回到了行政领域。它凸显了这样一种理念：公民不只是政府的管理对象，而是政府的主人。

二　回应性在理论和价值层面的发展逻辑

政府回应作为一种价值，其内涵在西方理论界是有特定的发展逻辑

① ［美］珍妮特·V. 登哈特、罗伯特·B. 登哈特：《新公共服务：服务，而不是掌舵》，中国人民大学出版社2004年版，第1页。

② ［美］理查德·C. 博克斯：《公民治理——引领21世纪的美国社区》，中国人民大学出版社2005年版，第33页。

的。因为西方的民主政治实践和公共管理实践在不断地发展，理论既要反映实践的发展轨迹，又要给实践发展提出方向。大体而言，回应性的价值内涵体现出以下四个方面的发展轨迹。

（一）从形式正义到实质正义

在公共行政领域重新强调回应性，实质上是对官僚制的迟钝和僵化的一种反动。在官僚制之前，是政党分肥制。在选举中获胜的政党会安排本党的人担任各个政府公职，事实上就使人民的政府成为某个政党的政府。这个政府往往代表了某个党派的私利，成为党派斗争的舞台和工具。这种制度使得公共利益的守护者空缺。官僚制的确立解决了这个问题。那么官僚制为什么会出现迟钝和僵化呢？这就需要从韦伯的官僚制理论中寻找答案。韦伯设计的官僚制是一个尊奉规则的组织。他在论及组织的合法性基础时指出，任何组织都必须有某种形式的权威做基础，人类历史上存在三种类型的权威：传统型、个人魅力型和法理型，传统型权威建立在对传统文化信仰的基础上，个人魅力型权威建立在领袖崇拜基础之上，法理型权威是建立在对组织规则和法律的信守基础之上的。建立在前两种权威之上的组织以及依据这两种权威做出的社会支配行为都是属于非理性范畴的。而只有建立在法理型权威基础上的组织才是具有合理性的。官僚制就是这样一种合理性组织。韦伯区分了两种合理性——形式合理性和实质合理性。实质合理性是建立在价值判断基础上的，注重对结果和目的做出价值评价，实际上是高于人类伦理和道德理想的一种主观合理性。形式合理性只关注程序和过程，认为只要严格按照程序去做，使过程合理了结果自然就是合理的，实际上是一种工具性的客观合理性。官僚制显然是一种基于形式合理性的组织设计，忽视了价值因素，也忽视了人的存在。官僚制组织其实就像一台机器，其成员只是零部件而已。官僚制组织的这种呆板和冷漠在其规模较小、所管辖事务较少、公民权利意识较弱的时候还不易为人所关注。但随着社会的发展，官僚制组织不断膨胀，其所管理的公共事务也日益繁多。它成为国家机器中的庞然大物，社会的快速变化和公民需求的多样化使官僚制组织显得无比笨拙迟钝，以至于最终让人无法忍受。

在传统官僚制那里，最基本的假定就是只要遵循各种规则就会得到最好的结果。但实际结果并非如此。“建立在程序化、非人格化亦即理性化基础上的传统公共行政的效率、效果、经济及责任等价值背后蕴藏的是形式正义，其最大缺憾就是，把过多的资源消耗在维持公共行政的形式理性方面，牺牲了实体性目标的实现。”[①] 与传统公共行政的非人格化相比，回应性强调个性化服务。“回应性”实质上追求目的的普遍价值和实质正义，由目的作为批判、评价现存规章制度的标准和设立新的生产方式的基准，并由此开拓出公共行政的变革之道，利用目的取代形式理性的规章制度来约束行政行为。以“回应性”为取向的改革是当代行政为走出形式理性或形式正义过分发展的困境而选择的一个现实解决方案。

（二）从科学主义到人文主义

官僚制是工具理性的典型形式，官僚制的本质是对科学理性的信奉。在韦伯看来，建立在科学理性之上的组织是最有效率的。韦伯指出：“官僚体制的组织广泛传播的决定性的原因，向来是由于它的纯技术的优势超过任何其他的形式，恰恰如同一台机器与货物生产的非机械方式的关系一样。精确、迅速、明确、精通档案、持续性、保密、统一性、严格的服从、减少摩擦、节约物资费用和人力，在由训练有素的具体官员进行严格官僚体制的、特别是集权体制的行政管理时，比起所有合议的或者名誉职务的和兼任职务的形式来，能达到最佳的效果。只要是涉及复杂的任务，那么有偿的官僚体制的工作不仅更加精确，而且结果往往甚至比形式上无偿的名誉职务的工作更加便宜。”[②] 后来的科学管理学派如泰勒等人进一步将科学管理的原则引入公共行政，“在官僚制中，人们看到的是体制的价值、结构的科学性和运行的技术化，但作为这个体系中的主体因素的人的价值却被忽略了”[③]。回应性价值的提出，在很大程度上就是要求重视行政人员的主体性，发挥他们的主动性和创造性。对于行政相对人的普通民众而言，传统官僚制给其的印象往往是一种冷漠的、僵化的、不舒服的感觉。回应性则体现出一种人性化的公共行政，公共行政的任务就是要满足民众的个性化需求、为民众服务。因此，在

① 黄小勇：《行政的正义——兼对“回应性”概念的阐释》，《中国行政管理》2000 年第 12 期。

② ［德］马克斯·韦伯：《经济与社会》（下卷），林荣远译，商务印书馆 1998 年版，第 296 页。

③ 张康之：《寻找公共行政的伦理视角》，中国人民大学出版社 2002 年版，第 70 页。

本质上，回应性实际上代表了公共行政道德化的一种趋势。这种道德化不仅体现在公共行政的体制方面，而且还体现在公共行政人员的品行上。

（三）从政府管理到共同治理

传统公共行政实际上是一个封闭的系统，遵奉等级制、专业化的原则。行政人员向上级行政官员和政治官员负责，执行政治官员制定的政策。传统公共行政以追求效率为目标，认为只要依靠科学设计的程序和公务员的专业技能就能够实现对公共事务的良好管理。在传统公共行政来看，对公共事务的管理是一种职业，需要专业知识和技能。因此，公民的参与实际上会有损于公共行政的效率，在通常情况下，接受公民参与只是一种权宜之计。在本质上，传统公共行政对公众的参与是持排斥态度的。在提供公共服务方面，政府也自认为是唯一合适的提供者，不仅如此，政府还是公共服务的生产者。总之政府是公共管理的唯一主体。

在公共行政领域重视回应性的是与治理理念的出现同步的。治理也是20世纪90年代出现的一种理论。所谓治理是各种公共的或私人的个人和机构管理其共同服务的诸多方式的总和。它有四个特征：治理不是一整套规则，也不是一种活动，而是一个过程；治理过程的基础不是控制，而是协调；治理涉及公共部门，或包括私人部门；治理不是一种正式的制度，而是持续的互动。[①] 治理的实质在于建立在市场原则、公共利益和认同之上的合作。它强调治理主体的多元化和治理过程的互动性。它所拥有的管理机制主要不依靠政府的权威，而是合作网络的权威，其权力向度是多元的、相互的，而不是单一的和自上而下的。治理的本质是强调政治国家与公民社会的合作和对公共事务的共同管理。

与新公共管理运动通过市场机制和放权来满足顾客的需要一样，治理的主要特征“不再是监督，而是合同包工；不再是中央集权，而是权力分散；不再是由国家进行再分配，而是国家只负责管理；不再是行政部门的管理，而是根据市场原则的管理；不再是由国家‘指导’，而是由

---

① The Commission on Global Governance, *Our Global Neighborhood: the Report of the Commission on Global Governance*, Oxford University Press, 1995, pp. 2 – 3.

国家和私营部门合作”[①]。正因为此，俞可平将回应性作为善治的基本要素之一。

（四）从竞争民主到协商民主

在传统公共行政时期，回应性被限制在政治选举领域，是竞争民主的具体体现。在多党制下，政党以执政为目的，以选举为舞台，开展竞争。选票多寡是获胜的评判标准。各个政党为了在选举中获胜，必须争取多数选民投本党候选人的票。要想得到选民的支持，就必须了解选民的需求，投其所好。官僚制的行政部门是政党贯彻自己政策的工具，但同时还必须恪守政治中立原则。行政领域是奉行专业主义的和相对封闭的，其任务是自上而下的一种执行。与普通民众打交道只局限于最基本的政府职能范围内。

第二次世界大战以来，世界经济取得了巨大的发展，教育普及程度大大提高，人们的参政意识也日益增强。经济和社会的发展也使得公共事务的范围日益扩大，传统意义的公域和私域划分已不再适用，超越个人利益或管辖权的范围（如公共领域）不断拓宽、事务（如环保、人权等）不断增加。公民与公共权威在原有的互动之外，又在这些新的领域中就不断产生的带有公共性与私人性相交融的新事务展开新的互动。与此同时，技术的进步也使得透明政治和透明政府成为可能。传统的选举政治和官僚制政府已不能适应公民强烈的参政要求。传统意义上的政治领域面临巨大的危机，选举政治日益受到政治冷漠的困扰。

民主出现了转型。竞争性的自由选举不再是民主的单一表现形式。民主日益体现在公共决策领域的协商和形成共识的过程之中。这就是协商民主的出现。回应性价值的出现与这一转型是同步的。回应性体现了民主从传统政治领域向行政领域的扩展。公共政策的制定、公共事务的管理都需要公民的参与，需要政府与社会、与公民的协商、互动和共识。在竞争民主时代，回应性局限在选举领域，在协商民主时代，回应性逐

① 弗朗索瓦—格扎维尔·梅理安：《治理问题与现代福利国家》，《国际社会科学杂志（中文版）》1999 年第 1 期。

步扩展到了公共事务管理的各个领域。[①] 在竞争民主时代，公共行政恪守政治中立原则，在协商民主时代，公共行政必须重视回应性。“回应性”改变了传统公共行政的责任价值，传统的责任在方向上更多的是向上的，是对中央机构、选举性官员负责任，责任对象是政治决策者和行政上级机关；而“回应性”的方向是向下的，是对机构所要实现的目的和所要服务的社会群体即顾客负责。

三　西方语境下的政府回应概念和理论模式

西方学者主要将政府回应作为一种公共行政的价值理念。这以美国学者格罗弗·斯塔林的定义最为经典，他认为：“公共管理责任的基本理念之一就是回应。政府回应意味着政府对公众接纳政策和公众提出诉求要做出及时的反应，并采取积极措施来解决问题。一般公众大多赞成或喜好政府具有回应、弹性、一致、稳定、廉洁、负责等特性，政府必须快速地了解公众的需求，不仅包括回应公众事前的表达需求，更应洞悉先机，以前瞻性的行为来研究和解决问题。政府回应强调及时与主动，政府应该是‘第一时间’、‘第一地点’地出现在现场，定期主动地向公众征询意见、解释政策和回答问题。”[②]

但并非所有西方学者对回应性的认识都是一致的。如在回应与效率的关系、回应中的行政自由裁量权、回应中的公民参与程度等方面都有不同见解。以色列学者埃瑞·维戈达提出：“对于回应性，在公共行政中有两种理解。一种观点认为，在最好的情况下，回应以牺牲专业效率为代价，不过是一种必要的邪恶；在最坏的情况下，如果不是明显的腐败，回应至少体现了政治权宜之计。在这一观点看来，回应与专业主义是相矛盾的，它打着民主的旗号迫使公务员满足公民要求，哪怕违背公共利

---

① 哈贝马斯（Habermas）、吉登斯（AnthonyGiddens）等在对代议制选举民主进行深刻剖析的基础上，主张实现由以“投票为中心”的代议制选举民主向“以对话为中心”的协商民主的转向。他们认为，公民的政治参与不应仅仅局限于投票、请愿等社会活动，参与者应该在决策程序公平的条件下充分掌握信息，并拥有平等的发言机会，对公共政策进行公开讨论，进而提出可行的方案和意见。引自聂鑫《协商民主理论视野中的公共决策问题研究》，吉林大学博士论文，2009年，第23页。

② ［美］格罗弗·斯塔林：《公共部门管理》，陈宪等译，上海译文出版社2003年版，第132页。

益也在所不惜。除此之外，还可能会形成反民主的决策模式。另外一种观点认为，民主价值要求行政人员对大众的意愿做出回应，如果不能实行直接民主制，至少也要通过立法机构或者政治家这些中介。这一观点倡导公共部门要更加灵活、更敏感以及更有活力。事实上，它认为只有通过创造以市场为驱动的环境，政府和公共机构系统才能采取必要改革，来提高它们的绩效、效能和效率。"① 事实上，这两种理解分别代表了传统公共行政和新公共管理的回应观。

传统公共行政对回应性是持反对态度的。今天的许多西方学者对回应性也是有迟疑的。传统公共行政追求效率，而回应性则会降低效率；传统公共行政认为公共管理是需要专业人才和专业技能的，大众的参与只会带来主观的偏见和外来的无理要求。正如美国学者理查德·C. 博克斯从组织结构的角度所揭示的，传统公共行政的主张是行政理性价值，包括集权化的科学性—目的性体系，公民作为旁观者和服务的消费者，专家式决策等；而公共回应性价值则主张分割的治理体系，政策制定过程中开放公民参与，组织由选任官员领导等。②

新公共管理的回应观强调以顾客为导向，认为运用市场化的手段和企业管理方法可以做到这一点。新公共管理对公民参与并不十分重视，因为它主要将回应性限制在公共服务的提供上，将政府和公民的关系界定为一种商家和顾客的交易关系，回应性一般指的是当面对一项对行动或者信息的要求时，服务提供商具有的反应速度和准确性。它的核心理念是政府应该像企业那样以顾客为上帝因而有改善产品和服务的不竭动力。在新公共管理主义的指导下，以回应为导向的政府和公共机构系统，往往不愿意与公民开展协作以及与公民建立伙伴关系，实际上暗含鼓励公民甘当政府被动客户的观点。

正是在对这两种回应性观点都不满意的基础上，埃瑞·维戈达提出

① ［以］埃瑞·维戈达（Eran Vigoda）：《从回应到协作：治理、公民与未来的公共行政》，孙晓莉摘译，《国家行政学院学报》2003 年第 5 期。

② ［美］理查德·C. 博克斯：《公民治理——引领 21 世纪的美国社区》，中国人民大学出版社 2005 年版，第 33 页。

要超越回应性治理，而建立一种协作性治理。[①] 这种协作性治理强调公民参与的重要性。事实上，在重视公民参与的角度下登哈特夫妇提出了新公共服务的回应观。新公共服务是建立在对新公共管理的批判和超越基础之上的。它认为新公共管理的回应只是一种对顾客的回应，而非对公民的回应。它将回应性的内涵理解为一种民主治理的特征，与鼓励公民参与、促进公民权、服务于公共利益和重视人的价值等紧密联系。新公共服务理论中的回应实际上与埃瑞·维戈达的协作的内涵非常接近。

正是基于这些对回应性概念的不同认识，可以在西方公共行政的理论和实践中提炼出政府回应的三种模式（见表1—1）[②]。第一种模式可称为行政管制型模式，是建立在传统公共行政理论尤其是理性官僚制理论的基础之上的。这种回应模式以经济、效率为价值目标，行政部门奉行价值中立，主要将回应限制在政治领域，尽管也承认行政领域回应的存在和必要，但其功能在于消化民意以应付政策回馈，弥补政策过失，确保高效、经济地落实政治意志。公民的意愿和利益申诉被看作成为“闲杂事物”与“分外之事”而尽量予以回避。政府与公民的关系是一种管制关系，公民是被管理者。如登哈特夫妇所言，行政人员将其回应的对象视为一种当事人。[③] 如果要说回应有什么动力的话，那也主要来自自上而下的权威与控制。行政管制型回应模式的主要特征是：第一，行为主、客体的“错位”安排；第二，回应的“规范化”；第三，“意见箱”式反馈控制的管理过程。第二种模式可称为市场服务型模式。这种模式以新公共管理主义为理论基础。回应意味着政府对作为顾客和消费者的特定公民所表达的特殊偏好和利益诉求的有效及时反应和加以满足的作为。它也追求效率，但强调以顾客为导向。它将政府和公民的关系视为“企业家—顾客”关系。市场服务型回应模式的特征是：第一，关注个体利

---

① ［以］埃瑞·维戈达（Eran Vigoda）：《从回应到协作：治理、公民与未来的公共行政》，孙晓莉摘译，《国家行政学院学报》2003年第5期。

② 这三种模式是王巍在《论政府回应的内涵和主导模式转型》（《探索》2005年第1期）一文首先提出的，本文此处参考了他的观点。

③ 登哈特夫妇指出，在传统公共行政中，那些处于接收端的人们一般都被称为“当事人”，这个词的意思是指“被提供职业服务的一方”。有趣的是，这个词由拉丁文 cliens 派生而来，其原意是“侍从”或“追随者”。参见［美］珍妮特·V. 登哈特、罗伯特·B. 登哈特《新公共服务：服务，而不是掌舵》，中国人民大学出版社2004年版，第55页。

益的行为导向；第二，回应过程的交易特征；第三，回应服务的垄断性，否认服务内容的顾客界定权，留给公民的是作为消费者在回应服务的自由选择权。第三种模式可称为民主治理型回应模式。这种模式主要以新公共服务理论为依据。这里的回应意味着政府对于依靠自身信息、技术和诚信优势通过与公民之间善意的对话交流和教导所引领出的公民理性意志和利益的反应和回复过程。政府与公民的关系是一种服务关系，实现了以政府为中心向以公民为中心的真正转变。民主治理型模式的特征有：第一，回应是一种公共责任，而不只具有工具意义；第二，回应是一种主动的双边互动过程；第三，致力于对公共性的追求，实现公民利益和公共利益的实质性统一。

表1—1　　三种政府回应模式

	行政管制型政府回应	市场服务型政府回应	民主治理型政府回应
理论基础	官僚制理论	新公共管理理论	新公共服务理论
价值取向	价值中立、效率	顾客导向、效率	责任、公共利益
动力	政治权威与控制	竞争与激励	行政伦理
对象	当事人	顾客	主人
实现机制	通过民选官员间接回应	市场机制、企业化、分权	协商、对话、公民参与
公民的地位	被管理者	消费者	公共服务的所有者和参与者
行政人员的角色	专家	企业家	公共服务者

第二节　作为政府行为和政治过程的回应：来自中国的理解

国内学者首先也是将回应视为一种价值理念的。如著名学者俞可平

(1999) 将回应作为善治的基本要素之一[①]，他认为，回应的基本意义是，公共管理人员和管理机构必须对公民的要求做出及时的和负责的反应，不得无故拖延或没有下文。在必要时还应当定期地、主动地向公民征询意见、解释政策和回答问题。[②] 他从责任政府的角度来理解“回应”的内涵的：“一个责任政府，不仅要在公民对其提出直接的诉求时被动地有所作为，更要在公民没有直接诉求时主动地有所作为，创造性地履行它对公民所承担和许诺的各种责任。”[③]

国内学者对“回应”的价值看得很高，基本上都超越了新公共管理的顾客导向，而赞同新公共服务和治理理论的观点，将回应理解为互动的、以人为本的、服务于公共利益、有利于民主与公平的善治。但与此同时，国内学术界也出现了另一种对政府回应的理解——将“政府回应”视为一种政府行为和政治过程。正是这种理解开创了自 2000 年以来“政府回应”研究的新局面。本书的研究也是从赞同这种理解开始的。

一 政府回应概念的新界定

国内首先明确提出将政府回应作为一个独立问题来研究的学者何祖坤（2000）认为，“政府回应，就是政府在公共管理中，对公众的需求和所提出的问题做出积极敏感的反应和回复的过程。”[④] 陈水秘（2000）认为，“所谓政府回应，就是政府在公共管理中，对公众的需求和所提出的问题，做出积极敏感的反应和回复的过程。”[⑤] 这两个对政府回应的概念界定，是国内最早将政府回应视为政治过程的经典定义。

（一）政府回应的内涵

政府回应首先是一种政府的行为，然后在政府与公民的接触交流中形成一种互动的过程。关于政府回应的内涵，可以从以下几个方面来

---

① 俞可平在《治理与善治引论》（《马克思主义与现实》1999 年第 5 期）中认为，善治的基本要素有六个：合法性、透明性、责任性、法治、回应、有效，后来，他在《善政：走向善治的关键》（《文汇报》2004 年 1 月 19 日）一文中将善治的基本要素扩大到十个：合法性、法治、透明性、责任性、回应、有效、参与、稳定、廉洁、公正。

② 俞可平主编：《治理与善治》，社会科学文献出版社 2000 年版，第 10 页。

③ 俞可平：《增量民主与善治》，社会科学文献出版社 2005 年版，第 149 页。

④ 何祖坤：《关注政府回应》，《中国行政管理》2000 年第 7 期。

⑤ 陈水秘：《政府回应的理论分析及启迪》，《地方政府管理》2000 年第 11 期。

理解：

第一，政府回应是经济社会发展的需要，特别是现代市场经济发展和民主政治发展的需要。传统社会中的政府也有回应行为，但那是零散的、工具性的、单向的，更多的是政府压制。随着经济社会的不断发展，尤其是现代市场经济和民主政治的发展，政府更需要有灵敏的反应力，更加注重以公众的需求和意见为中心，对公众提出的意见和问题做出负责任的回复。

第二，政府回应的目标是对社会及公众的诉求与期望进行制度整合，以实现公共利益的最大化。① 在现代社会，政府回应的目标主要不是为了政府自身统治的利益，而是为了实现全体公民利益和公共利益的实质性统一。

第三，政府回应的实质关涉政府与民众的关系，是政府和公民关系的核心环节。政府与公民的关系好坏，主要取决于政府能否对公民的需求和意见做出积极有效的反应和回复。

第四，政府回应是一种双边互动的过程。人们应当对自己的行为负责，政府管理人员及管理机构由于其承担的职务而必须履行一定的职能和义务。对政府来说，注重回应，就是注重公众的疾苦和需求，尽可能满足公众的需求和解决公众提出的问题；对公众来说，更加愿意表达自己的意愿，更加关注政府公共服务政策的制定过程，是公众参与政府民主管理的有效形式。

第五，政府回应的结果既可能是一种积极反应姿态，这种姿态表明政府对问题的重视，也可能是公民要求的满足，还可能是对公民要求的说服引导。②

（二）政府回应的外延

尽管国内学者对政府回应的内涵有比较一致的认识，但对在政治过

① 戚攻认为，回应作为对一类社会互动现象、关系及过程的理论规制，是基于治理理论、服务型政府建设、公民社会发展等而创造的一个新范畴。他从政治社会学来界定政府回应，认为政府回应是指政府在一定经济社会发展条件下，基于公众利益最大化原则的一种互动过程及类型。参见戚功《论“回应”范式》，《社会科学研究》2006 年第 4 期。

② 谭亦玲认为，对回应的效果，应理解为满足需求和引导需求。参见谭亦玲《小议政府回应性及其有效性》，《青年思想家》2004 年第 1 期。

程意义上使用的政府回应的外延上还是存在一些分歧的。在政府回应的主体上，行政学者往往对政府回应的主体认定为狭义上的政府，即行政机关，如在国内首部研究政府回应的专著《政府回应论》中，李伟权明确指出："需要说明的是，本书政府回应所指的政府，是指狭义上的政府。"① 而政治学者则将政府回应的主体扩大化，主要是把执政党共产党纳入进来。如国内著名政治学者俞可平曾提出一套关于中国民主治理的主要评价标准及指标体系。其中，"回应"被列为十五项主要评价标准之一，具体细化为七项指标：党和政府的咨询机制、党政机关工作的主动性、政府制度创新、党和政府听取公民意见的情况、决策部门对政策的修订、政策反映或代表公民要求的程度、公民要求对政府决策的影响。② 从这里可以明确看出，俞可平所理解的中国"政府回应"的主体是包括执政党共产党在内的。谭亦玲在《小议政府回应性及其有效性》（2004）中认为，回应性是建立在国家—社会二元互动的理论框架下的。回应指的是政治领域对社会领域的响应，公共行政上的回应性是指政治体系做出的公共政策应反映社会的需求，即社会对政府机构的期望。可见，她将政府回应的主体界定为"政治体系"③。在政府回应的对象上，有些人接受了国外学者韦伯·爱德华的观点：公共行政的"回应性"是一个既涉及自上而下的来自政治长官和行政长官的政策指令，又涉及自下而上来自基于社区的利益相关者和其他人带入的问题。④ 如王巍将其概括为公共行政的政治性回应和公众性回应两个方面。⑤ 戚功认为政府回应也包括

① 李伟权：《政府回应论》，中国社会科学出版社2005年版，第10页。

② 俞可平：《增量民主与善治》，社会科学文献出版社2005年版，第142—145页。他提出的"中国民主治理的主要评价标准及指标"，包括十五大评价标准、九十八个指标。十五个评价标准是：法治、公民的政治参与、多样化、政治透明度、人权和公民权状况、对党和政府的监督、党内民主和多党合作、基层民主、民间组织的状况、合法性、责任性、回应、效率、秩序、稳定。

③ 谭亦玲：《小议政府回应性及其有效性》，《青年思想家》2004年第1期。

④ Weber P. Edward, *The Question of Accountability in Historical Perspective*, Administration & Society, 1999, 31 (4): 454 -455.

⑤ 王巍：《论"政府回应"的内涵和主导模式转型》，《探索》2005年第1期。

对上级政府的回应。[①] 在政府回应的客体上，有的学者赞同斯塔林的意见即公民需求既包括明确表达出来的，也包括潜在的需求。如俞可平认为不仅要在公民对其提出直接的诉求时被动地有所作为，更要在公民没有直接诉求时主动地有所作为，创造性地履行它对公民所承担和许诺的各种责任。[②] 有的学者对政府回应的客体范围界定地相对要窄一些。如王巍（2005）认为，政府回应的客体是“非政治整合的公民意愿和利益诉求”[③]。

在对政府回应的外延的界定上，笔者有如下观点：

关于政府回应的主体方面，尽管中国共产党在政府回应过程中的作用非常重要，但就本书的研究而言，为了便于与国外的比较，本书将政府回应的主体界定为狭义的政府即国家行政机关，将执政党和其他国家机关视为对政府回应有密切关系和重大影响的回应结构和外部变量。在实际政治生活中，政党、人大、政协都是公民参与和政府回应的主要制度性渠道。

关于政府回应的对象方面，笔者赞同多数中国学者的意见，应该将其界定为作为个体的普通公民。对于当代中国而言，不存在三权分立，不存在政治与行政的明显分割，没有民选官员、政务官和事务官的区分，因此，政府回应就是指行政机关对普通公民的公众性回应，而不包括行政机关对政党、代议机构等的政治性回应。在西方，政治要控制行政，政府对立法机关、司法机关、政党、行政首长的回应的重要性往往高于对普通公众回应的重要性，但在当代中国，共产党领导着一切国家机器，公众也从不区别看待各个国家机关，而习惯于将它们看成一个整体，因此，中国行政机关对执政党和其他国家机关、政治团体的回应的重要性远逊于整个中国政府体系对公众回应的重要性。可以这么说，西方国家

---

① 戚功认为，“政府回应有四种类型：一是国家或政府对一定经济社会发展需要及趋势作出判断后的回应；二是地方政府回应国家的有关法律、法规的回应；三是地方政府行政运行系统的内部回应，如下级政府组织对上级政府组织指示、指令的回应，以及行政部门对行政首长指令的回应等；四是政府回应社会及公众的诉求。”戚功：《论“回应”范式》，《社会科学研究》2006 年第 4 期。

② 俞可平：《增量民主与善治》，社会科学文献出版社 2005 年版，第 149 页。

③ 王巍：《论“政府回应”的内涵和主导模式转型》，《探索》2005 年第 1 期。

的政治合法性主要来自政治选举这样一种民主程序，而中国的政治合法性主要来自整个政府体系对民意的回应以及由此而生的广大民众对政府体系的衷心拥护（程序相对是次要的）。

关于政府回应的客体方面，笔者赞同在广义上来理解，既包括公民表达出来的要求，也包括公民的潜在要求。因为对于当代中国而言，政府在对公民的明确要求的回应方面做得还不够，正在努力，需要向国外学习；但在对公民潜在的需求的把握上，中国政府表现还是相当突出的，与西方国家相比占有优势。这主要跟各自的政治体制有关。中国是共产党领导的社会主义国家，宪法明确规定一党执政，而中国共产党又是历史使命感很强的政党，因此党和政府注重长期规划，如国民经济和社会发展五年计划、2010 年远景目标等，政策具有连续性。而西方国家政党轮流执政，政党在选举期间需要迎合选民胃口，执政期又有限，所以政策往往只注重短期效应。

二　政府回应的理论基础

将政府回应作为一种政治行为和政治过程加以研究，需要有一些基本理论作支撑。换句话说，需要探讨政府回应的理论基础。这些理论有助于提供有用的分析视角和分析方法，有助于加深对政府回应的认识和理解。这些理论包括政治系统理论、人民主权理论、治理理论和群众路线理论。政治系统理论在绪论部分已做过介绍，此处不再赘述。

（一）人民主权理论

如果说前面所提到的政治系统理论从政府的生存角度为政府回应提供了理论依据的话，那么人民主权理论则从公民的权益角度为政府回应提供了理论基础。在现代社会，政府回应作为一个理论范畴，则与民主、责任紧密相连，政府回应是民主的应有之义。如果说政治系统论为政府回应提供的价值目标是稳定的话，那么人民主权理论则为政府回应提供了更为高远的价值目标——民主。政府回应不应仅仅为了政府自身，更要服务于社会和民众。

人民主权理论是近代西方最为流行和著名的政治思想，其所倡导的主权在民原则已成为现代国家最基本的宪政原则。它的矛头直指封建剥削阶级，否定了“君权神授”“朕即国家”，提出主权在民，国家的主权属于人民。人民主权理论鲜明地提出以下主张：第一，国家的最高权力属于人民，政府的权力来自人民，政府的建立必须经过人民的同意，接受人民的监督。政府与人民的关系是一种委托代理关系，人民是主人，政府及其工作人员是受托人。第二，既然政府的权力来自人民，就必须为人民服务，向人民负责，想人民之所想，急人民之所急，千方百计为人民谋福利。第三，如果违背了民意，人民就有权起来革命，直至把元首撤换掉。人民的革命权是控制政府的最后保障。人民主权理论彻底颠覆了以前使国家和人民主仆关系颠倒的一切思想，从而使政府回应成为政府理当履行的一项责任。政府回应不再只具有工具意义，只是为了维护少数人统治的政府回应失去了其存在的合法性。

由于近代人民主权理论直接来源于社会契约论，而在现代社会契约又不能作为解释国家起源的有效学说，因此以洛克和卢梭等为主要代表的近代人民主权理论也就备受诘难。当代著名思想家哈贝马斯并没有回避西方学界对人民主权论的诘难，承认该理论与现实社会的矛盾，但他并没有彻底否定人民主权的合理内核，而是力图加以完善。他运用交往行动理论重新阐释了人民主权理论。他认为，“人民主权并不是表现为人民亲自参与国家的政治决定和体现人民主权的议会制度，而应是人人自由平等参与对话、辩论而表现为交往活动”①。总之，哈贝马斯的新人民主权论是以共识为形式特征，是一种对话式民主或者说是协商民主。而这种协商民主理论又为政府回应提供了新的理论依据。因为作为一个互动过程，政府回应在本质上就是政府与公民之间的平等协商和对话。

（二）治理理论

如果说政治系统理论和人民主权理论回答了“政府为什么要回应”的问题，那么治理理论则致力于回答“如何提高政府回应性”的问题。治理理论是 20 世纪 90 年代逐渐形成的一种新理论。它看到了在社会资源配置中的“市场失灵”和“政府失灵”，主张用政府治理替代政府统治，提出了在市场机制和政府机制之外的第三种机制：在政府、非政府的公共部门、私人部门和公民之间建立互信，通过谈判达成共识，以促成个

① 陈永鸿：《人民主权理论的演进及其启示》，《武汉大学学报》（哲学社会科学版）2007 年第 3 期。

人、组织和系统等各个层次上的合作，这说明治理是一个还政于民、政府权力向社会回归的过程。“全球治理委员会”把治理界定为：治理是各种公共的和私人的个人和机构管理其公共事务的诸多方式的总和。它有四个特征：治理不是一整套规则，也不是一种活动，而是一个过程；治理过程的基础不是控制，而是协调；治理既涉及公共部门，也包括私人部门；治理不是一种正式的制度，而是持续的互动。格利·斯托克归纳了治理理论的五种主要观点：(1) 政府在治理过程中不是国家唯一的权力中心，只要得到公众的认可，公共机构和私人机构都可以成为不同层面上的权力中心；(2) 治理意味着在解决社会和经济问题的过程中，私人部门和第三部门越来越多地承担原先由政府承担的责任，致使公、私行政的边界和责任越来越模糊；(3) 参与治理的各个组织之间存在着权力依赖，即各个组织之间谈判共同的目标和交换各自的资源；(4) 参与者在治理过程中将形成一个自主的系统，在特定领域与政府合作，拥有在该领域中发号施令的权威，分担政府的公共行政职能；(5) 治理意味着在某些领域弱化政府发号施令的强制权威，政府有责任使用其他的管理方法和技术对公共事务进行引导。① 治理理论“打破了社会科学中长期存在的两分法传统思维方式，即市场与计划、公共部门与私人部门、政治国家与公民社会、民族国家与国际社会，它把有效的管理看作是两者的合作过程；它力图发展起一套管理公共事务的全新技术；它强调管理就是合作；它认为政府不是合法权力唯一源泉，公民社会也同样是合法权力的来源；它把治理看作是当代民主的一种新的现实形式等。”②

治理理论的出现是对传统政府管理能力和回应能力不足反思的结果。治理理论将回应性作为其基本主张之一，并提出了增进政府回应性的许多切实有效的方法和途径。治理理论强调权力的多主体多中心，因此主张通过将大组织分解为小组织，或组建临时机构，防止常设机构的僵化，另外主张下放权力或将某些管理权限交给市场和第三部门，以便政府对变化的社会事务做出快速反应。治理理论还提倡公民参与决策和管理，以改进政府的服务质量和扩大基层民主和自治。

---

① 格利·斯托克：《作为理论的治理》，《国际社会科学（中文版）》1999 年第 2 期。

② 俞可平：《治理与善治》，社会科学文献出版社 2000 年版，第 14 页。

（三）群众路线理论

对于中国而言，除了上述理论基础之外，政府回应还有一个非常重要的理论基础——群众路线理论。它体现了中国政府的社会主义性质和政府回应的中国特色。

群众路线理论的渊源是马克思主义的唯物史观和群众史观。在革命实践中，无产阶级政党与群众关系的重要性凸显出来。后来，中国共产党人在新民主主义革命的实践中取得了诸多的宝贵经验并形成了光荣传统。其集中体现就是“群众路线”。

1943 年 6 月 1 日，毛泽东在《关于领导方法的若干问题》一文中首次较为系统地阐述了群众路线的思想：“在我党的一切实际工作中，凡属正确的领导，必须是从群众中来，到群众中去。这就是说，将群众的意见（分散的无系统的意见）集中起来（经过研究，化为集中的系统的意见），又到群众中去做宣传解释，化为群众的意见，使群众坚持下去，见之于行动，并在群众行动中考验这些意见是否正确。然后再从群众中集中起来，再到群众中坚持下去。如此无限循环，一次比一次地更正确、更生动、更丰富。这就是马克思主义的认识论。……从群众中集中起来又到群众中坚持下去，以形成正确的领导意见，这是基本的领导方法。在集中和坚持过程中，必须采取一般号召和个别指导相结合的方法，这是前一个方法的组成部分。”① 后来，刘少奇在 1945 年党的七大所作的关于修改党章的报告《论党》中群众路线的内容作了全面的说明，并把它归结为两个方面，一是群众观点，二是群众路线的领导方法，从而形成了对群众路线的完整表述：“一切为了群众、一切依靠群众和从群众中来、到群众中去”。

群众路线规定了共产党的领导的全部内涵和实质。共产党的领导就是为人民服务，共产党的领导和执政就是要准确地反映和代表最广大人民群众的意愿和呼声、切实体现和维护最广大人民群众的权利和需求。同时，群众路线也是实现党的领导的保证和方式，只有始终保持党与人民群众的密切关系，党才能得到群众的拥护，巩固领导地位和执政地位。

① 毛泽东：《关于领导方法的若干问题》，载《毛泽东选集》第 3 卷，人民出版社 1966 年版，第 854—855 页。

在社会主义中国，政府是党和人民群众发展生产力和最终实现共产主义的工具，政府既要接受党的领导，又要向人民群众负责。因此，群众路线也被贯彻到政府的工作中，成为政府的人民性的主要体现。因此，群众路线理论对政府回应有着直接的支撑作用，不仅回答了政府回应的必要性，而且为政府回应提供了根本方法：一是要关注民众的要求，倾听他们的意见；二是党和政府对这些要求和意见做甄别，不是一味地迁就民意；三是积极回应做出决断，对合理的要求和意见给以满足，对不合理的要做细致的思想政治工作；四是收集民众对回应的反馈意见。群众路线使政府回应过程成为一个良性的循环互动过程，有利于增加政府和民众之间的互信。在当代中国，群众路线是党和政府的民主作风的主要体现，政府回应是政府坚持走群众路线的必然逻辑。

三　政府回应的要素、类型和功能

（一）政府回应的要素

政府回应是一个完整的过程，由五个基本元素构成：回应主体、回应对象、回应客体、回应渠道、回应反馈。

1. 回应主体。政府回应的主体即一个回应行为的发动者是狭义政府即行政机关。政府是有许多人构成的组织，政府中的人对政府回应行为起着主导性的作用。另一个需要注意的是，在研究中常常要区别考虑不同层级的政府。政府回应的方式也是多种多样，既可以通过公共政策，也可以是具体行政行为，还可以是一种允诺。在实际的回应过程中，有时政府做出回应是有谋划、有目的的，是一种主动的行为；而有时则是出于社会和公众的要求而成为被动者。

2. 回应对象。就是政府回应行为所指向的对象，既可以是公民组织，也可以是公民个人。在本书研究中，将回应对象界定为个体性的公民，公民组织是公民个人利益表达的渠道。在政治生活中，政府回应过程往往是由公民发出要求所启动的，公民自身的状况如何，所提要求的内容和方式，都对政府回应的最终效果有至关重要的影响。

3. 回应客体。回应客体就是指公共管理中公民的要求。政府所回应的公民要求既可能是公民表达出来的要求，也可能是潜在的需求；既可能是公民个人的具体诉求，也可能是经过整合后的社会需求。对需求的回应实质上是对利益的选择与整合，并不是所有的需求都是需要政府回应的。[①]

4. 回应渠道。政府回应总是需要通过一定的方式和一定的渠道（其中包括回应的载体）。这些渠道有些是正式的，有些是非正式的。衡量回应渠道的根本指标是通道能力，可以从渠道的制度化程度和灵敏性两个方面来考察政治沟通通道的能力。

5. 回应反馈。回应反馈包括两种情况：一是指在被动政府回应过程中公民接到政府的回应后向政府发出反应性信息的过程。在被动政府回应过程中，在接到政府的回应后，公民总是会以思想、态度、情感、行动等方式向政府发出某种信息，从而形成被动政府回应中的反馈。二是指在主动政府回应过程中政府征询民意后对民意所做出的反应。在主动政府回应过程中，政府在征询民意后，总会以做出解释、修正决策方案等方式对民意做出反馈。正是因为有反馈这个环节，政府回应才成为一个循环不已的过程。

上述五个方面有机地结合在一起，就形成一个政府回应过程。当然，这只是一种简单的、单向的单通道回应，实际生活中的政府回应往往是很复杂的，是多层次、多向度、全方位的过程。在分析现实生活中的政府回应时，必须明确这一点。

（二）政府回应的类型

按照不同的分类标准可以将政府回应分为不同的种类。如根据政府回应的质量，可以将政府回应分为工具性政府回应与目的性政府回应。工具性政府回应是指政府将回应当作实现其他目标的手段，目的是促进或捍卫政府的利益，如达到某种经济目标，回应本身并非政府回应的目的，是否回应取决于政府对预期成本、收益的判断，以及对自己实现目标的力量的评估。目的性政府回应是指政府将对民众要求的回应当作一种目标来追求，这类回应有利于增强政府及其工作人员的责任感和服务

① 如谭亦玲认为，社会的需求是多方面的，包括政治需求、价值需求、文化需求和经济需求。各种需求并不都是一致的，对需求的回应实质上是对利益的选择与整合，但并不是所有的需求都是需要政府回应的，社会需求以“社会整合”的方法无法进行利益整合或整合成本大于“制度整合”成本时就需要政府对此类需求做出回应。参见谭亦玲《小议政府回应性及其有效性》，《青年思想家》2004 年第 1 期。

意识，促进公共利益。目的性回应一般都是主动回应，回应的层次更深，对政治生活更有深远意义。根据回应驱动力的来源，可以将政府回应分为政府主导型回应与社会主导型回应。前者是指政府自身对回应公民要求的行为有主导权，后者指社会力量强大，政府回应必须以社会需求为导向。根据回应行为的意义，可以将政府回应分为象征性（符号性）回应和直观性回应。象征性回应行为的主要意义不在于该行为本身。

根据研究的需要，笔者重点介绍以下关于政府回应的类型。

1. 根据政府回应的动力源和客体不同，可以将政府回应分为被动回应与主动回应。

美国学者格罗弗·斯塔林（Grover Starling）（2003）认为："公共管理责任的基本理念之一就是回应。政府回应意味着政府对公众接纳政策和公众提出诉求要做出及时的反应，并采取积极措施来解决问题。一般公众大多赞成或喜好政府具有回应、弹性、一致、稳定、廉洁、负责等特性，政府必须快速地了解公众的需求，不仅包括回应公众事前的表达需求，更应洞悉先机，以前瞻性的行为来研究和解决问题。政府回应强调及时与主动，政府应该是'第一时间''第一地点'地出现在现场，定期主动地向公众征询意见、解释政策和回答问题。"① 国内学者俞可平也认为，"一个责任政府，不仅要在公民对其提出直接的诉求时被动地有所作为，更要在公民没有直接诉求时主动地有所作为，创造性地履行它对公民所承担和许诺的各种责任。"② 由此可见，政府回应有"被动回应"和"主动回应"之分，被动回应的动力更多地来自外在的要求和压力，主动回应的动力则主要源自政府内在的意愿和自觉。被动回应的客体是公民明确表达出来的要求，主动回应的客体是公民潜在的要求。

2. 中国学者李伟权的四分法。

中国学者李伟权区分了"政府回应"的两层含义：一是狭义上的政府回应（government response），这是指政府在公共管理过程中对公众的社会需求和所提出的问题做出积极反应和回复的过程。这包括政府反应

① ［美］格罗弗·斯塔林：《公共部门管理》，陈宪等译，上海译文出版社 2003 年版，第 132 页。

② 俞可平：《增量民主与善治》，社会科学文献出版社 2005 年版，第 149 页。

（governmental reaction）和政府回复（government answer）两部分。二是责任政府意义上的政府回应（government responsibility）。它是指作为政府本身，其行政管理职能下的所有行政行为都是要承担相应责任的。所以政府回应也就是政府的社会责任、政治责任、行政责任和法律责任的综合反应。实际上，他提出了政府回应的不同类型。他所说的第一层次的政府回应其实就是一种被动的政府回应，公民提出诉求，政府才给予回应；第二层次的政府回应是主动积极的政府回应，甚至是前瞻性的政府回应。①

后来，他在《政府回应论》中将这两个层次细化，把政府回应分为四个层次：职能性回应；诉求式回应；责任性回应；前瞻性回应。这四个层次实际上也代表政府回应的四种类型。职能性回应是指对于政府职责范围内的公共事务，政府部门应当给予基本的回复；诉求式回应针对的是在社会发展过程中，民众往往有许多政府没有顾及但又需要政府来解决的事情，即民众需求和社会需要的强烈的诉求；责任性回应是指政府对于一些重大事项、重大问题的发展进行的回应；前瞻性回应是指政府负有社会规划与发展，这方面政府要超越民众的一般思想，要有远见卓识，引领社会的发展。②

职能性回应和诉求式回应属于被动回应，责任性回应和前瞻性回应属于主动回应。

3. 根据政府回应的客体和回应的方式的不同组合结果，政府回应可以划分为以下三种类型（见表1—2）。这种分类方法来源于中国学者祁光华。

表1—2　　政府回应的类型

方式 客体	具体行政行为	抽象行政行为
公民已有的要求	执法式政府回应	立法式政府回应
公民潜在的需求	不存在*	前瞻式政府回应

注：*按照祁光华的分析，这不过是完成第Ⅲ类，而时机尚不成熟，还未进入第Ⅰ类的一个过渡阶段而已。

① 李伟权：《"互动决策"：政府公共决策回应机制建设》，《探索》2002年第3期。

② 李伟权：《政府回应论》，中国社会科学出版社2005年版，第63页。

第一类：针对社会和公民已有的需求，在已有相应法律法规情况下，政府和公务员依法采取具体行政行为进行回复和反应的过程，我们将这种政府回应称为“执法式政府回应”。执法式政府回应的主体主要是基层政府和基层公务员，他们负责按照已有法律法规做出具体行政行为来回应社会和公民已有的需求。

第二类：针对社会和公民已有的需求，在缺乏相应法律法规加以规范的情况下，政府和公务员通过抽象行政行为（制定相应法律法规）的方式进行回复和反应的过程，我们将这种政府回应称为“立法式政府回应”。立法式政府回应的主体主要是中层政府和中层公务员，他们负责制定法律法规，为基层政府和基层公务员满足社会和公民已有的需求提供法律依据。

第三类：针对社会和公民潜在的需求，在缺乏相关法律法规引导的情况下，通过法律法规的制定，引导和满足社会和公众潜在的需求的过程，我们将这种政府回应称为“前瞻式政府回应”。前瞻式政府回应的主体主要是高层政府和高层公务员，他们负有社会规划和发展的责任，站在社会整体和历史发展的高度，引领社会的发展。①

执法式政府回应和立法式政府回应属于被动回应，前瞻式政府回应与前瞻性政府回应的含义基本相同，属于主动回应。

（三）政府回应的功能

政府回应有以下功能：

对政府而言，首先可以增强政府的政治合法性。所谓政治合法性，就是指政府基于被民众认可的原则基础上实施统治的正统性或正当性。政府回应，意味着政府对普通民众的要求的积极反应，而政府对民众要求的满足将转化为民众对政府的支持。政府回应要求政府工作人员关心民众，听取民意，为民众服务，从而能够得到民众的拥护。政府回应意味着公共决策的制定要更多地引入公民参与，积极吸纳民众的意见，从而使政策更加合乎民意。政府回应也要求公共服务的顾客导向，为民众提供高质量、个性化的服务。政府回应实际上也鼓励公民对政府工作的监督，从而增加了民众的参与意识和主人翁意识。

---

① 祁光华：《基于政府回应的公务员能力模型》，《中国行政管理》2008年第5期。

其次，促使政府实现自我矫正。政府保持一种积极敏感的回应性，实际上表现了政府倾听民意、重视民意的态度，表现了政府愿意接受社会和民众监督的态度，是政府引入自我矫正精神的体现。在许多情况下，公民之所以对政府提出某些要求，是因为政府有意或无意的过错。在有意过错的情况下，公民的要求起着监督作用，政府回应就是要接受监督，改正过错；在无意过错的情况下，公民的要求起着拾遗补阙的作用，政府回应就是要倾听和接受他们的建议，更好地做好管理和服务。

最后，有利于政策宣传和贯彻。政府回应，使社会普通民众获得与国家官僚体制上层直接接触的机会，官僚上层也获得绕过下层直接获得社会和民众对某些政策的真实想法。国家官僚体制上层往往会以回信、说服解释等方式向他们宣传政策，还会采取相应措施让群众明白国家的政策取向，同时实现社会动员。同时，他们会对下级行使责罚和督促，令其将有关政策贯彻落实。

对社会而言，首先有利于化解矛盾，保持社会和谐稳定。社会能否和谐，政府与公民的关系最为关键。政府作为公共管理和公共服务者，民众有权对其提出各种要求。如果政府对于民众的要求置若罔闻，漠然视之，必然造成民众对政府的不满。政府决策若失去对民意的敏感性和尊重，也必然失去其合理性，不当的政策再长期得不到纠正，必然带来严重的社会问题，引发社会矛盾。政府回应不仅要求政府对公民提出的要求做出积极反应，而且还要求政府要有前瞻意识，密切关注社情民意，力争将社会矛盾消灭在萌芽状态。

其次，对整个社会的政治发展有促进作用。政府对民众要求的积极回应，会造成政府与公民之间的有效互动。长期频繁的互动可以使政府和公民之间保持良好的信任关系。对公民而言，这会激发他们的参与意识，锻炼他们行使各项权利的能力；对政府而言，这将有利于政府及其工作人员不断改进工作，能够增强政府的责任意识和自觉接受监督的意识。这些都将有利于促进整个社会的民主化、增强政府能力。

小 结

政府回应理论首先来自西方。西方学者最先是将政府回应纳入民主理论的体系中，讨论政府的责任性问题。他们主要强调政务官员必须注重民意，政府则以效率为目标。这就使得官僚体制下政府决策行为很少考虑公民的参与，而大多数的参与仅局限于公民对政府领导人的投票上。如果要说存在回应问题，也主要是指行政官僚系统对民选官员和行政上级的回应。随着经济社会的发展，行政官僚系统越来越显得僵化和迟钝，引发了社会和公民的强烈不满。西方理论界逐渐抛弃政治与行政相分离的观点，致力于寻找一种可以补救甚至替代官僚制的治理模式。政府对公民的回应性问题成为热点。新公共行政、新公共管理、新公共服务都标示着西方在政府回应理论上的新进展。西方学者对政府回应的价值内涵做了深入的探讨。行政管制型、市场服务型、民主治理型三种政府回应模式的演进展现了这一进程。回应性已经成为西方政府改革的主要目标之一。

总之，在西方政府回应首先是作为一种公共行政的价值而存在的，因此又被称为“回应性”。它反对那种对公民要求冷漠不屑、无动于衷、行动迟缓的官僚主义。在政府结构上，它代表了一种与等级制、非人格化、控制等相反的价值取向，主张弹性、行政伦理、自由裁量等。在对公民的态度上，主张有更多的公民参与，积极应对公民的要求。在政府与社会的关系方面，主张政府与社会的互动，实现共同治理。

但正如中国学者所提出的，政府回应实际上还是一种政治行为和政治过程。它是政府与公民关系的核心环节。政治系统理论、人民主权理论、治理理论和群众路线理论是作为政治过程的政府回应的主要理论基础。作为一个完整的政治过程，政府回应主要由回应主体、回应对象、回应客体、回应渠道、回应反馈五大基本要素构成。就政府回应的类型而言，斯塔林的二分法、祁光华的三分法、李伟权的四分法是我们研究政府回应的主要的分类方法。不论对政府自身还是对整个社会而言，政府回应都有着许多积极的功能。

第二章

当代中国政府回应的环境

从政治系统理论的角度看，政府回应就是政府系统对其外部环境的一种输出表现。外部环境对政府系统提出了要求和支持，形成了压力，政府为了维持本系统的生存和发展，就会对外部环境做出反应，表现为政府系统对环境的输出。在政府系统输出之后，环境又会对政府系统做出反馈，从而形成新的需求。这样，政府回应就成为一个持续的循环的互动过程。外部环境的状况对政府回应有重要影响，直接决定了政府做出回应的敏感性和积极性，塑造着政府回应行为的方式和特征。本章的主要目的就是研究中国的政治、经济、文化、国际环境对政府回应行为和过程的影响。着重考察中国的政治文化传统在塑造公共价值观、政府和大众行为中所扮演的角色；讨论市场化改革和经济增长对公众民意和政府行为的影响；展示中国政治体制和意识形态对政府回应行为的规范和影响；探讨全球化时代的国际环境对中国政府改革和政府回应的影响。

第一节　政治文化传统

中国是一个具有悠久历史和深厚文化底蕴的国度。自周秦至于近代中国，始终是一种文化范式的延续。传统中国在政治文化方面留下了丰富的遗产。这些遗产无疑是宝贵的，但同时在一定意义上也成为当代中国政治发展的包袱。这些政治文化传统对当代中国政府回应的影响无疑是深远的，值得认真探讨。

一 中国政治文化传统的特征

中国政治文化传统是在古代中国特定的环境下长期形成的，具有一些明显的特征，而这些特征又在当代中国有着鲜活的体现，对政府回应有着不同程度的消极影响。

第一，精英主义。美国学者詹姆斯·汤森与布兰特利·沃马克合著的《中国政治》一书就认为，中国政治文化传统的第一个特征就是精英主义和等级制，“少数有权柄的精英和无权无势的民众之间的这种截然分明的界限，是传统中国政治的一个明显特征”①。法家学说最为极端，认为最高统治者就应该垄断权力，对民众极其蔑视。儒家学说虽然主张民本思想，但也主张对民众实施教化的必要性。儒家有“君子小人”之别，这就是说，它认为人在道德上是不平等的，而真正具有美德的人应该是那些掌权的人，而这部分人必然是少数精英，这些精英就是政治精英，也是知识精英、道德精英。精英主义的影响主要是限制了广大民众的参与，会使政府回应缺乏持久强大的外部动力，因此，即使政府做出回应，也是单向的和自上而下的。

第二，人治。简而言之，人治就是重视自律，忽视他律，重视人的主体作用，而忽视制度建设。中国传统政治寄希望于好人而不是规则和制度。尤其是儒家学说主张“贤人政治”，“内圣外王”，只要人把自身道德品行修养好了，就可以自然而然地把政治事务处理好，所谓“格物、致知，正心、诚意、修身、齐家、治国、平天下”。法家虽然重视法律，但主要是为了惩治百姓，至于最高统治者，仍然凌驾于法律之上，故有所谓“王子犯法，与庶民同罪”而无“皇帝犯法，与庶民同罪”之说。这与现代意义上的法治不可同日而语。现代“法治”的第一要义就是一切权力都要受法律的约束，法律的权威至高无上，任何人包括最高领导人都不得凌驾于法律之上。中国政治文化传统中最为缺乏的就是这个内容。因此，现代人强调以法治取代人治，把法治和人治对立起来了。人治对政府回应的影响主要体现在重视政府官员在政府回应中的作用，而

---

① ［美］詹姆斯·汤森、布兰特利·沃马克：《中国政治》，顾速、董方译，江苏人民出版社2004年版，第26页。

忽视相关制度和程序的建设。

第三，官本位或权力本位。在古代中国，权力主导一切，掌握权力就意味着掌握着社会资源。“官大一级压死人”“官役民作”在实际政治运转中非常盛行。对于各级官吏而言，拥有权力便有无上的优越感，可以呼风唤雨，一人得道，仙及鸡犬，所以他们都在追求更大的权力，以至于许多人到了不知廉耻、不择手段的地步。对于普通民众而言，他们也觉得掌握权力最重要，财富、名声都是权力的附属物。官本位思想使他们既畏惧权力，又崇拜权力。官本位对当代中国社会的影响是比较明显的。一方面，政府中存在的官僚主义与政府人员的官本位思想有着密切关系；另一方面，在民众中也存在明显的权力崇拜意识，近年来持续的“公务员考试热”就是一个很好的证明。官本位思想不利于政府真正树立公仆意识服务意识，也不利于民众树立民主意识和权利意识，是造成现实中政府不作为、反应迟钝的重要原因。

第四，家本位。一是重视家族利益，重视个人的家庭责任，而忽视个人的利益，个人努力的首要目的是光宗耀祖，家族主义；二是家长是家中最高权威，必须服从于家长，形成了家长本位。传统社会强调“孝悌”为本，家中一切事务由家长说了算，家长权威不得违犯，否则有权责罚家庭成员，尽管家长有慈爱的一面，但同时也表现出独断专行听不进意见等所谓的家长作风。三是家国一体，家本位被引申到国本位。最高统治者就是全国的大家长，大小官员是老百姓的父母官，所有臣民要“忠”于最高统治者这个大家长。最高统治者及大小官员像父母照顾孩子一样关照自己的子民，民众对他们具有依附性。对于个人而言，个人的利益都是由家长定义的，个人身体发肤受之父母，功名利禄为朝廷所赐，所以不论是家本位还是国本位，个人主义都不得张扬。

第五，政治人伦化。中国传统政治是伦理政治。“天子作民父母，以为天下王”（《尚书·洪范》），传统中国政治具有一种父权政治的特征，“国家统治者的美德和明智之处在于替天行道，他们会像保护自己的子女一样对待百姓”[①]。政治的目的是实现一种和谐的人伦秩序，政治的实施

① ［美］唐文方（W. F. Tang）：《中国民意与公民社会》，中山大学出版社2008年版，第3页。

主要依靠道德楷模的力量，法律是道德教化的补充，道德与否是评价政治人物和政治行为的主要标准。人伦不仅是政治的目的，而且还是政治运行的规则。这使得中国传统政治具有一种温情脉脉的人情味，有人称之为“仁慈的权威主义”。这种伦理政治既为现实政治运转提供了润滑剂，减少了许多阻力，但也带来了所谓的人情行政。亲情、族情、友情、乡情各种人际关系的因素渗透着政治和行政过程中，导致许多腐败和不公。

二　民本思想

在中国政治文化传统中，对政府的回应行为有直接的积极影响的思想是民本思想。中国的民本思想源远流长。最早可以追溯到商周时期，春秋战国时期百家争鸣，尤其是以孔子、孟子、荀子为代表的儒家学派对民本思想的发展贡献最多，建立了民本思想的基本框架。后来历代都有人阐发过民本思想。不仅如此，自秦汉以后，民本思想日益为统治者所接受，对古代的实际政治生活产生了极大影响。中国历史上出现的几个盛世局面与统治者自觉践行民本思想有着密切关系。因此，有人认为民本论是中国传统政治哲学的核心。①

民本思想的基本框架是天—君—民三者的循环体系。民本思想是与天命论联系在一起的。天命论认为整个世界的主宰是天，君主是天在人间的代表，故又称“天子”，其职责是治理天下万民，“天生民立之君，使司牧之”（《左传·襄公十四年》）。而天命是与人民的意愿相联系的，所谓“天视自我民视，天听自我民听”（《孟子·万章上》引《周书·泰誓》语），“民为神主”（《国语·周语》）。君主应该重民、爱民，以民为本。

民本思想的主要内容是：第一，民是国家的根本，天立君主也是为了服务民众，“民为邦本，本固邦宁”（《尚书·五子歌》）。民是政治合法性的来源，得民心者得天下，只有获得了民众的拥护，统治才能长久；民是社会财富的创造者，是国家强弱的决定力量，“国以民为本，强由民力，财由民出”（《三国志·吴书·陆逊传》）。第二，统治者要为民做

① 周桂钿主编：《中国传统政治哲学》，河北人民出版社 2001 年版，第 24 页。

主、爱民、恤民、惠民。做到在主观上要亲民、爱民，在政治上要安民、保民，在经济上要惠民、富民。统治者要关心民间疾苦，努力使人民安居乐业。第三，统治者要实行德治，教化民众。统治者要做道德楷模，以身作则，教育民众，让他们做有道德的人，这样才能使民众心悦诚服。

民本思想不仅强调统治者应该将爱民、恤民、保民、惠民、教民作为自己的天职所在，而且还赋予民众以反抗暴政的权利。如果统治者不能以民为本，失去民心，就将失去统治的合法性，造成天命转移，民众就有反抗的权利，可以将其放逐、易位。这是中国政治文化传统中最具革命性的思想了。美国学者唐文方认为，这种革命性“植根于统治者与其臣民之间的道德约法，在这种双边约定中，只有当统治者是道德楷模的时候，被统治者才会顺从其统治。因此，这种道德契约确保了统治者必须对公众的需求做出反应”①。从这个角度来看，民本思想的确是对政府回应最有支撑力的中国政治文化传统资源。

民本思想作为一种政治思想，通过政治社会化被传统中国社会所接受，成为人们政治与道德行为的规范。尤其是对于那些信奉儒学的官员而言，民本思想已经成为他们的一种政治信仰，同时也是一种道德信仰。至今为人们所颂扬的古代官员都是关心百姓疾苦、亲民爱民的楷模，而且都是个人道德修养很好的榜样。民本思想不仅能够促使统治者和官员对民意做出积极的回应，而且还能对各种违反民意的政治行为从思想上和舆论上加以制约。民本思想通过儒家信徒尤其是其中许多士大夫官僚的身体力行和政治实践对为政者的政治态度和政治行为产生了深远影响。统治者不仅在意识形态和许多实际政策方面遵循民本原则，而且还对微服私访、体察民情、为民请命的行为予以提倡和褒奖。微服私访、体察民情成为中国古代官员主动回应民众的主要方式，这在当代中国可以看到其踪迹。

民本思想是对政府回应也有妨碍作用。民本思想虽然主张爱民，对于民众参与政治过程并不赞同，民众缺乏政治参与的权利。统治者爱护百姓，首要任务是解决温饱问题，让老百姓吃饱穿暖，然后行教化，让

---

① ［美］唐文方（W. F. Tang）：《中国民意与公民社会》，中山大学出版社 2008 年版，第 4 页。

其文明，让他们做有道德的人，这就是最大的政治。至于现代意义上的权力——权利政治，百姓是不能参与的，既不能分享权力，也不能监督权力。儒家主张的是精英政治，即少数道德高尚的人的政治，他们关心爱护民众，教化百姓，就是政治的基本内容。“君子之德风，小人之德草，草上之风必偃”（《论语·颜渊》）。因此如果说古代存在政府回应的话，这种政府回应也是单向的、自上而下的。

民本思想的最大缺陷就是完全寄希望于统治者的个人美德，对其缺乏有效的监控手段，忽视政治制度的建设。民本思想要求为政者首先应该是一个道德高尚的人，所谓“自天子以至于庶人，一是皆以修身为本”，“意诚而后心正，心正而后身修，身修而后家齐，家齐而后国治，国治而后天下平”（《大学》）。只有心中存有仁爱，才能成为民之主。这样，作为民之主，统治者才能像家长关心子女那样去关心民众。但在实际政治生活中，由于缺乏制度保障，政治统治者往往与理想相去甚远，高明者以民本为幌子，谋求自己的私利，善用权术玩弄民众，还使其深感皇恩浩荡；不肖者则鱼肉百姓，恣意妄为，最终玩火自焚，给百姓带来深重灾难。

总的来看，在中国政治文化传统中，存在支援政府回应的理论资源。尤其是民本思想，主张政府主动地体察民情，关注民生。民本思想通过儒生群体的信仰和身体力行，转化为一种政治实践，对几千年的统治思想和精英行为产生了深远影响。许多人认为中国古代政治是一种温和的专制，其实主要就是基于民本的理论与实践。尽管如此，民本不等于民主。毕竟中国的政治文化传统是一个多元的复杂体，与民主的因素相比，专制的因素更多一些。

第二节　市场化改革

中国的市场化改革始于 1978 年。所谓市场化改革，就是指经济体制从计划经济转变到市场经济，让市场在资源配置中起主要作用。三十多年来，中国一直处于市场化改革的环境之中，社会处于全面的转型过程中。这是研究当代中国政府回应时所必须考虑的经济社会背景。

一　市场化改革推动经济社会发展

经过30年的改革，中国经济体制和发展模式发生了深刻变化，社会主义市场经济体制已初步建立。据统计，当前，中国经济领域的市场化程度不断提高，市场在资源配置中的基础性作用明显增强，90%以上的商品价格完全由市场决定，85%以上的投资由企业和社会自主确定，4/5的就业岗位由非公有制经济提供。[①] 据有关测算，2008年我国经济市场化程度已达到76.40%。[②] 更主要的是，市场化改革使得中国的社会发生了翻天覆地的变化。

市场化改革的直接结果是中国经济取得了快速增长。计划经济下，政府大包大揽，直接干预企业的生产经营活动和人们的日常生活。尽管曾一度取得较快经济增长，但最终带来的却是企业的低效益和人民生活的普遍贫困化。1978年改革开放前，中国国民经济濒临崩溃的边缘。与此形成鲜明对比，市场化改革直接带来了中国经济30年的持续高速增长，人们的收入快速增长，生活得到极大改善。据统计，中国国内生产总值由1978年的3645亿元迅速跃升至2007年的249530亿元。1979—2007年，国内生产总值年均实际增长9.8%，不仅明显高于1953—1978年平均增长6.1%的速度，而且也大大高于同期世界经济年平均增长3.0%的速度。人均国民总收入也实现同步快速增长，由1978年的190美元上升至2007年的2360美元。按照世界银行的划分标准，中国已经由低收入国家跃升至世界中等偏下收入国家行列。居民消费水平从1978年的184元增加到2007年的7081元，按可比价格计算，人均消费水平提高了7.2倍，年均实际增长7.5%。[③] 2014年“十二五”收官，国内生产总值

---

① 李铁映：《中国的改革——纪念改革开放30周年》，《人民日报》2008年11月8日，http://news.xinhuanet.com/politics/2008-11/08/content_10325782.htm。

② 北京师范大学经济与资源管理研究所发布的《2005中国市场经济发展报告》（中国商务出版社2005年版）显示，2003年中国经济市场化程度为73.8%，已超过市场经济临界水平（60%）。《2010中国市场经济发展报告》（北京师范大学出版社2010年版）系统测算了1978年至2008年中国经济市场化程度，揭示了中国经济市场化程度已稳定地处于70%以上，再次有力地证明了中国已经是发展中的市场经济国家。

③ 国家统计局综合司：《大改革 大开放 大发展——改革开放30年我国经济社会发展成就系列报告之一》，http://www.gov.cn/gzdt/2008-10/27/content_1132281.htm。

已达63.6万亿元；按美元折算，达10.4万亿美元，稳居世界第二位；占全球经济比重为13.3%。据世界银行数据，我国人均国民总收入由2010年的4300美元提高至2014年的7380美元，在上中等收入国家中的位次不断提高。

经济增长和民众收入的大幅提高，促进了教育的发展，中国人的知识文化水平显著提高。教育普及程度明显提高，已接近中等收入国家平均水平。2007年，高等教育毛入学率达到23%；高中阶段教育毛入学率66%；初中教育毛入学率98%；全国小学净入学率达到99.5%。2014年“十二五”收官时，中国九年义务教育全面普及，巩固率从89.7%增至92.6%。高中阶段教育基本普及，毛入学率从82.5%增至86.5%。现代职业教育体系框架基本形成，新增劳动力大部分受过高中阶段教育。高等教育规模稳步扩大，毛入学率从26.5%提高到37.5%。[①] 政治社会学认为，一国的经济发展水平、教育水平与国民的民主意识和国家民主化进程有紧密联系。30年来，中国公民的平等竞争意识、民主参与意识、权利意识显著增强。改革开放后，思想解放的潮流冲垮了禁锢，西方种种价值观的涌入拓宽了视野，人们的价值取向日益多元化，不同的价值选择都获得了被尊重的道德空间；市场经济所带来的就业政策放宽、社会流动增大等促使人们的平等竞争意识增强；人们积极参与社会公共事务，现在越来越多的普通人通过网络、手机等新途径建言献策，有序参与国家政治生活。如2008年两会期间，新华网、中国网、新浪网、腾讯网等网站均推出了论坛、博客、网络调查等各类平台与网民互动，“我有问题问总理”“手机两会议政厅”“有话网上说”等栏目在网络和手机上随处可见，而且参与度极高。由于市场经济启发了人们对于切身权利的考虑，公民的权利意识逐渐增强，近年来公民维权活动蓬勃发展。最具代表性的是，2003年孙志刚事件经由媒体披露后，引起了人们对收容遣送条例的质疑，很快，国务院废止了该条例，并颁布实施《城市生活无着的流浪乞讨人员救助管理办法》。

市场经济的发展扩大了社会的自由度，促进了公民社会的发育壮大。

---

① 林兆木：《“十二五”时期我国发展取得重大成就》，《光明日报》2015年11月16日03版。

享有“经济学良心”美誉的诺贝尔经济学奖获得者阿马蒂亚·森在分析研究众多发展中国家的大量的经验资料基础上得出了卓越的研究成果：自由是市场经济的核心价值，发展就是扩展自由；自由是发展的首要目的，也是促进发展不可缺少的重要手段。① 随着市场经济的发展，中国社会结构发生了巨大变化，由原来的整体性的利益结构转化为多元化的利益结构，出现了许多新的利益群体和阶层以及大量的社会组织。据有关学者研究，当前中国的社会阶层状况已不再是改革之前的“两个阶级，一个阶层”，而是存在十个阶层，产生了诸如私营企业主、经理人员、专业技术人员、个体工商户、农民工等新的社会阶层和社会群体。② 改革开放冲击了原有的管理体制，带来了人民公社的解体和单位制的萎缩，这时候，无论是政府还是社会都需要有新的组织形式来填补制度上的真空，处理社会自由化背后的整合问题。民间组织应运而生，呈现出“爆发式”增长，以社团为例，50 年代初，全国性社团只有 44 个，60 年代也不到 100 个，地方性社团在 6000 个左右。到了 1989 年，全国性社团剧增至 1600 个，地方性社团达到 20 多万个。③ 经过政府的重新登记和清理，这一数量有所减少。截至 2002 年底，全国共登记社会团体 13.3 万个，其中，全国性社团 1712 个，省级社团 20069 个，地级及县以上社团 52386 个，民办非企业单位万家。④ 中共中央编译局副局长俞可平在《学习时报》发表文章说：截至 2006 年 12 月底，官方统计的中国各类民间组织有 32 万多个，但不少学者估计各类民间组织已多达 300 万个左右。他认为，中国以民间组织、中介组织、行业组织和社区组织等社会组织为主要载体的公民社会开始形成。⑤ 自 2007 年以来，社会组织发展迅速（见表 2—1），根据民政部的业务统计显示，截至 2014 年底，全国共有社会组织 60.6 万个，比上年增长 10.8%，吸纳社会各类人员就业 682.3 万

① 阿马蒂亚·森：《以自由看待发展》，任赜、于真译，中国人民大学出版社 2002 年版，译者序言，第 1 页。

② 陆学艺：《当代中国社会各阶层研究报告》，社会科学文献出版社 2002 年版，第 178 页。

③ 王名、刘国翰、何建宇：《中国社团改革》，社会科学文献出版社 2001 年版，第 4 页。

④ 《2002 年民政事业发展统计公报》，中国民政部网站。

⑤ 《中国公民社会迅速崛起》，《共产党员》2007 年第 14 期。

人，形成固定资产 1560.6 亿元。①

表 2—1　　　　**社会组织的数量**　　　　单位：个

	2007 年	2008 年	2009 年	2010 年	2011 年	2012 年	2013 年	2014 年
社会团体	21.2 万	23 万	23.9 万	24.5 万	25.5 万	27.1 万	28.9 万	31 万
基金会	1340	1597	1843	2200	2614	3029	3549	4116
民办非企业	17.4 万	18.2 万	19 万	19.8 万	20.4 万	22.5 万	25.5 万	29.2 万

市场化改革对政府的影响也是巨大的。它打破了国家地位神圣化和政府全能的观念，促使政府适应其要求而实现变革。市场化改革逐步造就了一个有限的政府。农村改革首先将农民从国家的束缚中解放出来，紧接着城市改革，实行政企分开。政府不再全面地控制社会的经济活动，社会中最重要的活动（经济活动）和最重要的资源（财富）逐渐脱离了政府的控制。当经济活动与政府逐渐分离的时候，国家与社会的分离就开始出现了。政府开始自觉地围绕经济发展进行一系列的改革，从精简机构到转变职能，逐步放松了对企业、社会组织和民众的管制。从 2001 年中国加入世界贸易组织后，各地政府开始了新一轮的改革高潮，纷纷提出建设服务型政府的目标。2005 年 3 月，十届全国人大三次会议将“努力建设服务型政府”写入温家宝的政府工作报告，并经人大批准变为国家意志。服务型政府的提出是在市场经济条件下对“为人民服务”宗旨的重申，它标志着改革开放 30 年来政府对自身角色有了明确定位：致力于实现由过去的政府本位、官本位向社会本位、民本位的体制性转变。政府不应该再强加干涉本来由社会、市场、企业或个人就能够承担完成的事项，政府也不要直接作为微观经济主体参与市场竞争或依靠垄断特权与民争利，而应致力于为社会提供市场不能够有效提供的公共产品和公共服务，致力于改善市场运行环境，行使好对市场的调节、培育、监管和服务职能，推动社会的可持续发展；政府不应再是凌驾于社会之上的唯我独尊、以我为中心的官僚机构，而应是以民为本、以公众为中心的民众导向型政府，要突出着重政府对市场、社会和公民的服务功能，

① 《2014 年社会服务发展统计公报》，中国民政部网站。

从公民的需要出发，从公民的利益和意愿出发，致力于提供公平公正的、优质高效的多样化的公共服务。服务型政府与政府回应的关系非常密切，有学者指出，公众回应性是服务型政府的核心特征。①

综合市场化改革对社会和国家两方面的影响，从国家和社会关系的角度来看，“随着改革进程的不断深入，一些在原先国家治理状态下未曾出现或者说没有发挥作用的各种非政府组织、社会团体、公民个人等主体开始显现，并且表露出参与公共事务治理的强烈意愿和浓厚兴趣。这些多元主体的出现对国家调整治理方略产生了客观需要，推动着国家必须重视并积极吸纳新的治理主体。如果说政府作为单一治理主体独自承担治理职能，表现出来的是对控制的追求，那么在多元主体出现后，治理思路则必须围绕寻找合作互动而重构”②。基于此，十八届三中全会提出来要推进国家治理体系和治理能力现代化，更加积极回应社会关切。

二 市场化改革带来的问题

随着时间的推移，市场化改革的负面效应也已经逐渐地显露出来。“从市场经济本身来看：市场主体遵循利润最大化原则，难以完全实现个人利益与社会效益的统一；市场竞争带有自发性、盲目性和波动性，会带来破坏和浪费甚至引发周期性经济危机；市场机制不能自行解决社会公平问题，必然会导致收入差距拉大，甚至会引起贫富两极分化；等等。”③

因此，市场化改革在推动整个社会进步的同时也带来了许多问题。④如收入差距过大、大规模的失业、计划经济缔造的社会安全网的失效。以反映居民收入差距（或收入不平等程度）的综合性指标基尼系数来衡量居民收入差距的总体状态和变化是最便利、最实用的。20 世纪 80 年代

① 王巍：《公众回应性：服务行政的核心特征——服务型政府回应机制的流程与制度设计》，《行政论坛》2004 年第 9 期。

② 齐卫平、陈朋：《现代国家治理与协商民主的耦合及其共进发展》，《华东师范大学学报》（哲学社会科学版）2014 年第 4 期。

③ 陈红太：《全面深化改革需要关注的八个问题》，《中国特色社会主义研究》2015 年第 5 期。

④ 但这并不是说市场化改革就是造成这些问题的根源，这些问题实际上是市场化改革还不彻底的产物。

以来，中国的基尼系数呈现出上升的趋势，20 世纪 70 年代末 80 年代初，基尼系数处在 0.3 以下，80 年代中期以后，基尼系数超过 0.3，90 年代初在 0.37 左右，90 年代中期以后上升至 0.4 以上。[①] 根据中国社会科学院经济研究所课题组的调查，包括各种集体福利和非正常收入的差距在内，我国目前的基尼系数为 0.445。而根据世界银行的测算，我国基尼系数从 1980 年的 033 扩大到 1988 年的 0.38，2003 年已扩大至 0.458，有的地区已经达到 0.467。[②] 北京大学中国社会科学调查中心公布的《中国民生发展报告 2015》明确指出，中国目前的收入和财产不平等状况正在日趋严重，近 30 年来，中国居民收入基尼系数从 80 年代初的 0.3 左右上升到现在的 0.45 以上。中国家庭财产基尼系数从 1995 年的 0.45 扩大到 2012 年的 0.73。顶端 1% 的家庭占有全国约 1/3 的财产，底端 25% 的家庭拥有的财产总量仅在 1% 左右。[③] 改革开放特别是国企改革后，失业、下岗大规模出现，1996 年以来我国城镇登记失业人口呈上升趋势。据统计，1996 年城镇企业下岗职工达 892 万，1997 年为 1151 万。[④] 目前，国有企业大量的冗员正逐步释放出来。随着市场化改革的深入，计划经济下的社会安全网逐步失效，但新的全面、系统的社会保障体系尚未完全建立，住房制度、公费医疗制度等改革措施在相当程度上加大了公民的个人消费支出，这给低收入者和失业人员造成巨大的经济压力。在失业后的情感失落与心理压力的作用下，这些弱势人群会对社会产生很强的对立情绪，从而引发相当程度的社会矛盾与冲突。近些年来中国刑事犯罪、团伙黑恶势力猖獗与此有极大关系。

市场化改革激发了社会的利益意识。“随着社会的利益意识的觉醒，

---

① 曾国安：《20 世纪 70 年代末以来中国居民收入差距的演变趋势、现状评价与调节政策选择》，《经济评论》2002 年第 5 期。

② 任晓莉：《我国居民收入分配差距问题研究的评析》，《中州学刊》2004 年第 9 期。

③ 中国的基尼系数测算一直是有争议的，学术界发布的基尼系数倾向于认为中国的贫富差距比较严重且有继续扩大的趋势，而官方发布的数据则相对乐观。2016 年 1 月国家统计局发布的最新数据显示，2015 年全国居民收入基尼系数为 0.462。这是基尼系数自 2009 年以来连续第 7 年下降，但仍然超过国际公认的 0.4 贫富差距警戒线。2008 年中国基尼系数曾一度上升至 0.491，此后开始逐年回落，分别为：2009 年 0.490，2010 年 0.481，2011 年 0.477，2012 年 0.474，2013 年 0.473，2014 年 0.469。

④ 熊文才：《中国失业的现状、原因与对策分析》，《科技与管理》2002 年第 4 期。

多年被压抑着的利益要求突然迸发出来，而且迅速地在社会的各个角落扩展开来。这样便产生一种新的社会现象—利益饥渴现象。就是说，人们都如饥似渴地追求各自的利益，有的人甚至为此而不择手段。”① 社会利益意识的觉醒带来了公民参与类型的变化，从过去更多的支持性公民参与转变为要求性公民参与。更为关键的是，政府的利益意识也日益突出，市场经济也成为滋生权力寻租和腐败的土壤。在市场环境中权力部门容易滋长“经济人”心理，本身逐渐成为自我服务的利益集团。“资本势力与权贵势力的结合和利益捆绑，已成为人民群众反映最为强烈的问题。它不仅放大了社会分配不公和贫富分化，极大地损害了党与人民群众的血肉联系，伤害了党的执政基础和政府公信力，弱化消解了我国长期坚持的社会主义理念和制度基础，也扭曲和伤害了市场经济自身的规律和应有效能。”② 当前，政府与民争利、侵犯民间利益是造成干群关系紧张、官民冲突不断、群体性事件频发的重要原因。

总之，经过30年的市场化改革，中国经济持续高速增长，人民生活得到极大改善，发展成就举世瞩目。市场化改革首先改变了经济结构，在公有制经济之外，私营经济和个体经济迅速发展起来。它打破了国家至上、权力至上的神话，改变了国家吞没社会的大共同体本位的社会结构。社会从国家的控制中逐步分离出来，新的社会阶层和社会组织大量出现。经济基础的变化改变了上层建筑，政治体制改革和行政体制改革都取得了新进展。政府围绕经济体制改革转变政府职能，改进管理方式和工作作风，为企业、社会和公民提供服务的意识得到凸显，市场经济内在要求的平等观念、法治观念都在持续的改革和发展中得到弘扬。这不仅体现在国家新制定的法律制度中，而且也反映在民众的观念变化中。公民的民主意识、参与意识、权利意识日益增强。但与此同时，市场化改革也造成大批国有企业倒闭和大量工人失业，拉大了阶层差距、城乡差距、居民收入差距，也激发了政府的自我利益观念，政府的自利化倾

① 李景鹏：《当代中国社会利益结构的变化与政治发展》，《天津社会科学》1994年第3期。

② 陈红太：《全面深化改革需要关注的八个问题》，《中国特色社会主义研究》2015年第5期。

向日益明显，腐败现象日益严重。这些都加剧了官民之间的冲突，针对政府的群体性事件日益频发。就市场化改革与中国政府回应的关系而言，市场化改革带来了国家与社会、政府与公民关系的重大调整，突出了社会本位和公民本位的观念，为中国政府回应提供了一个很好的环境，同时，市场化改革带来的社会快速变化，也让中国政府的回应能力面临重大挑战。

第三节　政治体制和意识形态

当代中国政府回应是在当代中国政治体制和意识形态的总体框架下运作的，因此必然受到当代中国政治体制和意识形态的极大影响。一方面，社会主义民主政治的建立是当代中国政府回应的逻辑起点，社会主义制度的确立，为凸显公共行政的公共性奠定了根本基础。没有社会主义民主政治，就没有当代中国政府回应。当代中国政治制度为政府回应提供了基本的制度支撑。另一方面，当代中国政治制度对政府回应也有制度约束作用。它决定了当代中国的政府回应与西方国家政府回应的根本区别和主要特色。事实上，中国政治体制和意识形态规定了当代中国政府回应的基本原则。

一　中国的政治体制

从宪法文本看，中国的根本政治制度是人民代表大会制度。其基本内容是：国家的一切权力属于人民，人民选举人民代表组成人民代表大会，人民代表大会是国家权力机关，国家行政机关、司法机关、军事机关都由其产生，对其负责，受其监督。从这一制度可以看出，政府的权力来自人民的委托，政府应当全心全意为人民服务，回应民众的要求是政府的责任。具体而言，当代中国政治体制有四个方面的内容对政府回应有重要意义：一是共产党的领导；二是行政主导，三是中央集权，四是基层自治。

与西方国家相比，当代中国政治体制最大的特征就是共产党是唯一的法定执政党。在西方人看来，中国政治体制缺乏合理性，是一种权威政体。这是因为西方人不了解中国共产党执政的合法性不是向西方国家那样来自人民的程序性授权，而是来自基于自身的先进性而为人民所衷心拥护的领导性。正如有学者指出的，“党的法定的执政权，不是法定的对国家政权的永久性掌控，它有一个前提和一个过程。这个前提就是党必须在实践中证明并赢得领导性，这个过程就是党不能脱离人民直接掌控国家政权，而必须通过领导、支持和组织人民、让人民自己行使当家做主的权利。”① 严格来说，社会主义国家不存在合法性问题，合法性问题仅仅是与剥削阶级的政治联系在一起的，“对于社会主义国家的政治活动来说，不是一个谋求合法性的问题，而是一个如何在政治活动和公共行政行为中恢复它的根本性质的问题。”② 社会主义政治制度的本质要求中国共产党和政府必须在充分代表人民群众的利益基础之上获得合法性并超越合法性。而要做到这一点，党和政府必须在与人民群众持续互动、全心全意为人民服务的过程中获得人民群众的拥护。由此可见，党和政府对人民群众的要求做出积极回应是社会主义政治的本质要求。

党的领导是中国政治体制的基本原则，也是中国政府回应的基本原则。中国共产党党章规定：“党的领导主要是政治、思想和组织的领导。”党的十六大报告中指出：“党的领导主要是政治、思想和组织领导，通过制定大政方针，提出立法建议，推荐重要干部，进行思想宣传，发挥党组织和党员的作用，坚持依法行政，实施党对国家和社会的领导。”共产党对政府的领导也表现在以下三个方面：

党的领导首先是政治的领导。所谓政治领导，就是政治方向、政治原则、重大决策的领导，集中体现在党的路线、方针、政策的领导。党要高瞻远瞩，根据国内外形势的变化和人民群众的需要制定正确的路线、方针和政策。党对政府的政治领导主要体现在政府的一切重大决策实际上都是由党来做出的。思想领导是前提和基础。所谓思想领导，就是理论观点、思想方法以至精神状态的领导，就是坚持以马克思列宁主义、毛泽东思想、邓小平理论和“三个代表”重要思想和科学发展观为党和

① 陈红太：《中国政府体系与政治——概念、总结与探索》，河南人民出版社 2005 年版，第 98 页。

② 张康之：《寻求公共行政的伦理视角》，中国人民大学出版社 2002 年版，第 126 页。

国家的指导思想，用马克思列宁主义、毛泽东思想、邓小平理论和“三个代表”重要思想教育和武装广大党员和人民群众，引导他们用无产阶级的世界观认识世界和改造世界；就是坚持用党的实事求是的思想路线，正确地认识和解决中国革命、建设和改革的各种复杂问题；就是向人民群众宣传党的路线、方针、政策，把党的主张变成人民群众的自觉行动。党的思想领导实质就是党管意识形态。非常重要的一个体现就是党的宣传部门管理新闻媒体。[①] 组织领导是保证。所谓党的组织领导，就是通过党的干部、党的各级组织和广大党员，组织和带领人民群众为实现党的任务和主张而奋斗，主要是对干部的选拔和任用。党对国家的组织领导主要体现在党管干部原则。坚持这条原则是中国公务员制度的鲜明特征。西方公务员制度恪守政治中立原则，公务员不得加入政党。而中国在招录公务员时往往会有党籍限制。

由于中国共产党的唯一法定执政党地位，政府的回应行为受执政党的影响远大于西方国家。政府的重大决策和人事大权都掌握在共产党手中，党委是国家和社会组织的领导核心，党组[②]是各级政府及其各部门的实际决策机构。党的干部被安置在政府中有控制能力的职位上。从西方政治行政二分的观点来看，中国共产党致力于官僚机构的政治化，使之从属于政治领导并接受群众路线的工作作风。中国从来就没有行政机关政治中立的要求，因为中国不存在多党制，行政机关不是政党争夺的对象，而是共产党领导人民发展生产力、实现人的自由而全面的发展、最终实现共产主义的工具，行政机关存在的根本理由在于它的人民性，它

---

① 2016 年 2 月 19 日，习近平主持召开党的新闻舆论工作座谈会，提出“党媒姓党”的重要论述，强调新闻舆论工作要把政治方向摆在第一位，从党的工作全局出发，以党和政府的工作中心为出发点和落脚点，服务国家社会经济发展的大局；要正确认识当前我们所面临的前所未有的挑战和困难，弘扬主旋律，激发全社会团结奋进的强大力量；要当好意识形态领域斗争的生力军，深入宣传阐释党的新理论、深入解读党的路线方针政策；要紧跟时代、放眼全球，形成全球化的采编和传播网络，讲好中国故事，传播好中国声音。

② 党组是党中央和地方各级党委在非党组织的领导机关中设立的组织机构，是实现党对非党组织领导的重要组织形式和制度保障。2015 年 6 月 11 日，《中国共产党党组工作条例（试行）》正式实施。这对进一步规范和完善党组制度，提高党组工作制度化、规范化、程序化水平，加强和改善党的领导、更好发挥党的领导核心作用、巩固党的执政地位、提高党的执政能力具有十分重要的意义。

天然的就是为满足人民的需要而存在的。政府的工作人员是人民的公仆，是社会主义的本质要求。

当代中国政治体制的第二个主要特征是行政主导。行政主导是指以行政长官为首长的政府应该拥有较大的权力，在政治生活里起积极的主导作用。尽管从宪法规定上看，人民代表大会是国家权力机关，应当在国家政治生活中占据主导地位。但就实际情况来看，人民代表大会的地位较低、作用较小，宪法所赋予人大的权力都处于虚化状态，政府在国家机构中占有实际的主导地位。就政府回应而言，本来人民的诉求可以通过人民代表提案提交人民代表大会，再由人民代表大会要求政府做出回应，或者直接由人民代表个人向政府提出质询和建议。这应该是一个很实质性的制度渠道。但在现阶段，由于相关制度的不健全不完善，人民代表大会和人民代表作为民众的利益表达渠道并不畅通。人民代表大会地位作为国家权力机关的作用还没有得到充分的发挥，对政府的监督较弱，尤其在地方，还存在“橡皮图章”的问题。[①] 这影响了民众对人民代表大会的期望。许多民众主要选择向党组织和上一级政府申诉和上访。人民代表大会的虚弱，也使人民代表的作用大打折扣。再加上人民代表都是兼职代表，都有自己的个人事业，既没有充足的时间也缺乏财力、物力的保障来履行人民代表的这项实质性使命。近年来，有一些人民代表自己开通代表热线和设置办公场所[②]，非常引人注目，但毕竟属于个别现象，受到代表本人的职业、财富、个人素质和责任感诸多因素的限制，因此从大的面上讲，人民代表代民众诉求的作用没有得到很好发挥。与找人民代表代言相比，现实生活中民众更多选择直接向政府官员提出要求。在行政主导体制下，人民代表大会利益表达功能弱化了，这意味着

---

① 关于地方人大的地位和作用以及人大与党委、政府的关系问题，赵宝煦主编的《民主政治和地方人大》一书有许多论述，其中明确指出，“由于人大常委会本身无人、财、物等大权，因此无法形成强有力的监督力量，即所谓的‘有权无力’和‘橡皮图章’”。张永桃、唐建中、宗建明：《关于江苏省人大常委会的调研报告》，载赵宝煦主编《民主政治与地方人大》，陕西人民出版社 1990 年版，第 59 页。

② 从 2005 年开始，深圳杨剑昌开设了全国第一个人大代表个人接访室，把每月第一周和最后一周的周三设为固定的接访日。据说找他反映问题的市民常常爆满，有时还要排队。包丽敏：《改革开放 30 周年：深圳，通往公民社会》，《中国青年报》2008 年 12 月 10 日，http://www.chinaelections.org/NewsInfo.asp?NewsID=139378。

公民直接面对政府的机会增加了，实际上增加了政府回应的压力。行政主导不仅体现在行政机关对人民代表大会的优势上，而且还体现在行政权对司法权的优势上。在现代法治国家，司法权不仅是制衡行政权的主要力量，而且是保证社会正义的最后防线，是接受公民诉求的主要渠道。但就当代中国而言，司法权显然是从属于行政权的，因为现实中的一项重要制度安排是：法院和检察院的主要经费都源于同级财政，其他物资资源也受制于行政部门。尤其是在地方，司法机关的从属性质更为明显，因而出现了所谓的“司法地方化”①，它严重影响了国家法律实施方面的统一性，影响到了司法权威，使法官的公平和公正执法没有充分有效的法律保障。同时，它导致或助长了审判和执行中的地方保护主义，容易产生各种司法腐败。其中最大的腐败是地方政府利用对司法权的控制，以所谓“合法”的名义侵犯民众的合法权益。这样，司法途径作为化解民怨的功能就被严重弱化了。而政府所面对的公民要求中包括大量本该通过司法渠道解决的求决类诉求，就成为当代中国政府回应过程的一大特色。

党的领导和行政主导相结合，造就了党政主导型的集权体制。这种体制的最大优势是可以“组织和集中使用有限的国家和社会资源，用于国家和社会发展最急需的领域、实现国家和社会发展的中心任务，解决国家和社会急需解决的困难和问题，保证现代化建设有步骤按计划推进，保证持久的宏观政治稳定”②。不仅可以保证“政府的有效性”，集中力量办大事，还可以使对执政党的先进性要求贯彻到国家政权建设体系，使政府这一在西方看来“必要的恶”成为“为人民谋福利”的强大的“公共善”。“但同时，这又是一种官本位的、充满人治色彩的、随意性较大的体制，缺乏程序，运作成本高，具有盲动性。”③

---

① 这是于建嵘的观点，见《转型时期如何应对群体性事件》，http：//user. qzone. qq. com/622007986/blog/1215066617。2013 年十八届三中全会提出“改革司法管理体制，推动省以下地方法院、检察院人财物统一管理”，正是针对“司法地方化”开出的药方。

② 陈红太：《中国民主政治建设的基本共识和民主现代化的实现》，《中国特色社会主义研究》2009 年第 1 期。

③ 段华明编著：《突发事件应对能力提升》，广东省出版集团、广东人民出版社 2007 年版，第 20 页。

中国政治体制的第三个特征是中央集权。在国家结构上，中国是单一制国家，尽管民族区域自治制度也是中国的基本政治制度之一，尽管新中国成立以来中央与地方的关系几经调整，但总的来说是中国政治体制的中央集权特征明显。就行政系统而言，按照中央政府统一领导、地方政府分级管理的原则，形成了自上而下的“金字塔式”的政府结构。20 世纪 90 年代以来，为在全国范围内建立统一的市场经济秩序，中央采取了一系列措施如实行分税制、在重要部门和行业垂直管理等措施，进一步加强了中央的权威，而且使这种中央集权逐步规范化、制度化。中央集权带来的效果是：上级政府对下级政府尤其是中央政府对地方政府的控制力得到加强，地方政府对上负责的行为取向也强化了。

中国政治体制的第四个特征是基层自治。1978 年实行改革开放后，随着农村土地制度改革和家庭联产承包责任制的实行，基层的人民公社体制宣告破产。为了替代这一制度，乡镇制度得到恢复，在村一级则实行了村民自治。在 20 世纪 80 年代后期，中国就开始了村级选举的试验。1998 年，全国人大通过了村民委员会组织法的正式版本。在城市，实行居民自治。基层自治是中国民主的训练场，被人誉为民主的突破口。民众的民主意识逐渐被激发出来。从 2000 年开始，基层自治开始由村级向乡镇扩展，各地陆续推行乡镇的选举。村民自治后，乡镇对村的控制力大大弱化。许多乡镇的改革都是基于此而发，如重庆开县麻柳乡的“八步工作法”的创新就根源于此。村民自治给基层政府带来了巨大的压力，基层政府的工作如若得不到村民的支持将陷于困境。基层政府的决策必须考虑基层群众的意见，在这个意义上，可以说，基层自治对基层政府增进回应性起到了推动作用。

以上四个方面全面展现了中国的民主集中制。所谓民主集中制，是指民主基础上的集中与集中指导下的民主相结合。人民代表大会和基层自治体现了民主，党的领导、行政主导、中央集权都体现了集中。尽管民主在不断发展，但总的来讲，集中要多于民主。邓小平的这一论断仍未过时。就政治体制本身而言，其最大的特点仍然是权力高度集中。从横向来看，权力主要集中在党政机关，尤其是党政一把手中，从纵向来看，权力集中于上级，集中于中央。“不少地方和单位，都有家长式的人物，他们的权力不受限制，别人都要唯命是从，甚至形成对他们的人身依附关系。”[①] 这就决定了对民众回应的动力主要来自领导的重视和上级的压力。

二 意识形态

中国是社会主义国家，坚持马克思列宁主义、毛泽东思想、邓小平理论、“三个代表”重要思想和科学发展观为指导思想。马克思主义的唯物史观认为，人民群众是历史的创造者。劳动阶级是先进生产力的代表，应该掌握国家权力，实行无产阶级专政，最终实现共产主义。马克思主义在国家观上坚持了人民主权的思想，还明确提出了公仆思想。马克思在揭露资本主义国家机器的本质时曾一针见血地指出：“与社会分离而独立于社会之上的国家”就是“集权化的、组织起来的、窃据社会主人地位而不是为社会做公仆的政府权力”[②]，无产阶级的任务就是打碎旧的国家机器，建立为人民服务的政府：（1）社会主义国家实质上是工人阶级的政府，实行议行合一的政权组织形式。（2）政府对选民负责，随时可以罢免。（3）彻底清除国家等级制，以随时可以罢免的勤务员来代替旧官僚，以真正的责任制代替资产阶级虚伪的责任制。（4）为防止国家和国家机关由社会公仆变为社会主人，组成领导机关的代表必须是由全体选民选举产生的。（5）建立廉价政府，政府的公职人员所得报酬只应相当于一个熟练工人的收入。[③]

以毛泽东为代表的中国共产党人在坚持马克思主义的唯物史观和公仆思想的基础上提出了为人民服务的理论。1944 年 9 月 8 日，毛泽东在追悼张思德的演讲中，首次完整准确地使用了“为人民服务”的概念。1945 年，在党的七大政治报告《论联合政府》中，他对为人民服务的理论做了更为系统完整的论述，他提出把全心全意为人民服务提到唯一宗旨的高度，阐明了党的出发点是全心全意地为人民服务，一刻也不脱离群众；提出了共产党人的言论行动的最高标准是合乎最广大人民群众的

---

① 《邓小平文选》第 2 卷，人民出版社 1994 年版，第 331 页。

② 《马克思恩格斯选集》第 3 卷，人民出版社 1995 年版，第 94 页。

③ 参见肖陆军《论服务型政府建设》，中央民族大学博士学位论文，2006 年，第 31、32 页。

最大利益，为最广大人民群众所拥护。

后来的邓小平理论、“三个代表”重要思想以及科学发展观都从不同的角度重申和发展了群众史观、公仆思想和为人民服务的理论。邓小平提出“领导就是服务”，他反复强调，“要紧紧依靠群众，随时听取群众的呼声，了解群众的情绪，代表群众的利益”。他把“人民拥护不拥护”“人民赞成不赞成”“人民高兴不高兴”“人民答应不答应”作为制定各项方针政策的出发点和衡量一切言行对与不对、当与不当的标准。邓小平实际上论证了领导与群众的辩证关系，正如一篇文章所解读的那样，“健康的领导与群众的关系是一种互动的关系，一方面是领导对群众呼声的积极回应，另一方面是群众对领导号召的积极响应。……回应不是被动的工作程序，而是一种主动的领导方式……回应人民的过程，就是分析、判断人民根本利益所在的过程”①。“三个代表”重要思想的本质在于立党为公、执政为民。科学发展观突出以人为本的理念，要求政府做到“权为民所用，利为民所谋，情为民所系”。

十八大以来，以习近平为核心的新一届党中央领导集体继承、发展了中国共产党以民为本的执政理念，并在多次讲话中阐释了人民主体思想，将马克思主义人民主体观推向了一个崭新阶段。例如，他在十八届中共中央政治局第一次集体学习时的讲话就强调，密切党群、干群关系，保持同人民群众的血肉联系，始终是我们党立于不败之地的根基。一个政党，一个政权，其前途和命运最终取决于人心向背。其后，他又在多个场合讲“人心是最大的政治”。概括而言，习近平的人民主体观主要表现为尊重人民群众的历史创造者地位；坚持人民利益至上的政治情怀；践行群众路线，注重党风廉政建设。②

可见，当代中国的意识形态对政府回应是有着较高要求的，要求政府对民意必须是高度敏感性的，在实际政治生活中它通过政治社会化对民众和政府工作人员的观念都有着重要的塑造作用，尤其对政府工作人

① 邵柏、田申：《回应力与号召》，《人民日报》2000年11月2日第9版。

② 徐荣：《习近平人民主体思想探析——学习习近平总书记系列重要讲话精神》，《学术论坛》2015年第3期。

员的行为起着重要的规范作用。①

第四节 全球化时代的国际环境

随着全球化时代的到来，国际环境对当代中国政府回应的影响日益增强。尤其是中国加入世界贸易组织之后。政府回应性这一概念本身就是舶来品。2000 年 7 月，国际行政院校联合会 2000 年年会在北京召开，这次国际性年会以“政府回应”为主题之一。国际行政院校联合会（简称 IASIA）是世界上行政培训领域有影响的国际学术组织，其会员主要是各国或地区从事行政管理教育培训、研究、咨询及相关任务的院校、协会、团体和国际组织。自此之后，政府回应才开始成为中国学术界研究的热点，以“政府回应”和“回应性”为独立研究对象的论著才开始出现。

一 全球化对政府回应的要求

全球化是 20 世纪 80 年代以来在世界范围日益凸现的新现象，是当今时代的基本特征。按英国学者戴维·赫尔德的说法：“全球化是一个体现社会关系和交易的空间组织变革的过程，此过程可以根据其广度、强度、速度以及影响来衡量，并产生了跨大陆或区域间的流动与活动、交往与权力实施的网络。”② 全球化对各国政府管理提出了巨大挑战：

第一，全球化使得各国间的竞争更为激烈，而一国的政府能力已成为综合能力的重要组成部分。随着世界进入“和平、发展和进步”为主题的时代，世界经济一体化趋势迅速增强，各国之间相互依赖的程度加深。讲究“效率与竞争”的市场经济体制为更多国家所采用，以及新技

---

① 十八大以来，中央高度重视意识形态建设，为提倡的以人民为主体，把人民群众利益放在首位的宗旨，出台了“八项规定”“六条禁令”，部署了群众路线教育实践活动、“三严三实”专题教育活动，坚决反对形式主义、官僚主义、享乐主义和奢靡之风，对党和政府工作人员的言行起到了极大的规范作用。

② ［英］戴维·赫尔德：《全球大变革：全球化时代的政治、经济、文化》，杨雪冬译，社会科学文献出版社 2001 年版，第 22 页。

术革命的巨大影响使各国之间的资源流动日益加速。对于处在全球化时代的一国而言，既有可能更多的资源流入本国市场，也有可能本国的资源出现流失，这就取决于本国的环境如何。而创造环境的主体主要还是一国的政府。因此在全球化时代外部的重大而迅速的变革使各国公共行政之间也产生竞争。“事实上，世界各国的政府面临着巨大的挑战。全球经济力量的增强、新技术革命的冲击、跨国机构的形成，正在扩大管理在其自身经历变革时的重要性。为了保证在全球市场中获胜，良好的经济和财政政策必须伴之以健全的法律框架以及负责任的、有效的和反映民意的政府机构。”①

第二，全球化带来了社会的急速变化，使官僚制政府难以应付。“特别是进入20世纪80年代后期以来，随着经济全球化的推进，各国间联系日益紧密，全球信息、知识以无与伦比的速度扩展开来，社会生活的需求也日益多样化，而传统官僚政府体制中严格的层次架构无法对社会的动态变化做出灵活的快速反应。官僚体制的呆滞性主要表现在两个方面：一是决策的时宜性差，二是官僚体制的政府在提供社会服务方面不能实现资源的优化配置，由于资源使用的决策权和执行权相分离，因此出现了有资源配置权的不了解社会需求的动态变化，而决策的执行者虽了解社会需求的动态变化却又没有资源配置的决策权。”② 在经济全球化过程中，虽然各国政府的性质、类型不尽相同，但面临的问题却有共性，各国公共行政都必须面对来自内外两方面的巨大压力。就公共行政自身而言，巨大的财政压力和日益严重的社会问题如失业、人口老龄化、青少年犯罪、人口控制和教育、经济可持续发展等对公共行政的能力和信誉提出了严峻的挑战。

第三，全球化对国家主权提出了挑战，使得公民对政府的信任急剧下滑。“由于新的世界性经济运作机制的启动，跨国公司、全球性金融机构、世界性经济组织等成为主要角色，它们组织国际联合，控制资源流

① 莫汉·考尔：《增进政府的责任性、回应性和效率》，《国家行政学院学报》2000年第5期。

② 陈振明主编：《政府再造——西方“新公共管理运动”述评》，中国人民大学出版社2003年版，第192页。在我国，由于中央的集权，使得资源分配也出现这种困境，基层政府想办事却没有资源，资源分配决策权在上级。

向，操纵新闻媒体，影响经济生活，引导文化潮流，由此逐步侵入原先属于主权国家的公共管理领域，造成公民对政府公共管理的疏离感，动摇公民对政府的信任与支持，引发政府管理效能弱化，甚至在一些势单力薄的国家中凌驾于公共管理的权力之上，抑或与这些国家政府中的腐败力量相勾结而侵害公民利益。这种倾向大大降低了公民对政府公共管理的合法性认同的水平在个别国家甚至引发政府的合法性危机。”①

二　全球化行政改革中的回应性实践

从世界范围来看，全球化对政府回应提出了更高更迫切的要求，而且在现实中也转化为许多国家进行政府改革、提供政府回应性的动力。尤其是西方发达国家在政府回应方面做了许多努力，开创了许多有效的方法，取得了较好的成效。在全球化时代，一国的改革往往会引起他国的注意，尤其是那些富有成效而又能引以为鉴的改革和做法往往会为他国所仿效和借鉴。正因为此，自20世纪七八十年代以来，全球性的政府改革大潮汹涌澎湃。大体而言，这场改革在增进政府回应性方面的措施主要有：

第一，分权和非集中化。这包括内部分权和外部授权两个方面。在政府内部，对不同层级之间的权力关系进行调整，主要就是下放权力，如削减中央政府职能或把中央政府的职能转移到地区或地方政府以及半公共组织中去，改变以前那种权力向中央政府和上级集中的状况。这有利于减少政府内部的推诿行为，有利于发挥下层政府和公务员的积极性和创造力，提高效率，增强政府内部活力，从而能够较好适应外部迅速变化的社会环境。在政府外部，实行公共服务的市场化和社会化，将许多以前由政府单独提供的公共服务的所有权和管理权交给市场和社会组织。为此可采取的主要措施包括通过竞争性投标签订合同的方式，把一些公共服务承包出去；对某些提供公共服务的公营部门进行公司化改造，按市场方式运作，或者放松规制，让民营部门直接参与公共服务的供给。对外分权还包括赋予普通公众对政府的管理过程以及其所提供的服务的

① 周毅之：《全球化进程中的国家主权原则和公民与政府的合作关系》，《政治学研究》2001年第3期。

广泛监督权。分权和集中化不仅提高了政府的工作效率和公共服务的质量，而且有利于增加官员接触民众与获取信息的机会，使政府更加贴近民众，改善政府与公民的关系。

第二，服务承诺制。以英国的公民宪章最为有名。作为竞争不充分的一种补救机制，公民宪章运动主要是针对那些具有一定的垄断性质的公共部门和公共服务行业。承诺的内容主要包括服务内容、服务标准、服务程序和时限、违诺责任等。确定承诺范围，公布承诺内容只是第一步，最关键的是建立和完善践诺机制，保证承诺能够得到落实。践诺机制是由外部监督机制、内部管理机制和技术保障等构成的一系列的制度安排，英国在实行社会服务承诺制的践诺机制主要包括以下几个方面：其一，组织保障，成立专门领导小组，由首相亲自督促实施；其二，政府协调与指导，政府对各种各样的公民宪章进行总体协调和宏观技术指导；其三，外部监督。通过违诺机制作为顾客的民众对公共服务部门投诉，这是公众监督的主要方式。除公众的直接监督外，英国非常重视大众媒体和社会舆论的监督作用；其四，内部监察。在实行服务承诺制的部门里设立监察机构，接受投诉。服务承诺制坚持以顾客第一为导向，不仅提高了公共服务质量，而且提高了公民的满意度。因此，服务承诺制为许多国家所效仿。[①]

第三，对公共部门的解制，“也就是指解除内部的繁文缛节的限制，使政府的活动更具有创造力、效率和效能”[②]。在传统官僚制下，严格的制度和烦琐的规章严重束缚公务人员的权变能力，他们只能照章办事、循规蹈矩，积极性和创新性受到压抑，而且工作效率很低。公共部门烦琐的规章制度和行政程序增加了政府服务成本，加重了公众的负担，使政府与公众之间产生许多矛盾。面对这样的情况，西方国家采取了对公共部门的解制。解制行动主要在英美国家进行，主要内容是改革人事、采购及预算等方面的法规，废除烦冗的行政规章、行政程序，强调发挥

① 参见刘炳香《西方国家政府管理新变革》，中共中央党校出版社 2003 年版，第 130—140 页。

② ［美］B. 盖伊·彼得斯：《政府未来的治理模式》，吴爱明、夏宏图译，中国人民大学出版社 2001 年版，第 110 页。

政府公务员的服务精神，相信其个人的责任心和能力，增加其自由裁量权，使其充分发挥自己的创造性和积极性。最具代表性的是美国。美国政府发表的“戈尔报告”断定：“美国政府的绩效不佳，问题不在于政府职员的懒惰与无能，而在于繁文缛节和规制是如此令人窒息，以至于扼杀了哪怕一丁点创造性”，“解决的出路在于必须抛弃繁文缛节，摆脱那种驱使人只对规则负责的旧体制，创立一种激励人对结果负责的新体制”。① 于是美国政府再造计划工程强调放松规制、简化程序；废除长达1万字的“联邦人事手册”，简化联邦人事分类制度，下放人事政策管理权；简化联邦采购方式；解除过时和过度的管制规章；放松对州与地方政府的规制，授权各州及地方政府；简化预算程序，改革预算体制。到2000年，这项改革取得了相当丰硕的成果，清除的各类规章、条例、文件、法则厚达64万页，如果把它们装进箱子，则可以装满125箱，政府内部规章烦琐、手续复杂的情况因此有所改观。②

第四，流程再造。西方各国在“政府再造”运动中，采用了各种各样的战略与战术，其中一个非常重要的方面就是对政府工作流程进行梳理、规范、优化，即政府流程再造。以前瞻的企业经营精神，引入现代企业业务流程再造，使用其核心管理理念和管理方法，对政府部门原有的流程进行再造，政府流程再造是对企业业务流程再造的借鉴和运用，体现了以企业精神改造政府的理念。政府流程再造的基本原则是：以顾客导向为核心，以提供“一站式”公众服务为目标，以建立“服务链”为纽带。优化政府流程的目的是最大限度地满足公众的需要。为此，运用现代信息科技和系统思想，把与公众服务有关的各个方面按一定的方式有机组织起来，形成一个完整的服务网络，给公众创造良好的服务环境。政府流程再造可以分为六个阶段：战略决策、再造计划、诊断分析现有流程、重新设计流程、流程再造、不断改进。政府流程再造作为一种管理技术，能够使僵化封闭的传统官僚制行政体制表现出弹性和活力，为公众提供更加快捷流畅的服务，让公众在与政府打交道的过程中感到

---

① 陈振明：《政府再造——西方“新公共管理运动”述评》，中国人民大学出版社2003年版，第91页。

② 刘靖华：《政府创新》，中国社会科学出版社2002年版，第183页。

方便和满意，从而改善政府形象。

第五，引入竞争机制。注重用市场机制来改造政府或用企业家精神重塑政府，在公共物品和服务的提供上采用市场的方法（如合同承包、代理、拍卖、招标等）或用准市场的办法，并在公共组织中确立节约和提高效益的激励机制。这有积极的借鉴意义，因为市场机制是改善政府功能的一个基本手段。通过在政府管理中注入一些市场的因素，引入竞争机制，可以使政府体制更加灵活，政府工作效率更高。竞争包括两种方式：一是公共机构之间的竞争，二是公共机构与私人机构之间的竞争。为此，各国在实践中采取的措施包括：在传统的垄断性公共服务部门引入竞争机制，将提高公共服务的公共部门人为地划分为生产者和购买者两方或公对公的竞争，促使内部组织之间进行竞争；中央和地方政府的各部门提供服务都要通过竞争性投标，扩大服务对象的选择权；许多公共事业部门，如学校、医疗以及医疗系统内部的其他单位，都通过强制性竞争投标产生的执行机构等创造出新的市场环境；鼓励私营部门参与那些传统上被认为是政府专属的领域如城建、安全等；公共部门在那些无法引进公私竞争的领域，也建立一些内部竞争机制以提高公共服务的效益和质量，如发放教育券，实行客户竞争。总之，“在竞争的市场条件下，顾客可以自由选择商品和服务，而他们的选择就是对商品和服务提供者绩效的最好评判。”①这样迫使公共部门竭力改善运作和提高服务的质量、效率，以赢得更多的顾客。

第六，绩效评估。绩效评估是西方行政改革的重要举措，现在被公认为是公共管理的重要工具。20 世纪 80 年代以来，政府绩效评估在西方国家全面推行。英国的雷纳评审首开先河，评估的侧重点是经济和效率，1993 年美国成立全国绩效审查委员会，随后又公布《政府绩效与结果法》，评估的侧重点是公共服务的质量和效益。除英美外，政府绩效评估在加拿大、芬兰、挪威、瑞典、德国、法国、新西兰、荷兰、澳大利亚等国都得到了广泛的应用。绩效评估的一项重要内容就是顾客满意程度，

---

① 于军：《英国地方行政改革述评》，国际行政学院出版社 1999 年版，第 123 页。

美国学者威廉·N. 邓恩将回应性列为绩效评估的六大标准之一。① 评估绩效评估实际上是一种信息活动，其特点是评估过程的透明和信息的公开，通过各种评估指标将政府在各方面的表现情况做出全面、科学的描述并公之于众，有利于广大公众了解、监督和参与政府的工作，有利于促进政府的工作和对公众的回应性。

随着互联网技术的发展，2009 年以来，美国引领了全球性的开放政府建设。所谓开放政府，既是“一种治理理念，它旨在通过信息公开、数据开放、政府与公众之间的互动和对话，以及政府与企业和非营利组织之间的合作，提升政府的治理能力”②，也是一种治理模式，“具有公民性、公平性、开放性、分享性、合作性、整合性和创新性等特质，通过信息公开、咨询协商、公民参与、协作治理等一系列的制度安排得以体现”③。美国总统奥巴马在上任第一天，就发了一份关于提高政府开放程度的声明。2009 年 12 月 8 日，奥巴马进一步发布了“开放政府指令”（Open Government Direc-tive），强调“开放政府”的三个原则：透明、参与和合作。2011 年 9 月，美国与英国、巴西等其他 7 个国家的领导人又共同发起了“开放政府联盟”（Open Government Partnership），目前已有 60 多个国家加入。加入该联盟的门槛是：（1）财政透明；（2）信息自由；（3）财产公开；（4）公民参与。在“开放”理念的驱动下，这些国家政府的改革者正在与公民社会和民间部门共同努力制定具体步骤和行动计划，将有助于提高政府透明度，打击腐败并扩大公民参与政府运作的程度。④ 开放政府建设强调政府通过表达型社交媒体和互动的通信方式加强与公众的连接关系，发动公众分享智慧，获取针对不同事件和情境的有价值反馈信息，实现公众参与政策制定的进程。⑤ 这无疑有助于提高

① 邓恩认为，政策绩效的评估标准有六个：效果、效率、充足性、公平性、回应性、适应性。参见威廉·N. 邓恩《公共政策分析导论》，中国人民大学出版社 2002 年版，第 437 页。

② 王本刚、马海群：《开放政府理论分析框架：概念、政策与治理》，《情报资料工作》2015 年第 6 期。

③ 张成福：《开放政府论》，《中国人民大学学报》2014 年第 3 期。

④ 沙勇忠、赵润娣：《美国开放政府计划背景下的公众参与——进展、问题及启示》，《南京社会科学》2015 年第 11 期。

⑤ 骆毅、王国华：《“开放政府”理论与实践对中国的启示——基于社会协同治理机制创新的研究视角》，《江汉学术》2016 年第 2 期。

政府的回应性。2013 年 10 月 31 日，《开放政府联盟（Open Government Partnership）2013 峰会》在伦敦举行，发布了《开放数据晴雨表：2013 年开放数据全球报告》，对全球 77 个有广泛代表性国家的数据开放情况进行了研究分析，并进行排名（见表 2—2）。[①] 中国整体排名靠后，这对中国政府进一步增加透明度和提升回应性有督促作用。

表 2—2　　全球数据开放国家排名

国家	排名	准备度得分	执行力得分	影响力得分	ODB 综合得分
英国	1	100	100	79.91	100
美国	2	95.26	86.67	100	93.38
瑞典	3	95.20	83.14	71.95	85.75
新西兰	4	81.88	65.49	89.81	74.34
挪威	5	91.88	70.98	46.15	71.86
丹麦	5	83.54	70.20	55.73	71.78
澳大利亚	7	87.88	64.71	51.19	67.68
加拿大	8	79.11	63.92	51.59	65.87
德国	9	74.50	63.14	53.81	65.01
中国	61	41.72	9.41	0	11.82

总之，全球化加快了中国的市场化进程，对政府职能转变提出了迫切的要求。前些年中国的行政审批体制改革、服务型政府的提出与建设都与加入世贸组织有直接的关系。最近几年的政府信息公开也与全球性的开放政府建设不无关系。全球化给中国送来了回应性理念，为中国的政府改革和服务型政府建设提供了新的价值追求。同时，发达国家的行政改革在全球化时代具有很强的传播效应。这些有益的改革成果为中国的政府改革和服务型政府建设提供了可资借鉴的宝贵经验。

① 唐斯斯、刘叶婷：《全球数据开放视野下的微观察》，《中国外资》2014 年第 5 期。

小 结

政府回应作为政府系统对外在环境的一种输出，受到环境的强烈约束。当代中国政府所处的环境，深刻地影响着政府回应行为和政府回应过程的特征。当代中国政府回应的外在环境主要包括政治文化传统、市场化改革的经济社会状况、政治体制和意识形态、全球化的国际环境。

中国的政治文化传统是复杂的，需要慎重清理。其中既有对政府回应起到支持作用的资源，如民本思想，也有对政府回应有消极影响的因素，如精英主义、人治、官本位思想等。市场化改革带来的经济快速增长为当代中国政府回应提供了厚实的经济基础，它不仅改变了民众的思想意识，激活了社会力量，而且在一定程度上重塑了政府。市场化改革对政府回应的作用也是一分为二的，但总体上看积极作用大于消极作用。当代中国的政治体制和意识形态对政府回应的影响是最为直接和刚性的。共产党一党执政和行政主导决定了当代中国政府回应不同于西方的根本特色，中央集权使得中央对地方政府回应的影响更强而基层自治则为基层政府回应注入了新的动力。社会主义的意识形态规定了政府回应的根本目标和原则。全球化的国际环境对政府回应提出了巨大挑战，迫使各国在增进政府回应性方面不断努力探索和改革，全球化给中国送来了其他国家行政改革的最新成果，尤其为当代中国政府回应提供了许多值得借鉴的经验和教训。

中国处在工业化的中期，正在实现由传统农业社会向工业社会的转型，但又同时在步入后工业社会，当代中国政府回应所处的环境比较复杂。在全球化时代，中国政府回应受到多种因素的影响，既要紧跟国际形势，借鉴国外政府回应的经验，又要结合本国的政治制度和意识形态，既要发挥传统文化对政府回应的支持作用，又要防范其不利影响。

第三章

当代中国政府回应的动力

从政治系统论的角度看，外部环境对政府系统提出的要求是对政府系统施加的压力，是政府系统对外输出的根本动力。上一章已经对当代中国政府回应的外部环境作了一些分析，只是粗线条地交代了中国政治文化传统、当代经济改革和经济发展、政治体制和意识形态、全球化的国际环境对中国政府回应可能产生的一些影响，并未明确地考察那些现实中促使政府对民众做出回应的具体的外部力量。笔者认为，尽管公民的要求是政府回应的逻辑起点和根本动力，但对于当代中国而言，更需要关注的是在公民提出要求之后政府做出回应的动因所在。因为现实中常见的场景是政府对于公民的诉求会无动于衷或敷衍拖沓，那些获得积极回应的案例中政府回应的动力究竟何在呢？从政治系统论的分析角度看，公民的要求在进入政治系统之前，要经过一些结构机制和文化机制也就是所谓的“守门员”的过滤，也就是需要一些中介组织及手段，而这些正是政府回应的外部动力所在；同时，政府系统自身结构及其生存发展的需要形成了政府回应的内部动力。

第一节 政府回应的外部动力

政府回应的外部动力主要来自政党和其他国家机关的推动、舆论的压力、社会组织的参与以及技术的变革。在国外，议会、社会组织和公共舆论是政府回应的主要动力。但在当代中国，促使政府对公民做出回应的外部力量主要是执政党、公共舆论和新信息技术。正如前一章所提到的，中国目前的政治体制的行政主导特征明显，尽管人民代表大会的地位在提升，但由于相关制度不健全不完善，人民代表大会的作用尤其是监督政府的作用没有得到实质性的发挥，人民代表所起的利益表达功能依然有限。另外，在党政主导型的集权体制下，社会力量薄弱，社会组织的利益表达作用也比较有限。因此，公民通过社会组织或采取利益集团方式进行利益表达的情形也很少。① 正如有学者所指出的，“作为非市场主体的一般公民，其表达利益的方式事实上也是以个体的行为为主。因为中国的法律对于公民的集体性的利益表达行为，如游行示威、罢工等等实际上是禁止的。所以，在一般情况下，公民也很少以利益集团的模式来行动。当他们的利益受到损害的时候，他们表达利益的方式往往是：给有关的领导写信，向有关部门举报，打市长电话，到信访办公室申诉，向报社、电台、电视台投诉，通过媒体进行曝光，以及通过人民代表和政协委员形成提案，等等。但是许多人仍然感到有意见却没有通畅有效的途径进行反映。尽管如此人们却很少采取集团的形式直接向政

① 中国社会组织在公民利益表达方面的作用较弱的一个重要原因是政府对社会组织的管理制度。1989 年国务院发布《社会团体登记管理条例》，建立了时至今日的社团“双重分层管理”体制。所谓“双重管理”，是指社会团体同时要有两个管理机关，一个是“登记管理机关”，即国家民政部门，另一个是“业务管理机关”，即党政机关或党政机关授权的单位；所谓“分层管理”，是指社会团体的登记机关和业务主管单位的行政管辖范围，必须与社团的活动范围相一致。对社团的组织和活动强调政府管理是目前中国社团制度的实质。1998 年国务院颁布了新的《社会团体登记管理条例》，强化了“双重分层管理”体制，只是业务主管单位限定在政府部门和政府授权的单位。政党不在主管社团的业务。中国目前的政府与社团的关系是政府控制下的有限发展和相对独立的关系，中国的社团还不是纯粹意义上的自主的民间组织。另外，中国利益集团的组织化程度、拥有的资源方面发展不平衡。“特别需要指出的是，代表和维护城市无业人员、下岗工人、退休人员、疾病患者、农民、农民工等社会弱势群体利益的利益集团，其组织化程度较低，所拥有的资源较少，利益表达渠道不畅，告状难，反映问题难，利益诉求不被重视。这不仅为黑社会等非法组织的产生提供了社会基础，也使他们往往以破坏性、甚至极端的方式表达利益诉求，利益矛盾极易导致突发性群体事件。”（程浩、黄卫平、汪永成：《中国社会利益集团研究》，《战略与管理》2003 年第 4 期）如在重庆出租车停运事件中，出租车司机没有自己的组织，以个体形式提出的要求根本无法对政府施加有力影响。因此，尽管不断有人向政府交通管理部门反映收入低、加气难、黑车多等问题，但一直没能得到政府的重视，最终罢运实属无奈。因此，在很大程度上群体性事件的多发可以为中国公民利益表达缺乏社会组织渠道提供佐证。十八大以来，中国政府对社会组织管理制度进行改革，行业协会商会类、科技类、公益慈善类、城乡社区服务类社会组织这四类组织的成立，可直接向民政部门依法申请登记，不再需要业务主管单位审查同意。但考虑到政治法律类、宗教类等社会组织以及境外非政府组织在华代表机构的情况比较复杂，成立这些社会组织，在申请登记前，仍需要经业务主管单位审查同意。

府表达利益。”[①] 因此，本节只着重讨论政党、舆论和新信息技术。

一　政党

政党是联结政府和民众的重要纽带。政党在促使政府回应民众要求过程中发挥着重要作用，是政府回应的主要动力之一。美国著名政治学家乔瓦尼·萨托利从政党功能的角度论述了政党作为民众表达要求的管道作用，认为，“政党首先而且最重要的是作为一种代表手段，它们是代表人民表达要求的工具或机构”，“它一方向人民传达掌权者的希望，但更要向掌权者传达人民的希望。”[②] “但是，政党却能提供一些民意测验和机器所不能供应的东西，那就是它们传递的要求是附带着压力支援的。政党将其压力，加之于它感觉必须回应的要求上。”[③] 正是因为这种独特性，民众的要求才更多地要通过政党向政府传递，而非直接向政府表达。

在国外，作为选举工具的政党促使政府回应主要是为了获得民众的支持，为了在选举中多得选票，以赢得执政权。政党促使政府回应的最重要渠道就是议会，因为在国外作为民意机构的议会地位很高，具有很大的权力。在野党和反对党对政府施加影响主要就是借助议会。对于执政党来说，政府就是贯彻自己政策的工具。尽管如此，执政党推动政府回应的方式也主要是间接的，因为政府是一个独立于政党的、奉行政治中立的系统，执政党执政的方式是本党党员占据政府主要领导职位行使法定职权。从法理上讲，政府不是听命于政党，而是听命于政府首脑。

在当代中国，虽然存在多个政党，但共产党是法定的唯一执政党，其他八个民主党派是参政党，接受共产党的领导。参政党主要通过政治协商制度进行参政议政和民主监督，也参与人民代表大会的选举，也会有少数的本党党员担任政府部门的官员。但总体来说，不论是与共产党相比还是与国外的在野党相比，参政党对中国政府回应的影响都较弱。因此，在当代中国，就作为政府回应动力的政党而言，值得研究的主要

① 李景鹏：《中国现阶段社会团体状况分析》，《唯实》1999 年，第 8—9 页。

② ［意］乔瓦尼·萨托利著：《政党与政党制度》，雷飞龙译，台北：韦伯文化事业出版社 2000 年版，第 44 页。

③ 同上书，第 45—46 页。

是执政党——中国共产党。

与其他国家政党一样，中国共产党也履行利益表达、利益综合、政治录用等功能，但与西方政党不同的是，中国共产党不是选举工具，而是一个使命性政党。中国共产党的目标不仅仅是赢得国家政权，而是有更远大的理想——建设社会主义，最终实现共产主义。共产党执政的合法性主要不是来自程序性的选举，而是来自它的先进性以及因此赢得的民众的衷心拥护。政府不是政党争夺的对象，而是共产党和人民发展生产力、最终实现共产主义的工具。因此在中国，党和人民的关系是比政府与人民关系更为重要的政治关系。在缺乏选举合法性的情况下，中国共产党必须始终高度注意保持和发展同人民群众的血肉联系，这直接关系到党的生死存亡和国家的盛衰。《中共中央关于加强党的执政能力建设的决定》对此有清醒的认识："党的执政地位不是与生俱来的，也不是一劳永逸的。"实际上，政治合法性的来源有三个：自由民主选举的程序、统治绩效和回应性。以前人们只关注前两者，这可能是基于西方政治行政相分离的假设，行政的回应性不被纳入政治领域，但在政治行政相融合的当代中国，回应性实际上是最根本的合法性基础。①

因此，基于自身的性质，中国共产党本身就有回应的强大动力。这种动力是如何传导到政府的回应中的呢？这主要依靠共产党对政府的控制力。在中国党政关系非常密切。党对政府的领导比党对其他国家机关

① 国外学者对这一点认识得很清楚。加拿大著名学者马克·沃伦在《中国式"治理驱动型民主"》（《瞭望东方周刊》2010 年第 33 期）中认为，正因为缺乏"选举合法性"，中国共产党比发达民主国家更注重依靠一项项政策获得的合法性。中国共产党必须要比民选政府更加努力地工作以使其所有内部反应机制正常运转。它必须不停地找寻新方法去避免我们所熟知的几乎所有通病。美国学者唐文方也指出：中国大陆政府对民意反应比台湾当局更积极？"答案在于中国的一个基本国情——中国没有政党竞选。在民主国家，政权合法性源于遵守宪法规定的选举程序。胜者因人民投票给他们而成为胜者。因此他们的地位在下一次选举之前是相对稳固的。所以，民主国家的领导人更有可能对他们的支持者反应积极，而对反对者反应消极。他们在任期同样不必像在选举时候那样，对民意做出迅速和频繁的回应。在中国，威权政府同样声称其代表了大多数人的利益。但缺少了竞选这个简单却有效的检验合法性的尺度，威权政府就没有其他显示其合法性的途径了。这使得它非常在意自己的形象，即使只有一小撮人在游行抗议。当他们毫不犹豫地逮捕了最具威胁的一群人后，中国的官员便花费大量的时间与精力去收集民意并做出回应。"参见唐文方《公众政治行动与政府之虑》，http：//pit. ifeng. com/a/20160811/49758070_0. shtml。

和其他方面的领导更为有力。表现在以下几个方面：

1. 党管国家的重大决策。这分为两个层次：一是党根据一定社会时期的形势和要求，提出国家建设和社会经济发展的路线、方针和政策。这些重大的路线、方针、政策首先是由党的中央全会或工作会议做出的，然后通过国家权力机关以立法或通过政府工作报告的形式而变为国家意志。这些路线、方针、政策成为政府工作必须遵循的根本指导。如 1995 年 9 月 28 日党的十四届五中全会通过《关于制定国民经济和社会发展"九五"计划和 2010 年远景规划的建议》，1996 年 3 月，第八届全国人民代表大会第四次会议召开，李鹏总理代表国务院在会上作了《关于国民经济和社会发展"九五"计划和 2010 年远景目标纲要的报告》并获得人代会通过，该报告提出了今后 15 年国家的奋斗目标和指导方针。每年一次的中央经济工作会议和中央农业工作会议都会对经济和农业领域的重大问题做出决策部署，这些决策部署都会被写进国务院政府工作报告，其后召开的"两会"上提请全国人大审议通过。2003 年 11 月 29 日到 12 月 1 日召开的中央经济工作会议鲜明提出，贯彻明年经济工作的总体要求，重要的是牢固确立和认真落实全面、协调、可持续的发展观。2004 年 3 月温家宝在《政府工作报告》中提出政府工作的基本思路和主要任务是，坚持科学发展观，按照"五个统筹"的要求，更加注重搞好宏观调控，更加注重统筹兼顾，更加注重以人为本，更加注重改革创新，着力解决经济社会发展中的突出矛盾，着力解决关系人民群众切身利益的突出问题，正确处理改革发展稳定的关系，推动经济社会全面、协调、可持续发展，实现社会主义物质文明、政治文明和精神文明共同进步。在许多情况下，党的政策通过与政府联合签发文件的形式直接由政府贯彻执行。如 2004 年 1 月 7 日到 25 日中央农村工作会议以邓小平理论和"三个代表"重要思想为指导，认真学习了胡锦涛同志关于解决好"三农"问题的重要指示精神，系统总结了 2003 年农业和农村工作，正确分析了当前形势，全面部署了 2004 年农业和农村工作，着重研究了促进农民增收、提高粮食综合生产能力、深化农村改革等问题。会议讨论了《中共中央、国务院关于促进农民增加收入若干政策的意见（讨论稿）》。时任中共中央总书记胡锦涛于 2003 年 12 月 30 日签署《中共中央、国务院关于促进农民增加收入若干政策的意见》。从 2004 年至今，中共中央、国务院已连续15年签署以“三农”为主题的一号文件，对“三农”问题做出具体部署。中央一号文件再次回归农业。

二是党对政府的领导是通过党委领导下的党组实现的，而党组是政府和各部门的实际核心决策机构。《中国共产党党章》规定，在中央和地方国家机关、人民团体、经济组织、文化组织和其他非党组织的领导机关，可以成立党组。党组发挥领导核心作用。党组的任务主要是负责贯彻执行党的路线、方针、政策；讨论和决定本单位的重大问题；做好干部管理工作；团结非党干部群众，完成党和国家交给的任务；指导机关和直属单位党组织工作。

2. 党管干部。党不仅掌管了政府主要领导人的人事权，而且还坚持普通公务员的政治化。这主要体现在：一是执政党通过向国家权力机关提出人事建议而掌握政府主要官员的任命权。党的中央领导人都在国家机构中任职。如2003年2月26日，中国共产党十六届二中全会审议通过了中央政治局在广泛征求党内外意见、反复酝酿协商的基础上提出的拟向十届全国人大一次会议推荐的国家机构领导人员人选建议名单，决定将这两个建议名单分别向十届全国人大一次会议主席团推荐。2003年3月13日举行的十届全国人大一次会议主席团第三次会议上，受中共中央委托，中共中央政治局常委、中央书记处书记，大会主席团常务主席曾庆红就中共中央向十届全国人大一次会议主席团推荐的新一届国家机构组成人员人选名单做了说明，主席团会议表决通过了中共中央的建议名单，并提交全体人大代表酝酿协商。2003年3月15日至17日十届全国人大一次会议选举和决定任命了新一届国家机构组成人员。二是在公务员的政治化。在公务员招录中，直接对职位做出政治面貌的资格要求。以2008年国家公务员考试为例，中央国家机关招考职位共有568个，招考人数为891，其中明确要求中共党员的职位达到273个，人数为316，再加上要求中共党员或共青团员的26个职位和231人，在政治面貌上有要求的职位和人数分别占招考职位和招考人数总数的53%和61%。另外，通过各种理论学习和培训活动，让公务员接受党的理论和政策主张。三是执政党利用政府系统中的党员和党员干部保障党的主张和建议转化为国家意志和国家的法律。

3. 建立“党政复合体”[①]。主要包括四类：一是以党中央的某个直属部门为主导，整合部分政府机构，建构一个局部性的复合体，通常称为“口”（亦称“系统”），故有“归口管理”之说。例如，中宣部是党中央的直属机构，通过“宣传文化系统”的方式领导着相关的政府机构，包括文化部、教育部、国家新闻出版广电总局、国务院新闻办公室、新华通讯社、人民日报社、中国社会科学院等。中央政法委也是如此，它是党中央领导和管理全国政法机关工作的职能部门，由它牵头的政法系统包括法院、检察院、公安部门、国家安全部门、司法行政部门等机构。在结构维度上，归口管理的要害是对政府官僚制的重组，将党政体制下的双重官僚制形成一个整体，它是中国政治中实际运行着的官僚体系。

二是设置高规格的常设性或临时性的领导小组。这些小组直接隶属于党中央，其领导人通常是政治局常委或委员，小组成员来自党政工作部门，所承担的职能与政府管理紧密相关。学界一般将领导小组视为议事协调机构，拥有跨部门的协调权力，但实际上这些领导小组享有更大的权力。如中央宣传思想工作领导小组是党中央负责宣传思想工作的领导和决策机构，制定宣传思想和舆论工作的总方针，协调相关的党政部门的统一行动，它是“宣传文化系统”的神经中枢。中央财经领导小组是党中央负责财经工作的领导机构，自 1987 年以来，中央财经领导小组的历任组长一直由时任党中央总书记担任，时任总理则任副组长。在参与制定国民经济与社会发展五年规划纲要、年度经济计划制订、经济形势调研和分析，以及宏观政策研究等方面发挥着重要作用。在农村工作方面，中央农村工作领导小组也扮演着类似的角色。党的十八届三中全会之后，中央成立了全面深化改革领导小组，负责改革的总体设计、统筹协调、整体推进、督促落实，可以说是当今中国最有权力的领导小组。值得注意的是，这些领导小组的地位和人员构成赋予其一定的超脱性，

① 清华大学景跃进在《当代中国政府与政治》（中国人民大学出版社 2016 年版）中认为，中国的党政体制是一种复合结构，共产党组织通过嵌入和重组两种方式与国家/政府组织形成复合体，有六种具体形态，很显然，他是从宏观的角度来描述中国党政体制的状态，即共产党组织和政府组织复合的结构形态。笔者这里的“党政复合体”是从组织机构的角度来讲的，即在独立存在的共产党组织机构和政府组织机构之外，还有一些特殊的党政复合性组织机构。因此，本书只列举了景教授书中的四类组织机构，并引用了相关文字。

具有政治控制和驾驭党政官僚制的意义（有的领导小组直接与归口管理制度联系在一起）。

三是“一个机构、两块牌子”，俗称“一套人马、两块牌子”[①]。由于党的组织和机构承担着国家和政府的实际职能，但又没有进入或完全进入政府系列，因而在这种情况下，党的机构就需要以国家和政府的名义来做事，“两块牌子”刚好满足了这种需要。目前，在中央层面存在着不少这样的机构套牌，例如，中国共产党中央军事委员会与中华人民共和国中央军事委员会、中共中央对外宣传办公室与国务院新闻办公室、中共中央台湾工作办公室与国务院台湾事务办公室、中央档案馆与国家档案局、中共中央保密委员会办公室与国家保密局、中共中央网络安全和信息化领导小组办公室与国家互联网信息办公室等。稍微复杂一点的情况是“一套人马、一块牌子、两个机构”，如中央机构编制委员会办公室既是党中央的机构，也是国务院的机构。“一套人马、两块牌子”的现象意味着，党政体制中的政府系统的职能是不完整的。宪法和法律所规定的政府职权与实际得到行使的政府职权之间存在差距，而党的组织和机构是解释这一差距的关键变量。

四是党政合署办公，如中共中央纪律检查委员会与中华人民共和国监察部。在合署办公的情况下，党的组织或机构是当然的主角。

总之，中国共产党是中国最强大的政治力量，共产党需要通过政府回应来证明自己执政的合法性。党的领导是政府回应最强劲的动力。在当代中国，政府对民众的关心主要不是基于自下而上的压力，而是来自上而下的要求。党对政府回应的动力大小不仅取决于党的先进性，而且取决于党政关系如何。越是党政关系过于紧密的情况下，就越要加强党内民主建设。这实际上是弥补政府民主不足的一个办法。共产党执政以后，党的路线和政策，往往通过国家机关以法律的形式下达，对全体公民具有强制性，但在党政不分的同时又缺乏外在的监督，这就使党容

① 中央编办针对事业单位的情况做出过政策解释。所谓“一个机构”，是指一个法人代表、一个财务账号、一套领导班子和一个队伍。所谓“两块牌子”，是指机构有两个名称，根据工作需要，以不同的名义对外使用相应的名称。“一个机构、两块牌子”不是两个机构，如果将两块牌子变成两个机构，则属于违规行为。

易滋生官僚主义作风，脱离人民群众。因此一方面要从严治党，加强思想政治教育，另一方面要积极推进党内民主。

需要指出的是，在当代中国，执政党回应民众的要求不是来自选举的压力，而是来自自身的先进性。这对推动政府回应既有利也有弊。一方面，由于党长期执政，对政府的控制是永久性的，因此对政府回应的推动也是非常强有力的。但另一方面，由于党和政府的关系极为紧密，执政党也易于行政化和官僚化。

二　公共舆论

"舆论是指一定的阶级阶层社会集团，一定范围的群众对社会上所产生的或将要产生的一些事情、事件、事态、情势所抱的态度或意向的议论。舆论都是社会的舆论，即在一定的社会形态下，人民对各种社会问题所发出的议论。"[①] 对于舆论的定义，虽然众说纷纭，但有以下共同特征：第一，群众性，舆论是民意的表现，不是官方的观点与意见；舆论是群体的行为，这种群体可以是集团、阶层、组织和地位相近的非组织群体。第二，现实性，舆论发表的意见都是针对现实生活中的某种事件、人物、现象和问题的，没有现实针对性的舆论是不存在的。第三，自发性和无系统性，舆论是通过自由表达和传播来实现的，比较散乱。第四，目的性，舆论带有明确的目标，期望对于事态的发展给予影响的意见。

舆论往往与社会政治问题紧密联系，表现为政治舆论。政治舆论是群众对政治问题及政治性的社会、经济、文化等问题所发出的议论，是政治信息的一种特殊表现形式。一旦政治舆论与物质载体如书籍、报刊、广播等相结合，就成为政治信息。本书所讲的舆论主要就是指政治舆论。

就舆论的来源来讲，可分为自上而下和自下而上两种。因此舆论的形成实际上包括两个相反相成的过程。"一是来源于群众自发，即当社会出现某一新问题时，社会群体中的个人，基于自己的物质利益和文化素养，自发地、分散地表示出对这一问题的态度。持有类似态度的人逐渐增多，并相互传播，相互影响，凝聚成引人注目的社会舆论。二是来源于有目的引导。政治领导集团或权威人物，按照人们的意愿，提出某种

---

① 金太军主编：《政治学新编》，华东师范大学出版社2006年版，第144页。

主张或号召，并引起广泛共鸣，也可转化为社会舆论。这两类舆论形成过程，实际上在相互转化，或先从群众中来，然后经权威方面传播到群众中去；或经过权威方面的组织和动员，然后再传播到群众中去”。[①]

在西方，公共舆论对于社会政治生活和政府有着巨大的影响。“从历史发展的角度看，对于公众舆论的强调推动了近代西方民主思想的形成，而20世纪公共管理的勃兴正是这种民主思想体制化的必然结果。公众舆论亦称民意，作为一种强大的政治权力，它不仅是公共管理主体的权力来源，同时也对公共管理权力主体进行限制，对公共管理过程加以监督，对公共管理结果给予评价，简而言之，公众舆论是对公共管理的‘管理’。”[②] 公共舆论监督，来源于公民的言论自由权，在西方世界，被称为“无冕之王”而备受推崇。在有着浓厚自由传统的西方政治体制中，公共舆论监督作为“第四权力部门”，对整个西方社会（其中当然包括公共行政）的影响是不可忽视的。亚伯拉罕·林肯曾经说过，如果我们政府站在公众舆论一边，无往而不胜；相反，将一事无成。的确，公共舆论在美国的政治生活中占有非常重要的地位，它是民主制度赖以存在的社会基础，也是美国民主制度的合法性来源。[③] 正如学者所言，“在过去的两个世纪里，是法律提供了民主的权威来源，今天，法律似乎被公共舆论所替代而成为美国民主权威的真正来源”[④]。

在中国，古人很早就有了舆论监督思想的言论。如《国语·周语上》云：“民之有口，尤土之有山川也，财用于是乎出；尤其原隰之与衍沃也，衣食于是乎生。口之宣言也，善败于是乎兴，行善而备败，其所以阜财用、衣食者也。”舆论监督曾被马克思形象地称为“另一个法庭——社会舆论的法庭”。中国共产党对舆论一直高度重视。党的十六大报告明确提出：“要完善深入了解民情充分反映民意、广泛集中民智、切实珍惜民力的决策机制，推进决策的科学化民主化。”同时指出要“认真推行政

---

① 摘自“互动百科”网对“舆论”一词的解释，http：//www. hudong. com/wiki/% E8% 88% 86% E8% AE% BA。

② 马凌：《公共管理与公众舆论》，《公共管理学报》2006 年第 4 期。

③ 参见谢岳《公共舆论：美国民主的社会基础》，《江苏社会科学》2002 年第 4 期。

④ E. E. Dennis and R. W. Snyder, *Media and Democracy*, Transaction Publishers (New Brunswick), 1998, p. 24.

务公开制度，加强组织监督和民主监督，发挥舆论监督的作用”。《中国共产党党内监督条例》中也有同样的内容：“党的各级组织和党员领导干部应当重视和支持舆论监督，听取意见，推动和改进工作。”

公共舆论有利于制约和防止国家机关工作人员蜕化变质，有利于国家机关改进工作提高效率，有利于维护人民群众的民主权利，密切政府与人民的关系。因此，公共舆论对政府回应有重要作用，具体来讲：第一，公共舆论是政治决策的重要依据。传媒对发现公共议事日程和政策优先考虑的问题有深远的影响，大量的新闻报道往往会引起公众对某些问题的关注。研究还显示媒介信息能影响或“预先支配”个人价值判断的标准或准则。舆论是民意所在，是决策必须加以考虑的重要因素。而且对决策有校正、监督和验证作用，能帮助决策系统纠正决策中的偏差，避免或减少决策失误，保障决策的民主化科学化。在这方面，西方国家通过民意测验搜集和反映舆论的做法值得借鉴。第二，公共舆论是决策实施的宣传工具。政府实施决策前往往会通过报纸、电视广播等传播媒体进行宣传，形成舆论，以取得社会支持。第三，公共舆论是公民监督的有力手段。舆论监督来自公民的言论自由权，是权利制约权力的一种体现。英国密尔曾说：“如果组成政府监督的人员滥用权力，或者履行责任方式同国民的舆论明显相冲突，就将他们撤职，并明白地或事实上任命其后继人。”由此可以看到具有社会性的舆论监督的威力，虽然舆论监督本身不具有强制性和直接处置权，但其可使被监督者产生巨大的心理压力和政治压力，而对其行为予以合理、合法的规范。它“虽然不能控制政府的行为，但可以施加相当的影响。任何政府在面临强有力的公共舆论反对时都显示出不同程度的脆弱性”①。

尽管公共舆论对政治生活有着极强的影响力，但同时政治权力对公共舆论的态度也并非完全消极。“控制、引导、利用、塑造公众舆论，朝有利于自己目标的方向发展，将公众舆论视为公共管理的对象和工具，这也是公共管理主体的天然愿望。公众舆论的不一致性、不稳定性和不同质性，注定了其可以‘被管理’的命运。就国外而言，始于第一次世界大战的舆论管理技术经过近一个世纪的发展日益炉火纯青，在某种意

① 景跃进、张小劲：《政治学原理》，中国人民大学出版社 2006 年版，第 277 页。

义上，公众已经从理想中的公众舆论的主体逐渐沦落为现实中的公众舆论的客体。”① 在社会主义国家，舆论工具主要掌握在国家手中，舆论工作具有双向性，既要接受党的指导和国家机关的管理，又要扎根基层，建立深厚的群众基础；既要反映党和国家的要求，又要反映来自基层的和群众的呼声；既要积极反映社会的新风尚和新事物，又要深入揭露某些时弊和社会问题。

在当代中国，作为舆论的载体新闻媒体既是党的喉舌，也是人民的喉舌，从理论上将党的利益、政府的利益、媒体的利益和人民的根本利益是一致的。但在现实的具体情境中其作用发挥取决于党和政府、媒体和公众三者关系的互动。“在当代中国，党和政府、媒体和公众三者的关系存在不平衡，其中，党和政府处于强势地位。近年来，由党和政府推动的政府信息公开，为舆论监督提供了很大空间，但由于政府信息公开主要集中在其中的一个环节上，没有从党和政府、媒体和公众三角关系结构出发进行整体推动，致使舆论监督仍然面临诸多困难。”② 如舆论传递渠道不畅通；人大代表不能及时反映群众要求；工青妇组织也未能发挥充分作用；新闻媒体注重宣传党和国家政策，对群众愿望重视不够。③

在当代中国，舆论监督是人民群众行使其社会主义民主权利的一种有效形式。人民的利益和愿望，人民的意志和情绪，人民的意见和建议，都要通过新闻报道把这些反映出来，形成舆论，这就是舆论监督。在理论上，舆论监督具有公开性、民主性、独立性等特征。但在现实中，舆论监督同样存在着运作的困境。首先，目前的舆论监督一般都被理解为党和政府的喉舌，是宣传党和政府的方针、政策的工具，很大程度上只具有政治性。其次，目前舆论的组织机制存在着具有较强的“依附性”的缺陷。舆论媒体在组织机构、人事管理等方面都依赖于政府，这也是目前舆论监督未能充分发挥的一个重要原因。④ 更严重的是，在现实中政府常常对新闻舆论实施打压。当媒体在进行一些报道时，往往会受到来

① 马凌：《公共管理与公众舆论》，《公共管理学报》2006 年第 4 期。

② 张涛甫、童兵：《当代中国新闻舆论监督的动力分析》，《现代传播》2007 年第 3 期。

③ 金太军：《政治学新编》，华东师范大学出版社 2006 年版，第 148 页。

④ 王书成：《论人大监督与舆论监督的互动》，《人大研究》2007 年第 1 期。

自政府职能部门的阻力，不是推脱责任、避而不答就是封杀新闻。

值得指出的是，在21世纪的近十年来，一种公共舆论的新形式即网络舆论正在显示出其巨大的影响力。与传统媒体不同，网络舆论具有敏捷性、交互性、开放性、多元性等特点。网络舆论的敏捷性是指舆论利用网络传播信息的快捷、迅速，在网上迅速而广泛地流传，直接导致了网络舆论形成的时间的缩短和空间的缩小。网络舆论的交互性是指围绕新闻事件，信息的传播者与受众之间的双向互动传播，反映着受众对社会生活的关注度和参与度。开放性是指网络是一个开放的、自由的空间，任何组织和个人都可以自由进入这个空间。网络舆论的多元性是指网络舆论所表达的价值观念和意识形态呈多元化态势。以往只有权势阶层和知识精英拥有话语权，而网络则使普通公众包括弱势群体、边缘群体等也拥有了某种话语权。①

关于中国网络舆论发端的标志性事件，学术界观点普遍认为，1998年5月印尼排华事件发生后全球华人利用《联合早报》的论坛在网上的抗议活动。而以国内网站为平台来表达民意的标志性事件，则是1999年5月9日北约轰炸中国驻南联盟大使馆后，人民网开设“抗议论坛”（后更名为“强国论坛”）。

随着网络媒体的迅猛发展，以互联网为代表的网络新闻传播和舆论对社会产生的影响越来越大。2003年，网络舆论在“刘涌案”“孙志刚案”“SARS爆发”“宝马车撞人案”等一系列社会重大事件中彰显出巨大威力，引起了国人的重视，因此2003年被人们称为中国“网络舆论元年”。事实上，飞速发展的网络舆论在国内一系列重大公共突发事件中已经发挥了重要作用，并且在一定程度上为政府所重视，开始影响到政府的行政行为，事实上，当前一些政府在决策时，有的已经考虑到网络舆论的影响，有的甚至在决策前通过网络征求社会公众的意见。②

正如有学者指出：“互联网的发展特别是自媒体时代的到来，公共话

① 参见刘翔《网络舆论对我国政府行为的影响力研究》，上海交通大学硕士学位论文，2006年，第13—15页。

② 此处关于网络舆论的发展历程，参见刘翔《网络舆论对我国政府行为的影响力研究》，上海交通大学硕士学位论文，2006年，第16页。

语关系发生了深刻变化。政府垄断公共话语权的局面被打破，话语权力结构被重新分配。同时，民间话语方式大量进入公共舆论，政府的行政话语模式的霸权地位被不断削弱”，这“使政府回应开始表现为多元主体反复参与、沟通和博弈的状态，变化成为不同掌握话语权的主体之间持续互动的状态。在这一状态中，政府已经不是政府回应过程中的一元性主导力量，其与不同的话语主体之间形成了整个信息传输和公共话语构建的互动状态，政府回应突出表现为官民之间的互动性。”①

网络舆论代表着社会各界的意见和看法，能把各种问题和矛盾揭示、显现出来。2003 年，新华社首次披露中央高层领导对网络的重视。“非典”之后，中央和国务院以及各地方政府部门成立了专门机构，每天从网上搜集重要信息，以“互联网舆情”形式提供给领导人参考，网络舆论成为一种“公开的内参”。近年来，“两会”期间，各主要网络媒体都会建立“两会”网上新闻互动平台，设置“两会”相关议题，这些新闻互动平台的建立，为人们创造了一个很好的表达机会，建起了连接公众与国家领导人之间的桥梁，让人们感受到话语的平等权和自身的价值，从而引来了大批网民参与。2016 年 8 月，国务院办公厅印发《关于在政务公开工作中进一步做好政务舆情回应的通知》，以制度化方式推进政务舆情回应工作。一是从制度上要求政府机关高度重视舆情，限时做出回应，“对涉及特别重大、重大突发事件的政务舆情，要快速反应、及时发声，最迟应在 24 小时内举行新闻发布会，对其他政务舆情应在 48 小时内予以回应，并根据工作进展情况，持续发布权威信息”；二是要求提高政务舆情回应实效，“回应内容应围绕舆论关注的焦点、热点和关键问题，实事求是、言之有据、有的放矢，避免自说自话，力求表达准确、亲切、自然”；三是明确政务舆情回应责任，即谁主管谁负责，并要求将舆情回应作为政务公开的重要内容纳入考核体系。

实践表明，随着互联网的迅猛发展，以往通过电脑登录论坛、博客等传播资讯的方式变得日益多元化，微博、微信等新媒体工具不断涌现，老百姓成了业务的“记者”“摄影师”，经常是“事情发生在路上，眨眼

---

① 陈新：《话语共识与官民互动：互联网时代政府回应方式的政治学思考》，《湖北社会科学》2013 年第 10 期。

间都到了网上”。在当前网络舆情事件频发多发的情况下，加强政务公开、做好政务舆情回应日益成为政府提升治理能力的内在要求。随着政府的积极主动应对，网络舆论的发展已经超越了公众与政府之间的沟壑，一个良好的互动体系已经开始在中国公共事务治理的变革之中逐渐形成。由于互联网的公开性、交互性以及平等性，它使得公共领域与私人领域之间的界限被渐次打破。由此，也带来了民间话语体系的重建与复苏。

三　新信息技术

当今社会是一个信息社会，信息技术是最基本和最为普遍的技术手段。新信息技术如电脑、互联网、手机等在人类社会的许多领域都得到了广泛应用，大到全球化商业，小到家庭网上购物，它给社会带来了巨大的变化。公共行政领域也概莫能外。信息技术的革命性变革为公共管理者提供了全新的工具和方法，对政府回应产生了广泛而深远的影响。

这些新信息技术的显著特征是大大促进了交流和沟通。借助于现代电信技术工具的创新如电脑、互联网、手机等，信息可以在短时间内迅速传输，促成了电子邮件、传真、手机短信、QQ、微信等信息沟通方式。过去那种需要把各方集中在一起进行面对面讨论的形式，现在已经可以通过双向的电信沟通技术来实现。

新信息技术对政府自身产生了巨大影响。首先，新信息技术使得政府内部信息沟通非常便利，这就使政府组织能够扁平化，缩减了政府规模，提高了政府效率；其次，借助新信息技术，政府可以快捷地动态掌握社会各个方面和公民要求等外部信息，有利于促进政府决策的民主化和科学化；再次，新信息技术改进了政府的工作方式，政府可以通过现代信息工具和技术处理公务、召开会议、实施管理、提供服务，增加了政府管理的透明度。目前，中国政府上网工程采用了一整套全新的管理方法，如人民银行网上支付、海关总署报关单和外汇联网的外汇核销系统、工商局红盾信息网提供企业数据库、国税总局增值税发票稽核系统和电子报税等，既节约了成本，又提高了效率。[①] 中国政府还召开多次电

① 钱刚：《信息网络技术对公共行政的影响》，《辽宁经济职业技术学院学报》2003 年第 3 期。

视电话会议，这不仅改变了以前会议的方式，节约了行政成本，而且还让公民全程体验和密切关注会议进程，增加了透明度，扩展了民主。2015 年 8 月 31 日，中国国务院印发《促进大数据发展行动纲要》，提出要将大数据作为提升政府治理能力的重要手段，通过高效采集、有效整合、深化应用政府数据和社会数据，提升政府决策和风险防范水平，利用大数据洞察民生需求，优化资源配置，提高服务质量，促进形成公平普惠、便捷高效的民生服务体系，不断满足人民群众日益增长的个性化、多样化需求。建立"用数据说话、用数据决策、用数据管理、用数据创新"的管理机制，实现基于数据的科学决策，将推动政府管理理念和社会治理模式进步，加快建设与社会主义市场经济体制和中国特色社会主义事业发展相适应的法治政府、创新政府、廉洁政府和服务型政府，逐步实现政府治理能力现代化。

新信息技术为公民提供了前所未有的优势，提升了公民参与公共事务的能力。如基于居民社区服务，公民利用网络技术向社区居民提供属地化服务的综合服务体系，同时也包括公民向政府或其他组织提出倡议或者请求帮助等的活动。新信息技术弱化了政府信息控制和主导民意的能力，为公民提供了获取信息和利益表达的多样化渠道，从而增强了公民社会的力量。费里德兰对以公民和社区为基础的信息进行研究后认为："这些发现表明，正在急速扩张的对网络工具的接近权开始创造公共空间，在那里，信息和建立关系的新形式能够散播。这使得加强基层民主组织及其向新一代公民群体增长和延伸得以实现。"① 巴伯对新信息技术促进民主的作用非常肯定："新兴技术提供的智能可以被用作加强公民的教育，保证公民有平等的机会获得信息，它能够把个体和组织结成网络，使他们超越相隔遥远空间参与讨论和争论。因此，在第一时间，我们有机会创造虚拟的城镇公民会议，让那些以前从未交流的人们参与进来。"② 在厦门"海沧 PX 项目"事件中，公民通过手机短信表达对 PX 项目的反

① ［英］史蒂文·拉克斯：《尴尬的接近权——网络社会的敏感话题》，禹建强等译，新华出版社 2004 年版，第 200 页。

② 转引自［美］约翰·克莱顿·托马斯《公共决策中的公民参与》，孙柏英译，中国人民大学出版社 2004 年版，第 96 页。

对意见，在政府不理不睬的情况下，广大公民自发组织转发要求政府停止该项目运行的短信，通过短信引发了民众集体上街游行。在广大民意的推动下，厦门市政府最终停建了该项目。这个案例表明短信政治时代已经来临[①]，现代新信息技术不仅提升了公民利益表达和参与公共事务的能力，而且使政府面临来自公民的强大监督和做出有效回应的巨大压力。

新信息技术极大地促进了政府与公民之间的交流和沟通。一方面，借助新的信息技术政府可以更好更快地了解公民的需求，而且政府从公民那儿获取信息不需要与公民分享决策权力；另一方面，公民在新技术下与政府沟通不费什么气力因而非常乐意向政府提供信息，公民也能够更有力地影响政府决策和各种公共项目的运行。互联网在当代中国政治沟通中的表现可以为证。

1994 年，中国正式全面接入互联网，进入了互联网时代。中国进入网络时代的时间不长，但网络的发展却非常迅速。中国网络媒体的发展阶段大体上可划分为四个时期：1995 年至 1998 年，网络媒体步入中国传播领域；1998 年底至 1999 年，商业门户网站涉足网络新闻传播领域；2000 年至 2001 年，党所领导的网络媒体体系形成；2002 年以后：网络媒体成为中国重要的传媒形态。[②] 据 CNNIC（中国互联网络信息中心）测算，截至 2014 年 4 月，中国网民达 6.37 亿，互联网普及率为 47.0%；工业和信息化部数据显示，全国移动互联网用户突破 8.5 亿。[③] 我国是世界上网民人数最多的国家。中国公民对网络在政治沟通方面的作用非常认同。调查表明，71.9% 的公众认为网络表达已成为中国式民主的新通道，67.2% 的公众认为互联网的在线形式“弥合了阶层地位等各种差

---

① 据信息产业部统计显示，截至 2007 年 7 月，我国移动电话使用率达到了 38.8%，手机用户已经超过 5 亿，截至 2014 年 4 月，全国移动互联网用户突破 8.5 亿。随着视频、WAP、高清晰图片等在手机用户中的广泛应用，手机短信成为人们相互传递信息的重要手段。手机短信因其潜在的特质，人们利用手机参与政治生活成为政治参与的一种全新手段，短信政治时代已经来临。厦门“海沧 PX 项目”事件就是人们利用短信参与政治的典型事件。见张劲松、丁希《论短信政治时代的政府回应力重塑——以厦门“海沧 PX 项目”事件为重点》，《探索》2008 年第 4 期。

② 闵大洪：《中国网络媒体的生态环境》，《新闻实践》2001 年第 4 期。

③ 参见中国互联网络信息中心《互联网发展信息与动态》（第 99 期），http://www.Cnnic.Net.cn/hlwfzyj/hlwfzzx/qwfb/201406/t20140625_47306.htm。

异”，网友之间一律平等，没有沟通距离；66.9%的公众认为网络传播的快捷，可以使重要问题和观点迅速得到重视；65.1%的公众认为网络具有互动性，是一种“双向表达”，方便交换不同意见；61.4%的公众认为网络具有匿名性，“最方便网民说实话”。北京大学燕继荣教授认为，网络有助于民众提出对政府建设更有意义和更为真实的建议，“在了解政策的实施效果、并做出评价的时候，都有它的长处”①。从政府方面来看，政府对网络在民意表达方面的积极作用给予了充分肯定，2003年，时任中共中央总书记胡锦涛在非典时期视察广东时，对一位参与防治非典的一线医生说：“你的建议非常好，我在网上已经看到了。”温家宝在视察北大抗非典工作时说：“我在网上看到同学们在留言中表达了同全国人民一起抗击非典的决心，令人感动。”一时间“总书记、总理也上网”成为网民热议的话题。许多政府官员还在网上公布信箱、发帖子、开博客、经常在网上与网民直接对话。官员上网被誉为新时期的“微服私访”②。2008年6月20日，胡锦涛视察人民日报社时，做客强国论坛和网友面对面交流，表示“通过互联网了解民情、汇聚民智，是一个重要的渠道”，实际上肯定了网络民意的合法性。可见，在当代中国，以互联网为代表的信息技术在政治沟通方面的重要作用已为公民和政府双方所肯定。“孙志刚事件”和“肝胆相照网”，就是通过以互联网为主要平台的媒体而使公民和政府相互沟通的典型案例，他们改变了中国既有的相关法律，进而促进着治理结构的完善。2014年世界互联网大会在中国召开，创新互联网时代政府与公众的“沟通互联”理念被提到新的高度。同年底，国务院办公厅发布《加强政府网站信息内容建设的意见》，要求着力解决部分政府网站内容更新不及时、信息发布不准确、意见建议不回应的问题，彰显了中国致力于通过网络技术实现革新传统社会治理方式的坚定决心。

就新信息技术与政府回应的关系来看，新信息技术在政府和公民两个方面都对政府回应有巨大的推动作用。一方面，信息新技术改造了政

① 《71.9%公众认为网络表达成中国式民主新通道》，http://news.xinhuanet.com/politics/2008-06/30/content_8461729.htm。

② 《聚焦官员上网现象：新时期的“微服私访”》，《法制日报》2008年8月29日，http://news.xinhuanet.com/politics/2008-08/29/content_9733526.htm。

府，使政府更加透明和开放，为政府回应提供了全新的工具和方法，使政府有能力对公民要求更加敏感、反应更加迅速。近几年来，大数据技术被应用到政府管理和公共服务领域，由于它有效集成信息资源的能力，因此可为政府管理理念和治理模式的转变提供强大的技术支撑。利用数据融合、数学模型、仿真技术等，大数据技术可以大大推动政府决策的科学化，使政府对民意的回应更为科学有效。大数据技术也使政府提供的公共服务更加个性化、精准化。如上海的交通综合信息平台，集成了道路传感系统、出租车 GPS 系统、居民手机信号迁移、实时视频采集等多系统信息，海量的数据汇聚而来并得到迅速整合，用以分析交通状况，大大提高了管控措施的准确性和时效性。①

另一方面，新信息技术提升了公民利益表达的能力，增加了社会和公民对政府回应的压力。新信息技术搭建了公民利益表达和政府回应的新平台——电子政务。电子政务是一种全新的政府管理方式。其实质是，政府机构在其管理和服务职能的实现中，运用现代信息技术，实现政府组织结构和共治流程的优化重组，从而改善公共服务，增强公共参与、政务公开和民主程度，促进政府办公自动化、电子化、网络化和信息资源的全面共享，提高公共管理效率和公共决策的科学性，最终建成面向公众、服务社会的电子化政府。推进电子政务，实现政府流程的信息化、便捷化，已成为世界各国政府改革的重要内容和目标。据统计，全球已开通了 5 万多个政府网站。中国自 1999 “中国政府上网年” 以来，全国已有超过 80% 的县级以上政府建立了自己的网站。据 2001 年 1 月的统计数据，政府上网工程网站 gov. on 下的各级政府域名已达 2400 多个，其中有 1200 多个政府部门拥有 WWW 服务器，面向社会提供服务。② 截至 2003 年底，不包括许多没有以 GOV 注册的地方政府网站，中国以 GOV. CN 注册的域名已近 12000 个。③ 到 2006 年 1 月 1 日，中央人民政府门户网站正式开通，至此中国建立了由中央政府门户网站、国务院部门

① 刘维涛：《大数据：政府治理 “如虎添翼”》，《人民日报》2014 年 5 月 21 日第 20 版。

② 崔垚：《美国政府信息指引服务及其对我国的启示》，http：//www. chinaorg. cn/dzzw/02_ llyj/2004 -06/10/content_ 5084681. htm。

③ 董新宇、苏竣：《电子政务与政府流程再造——兼谈新公共管理》，《公共管理学报》2004 年第 11 期。

网站、地方各级人民政府及其部门网站组成的政府网站体系，96%的国务院部门建成了政府网站，约90%的省级政府、96%的地市级政府、77%的县级政府都拥有政府网站。[①] 实践证明，电子政务在增进政府回应性方面起到了积极作用。如广州市工商局建成开通企业工商注册和年检并联审批系统，在涉及前置审批的40多个部门中，已有市区两级政府共59个相关审批单位加入了网上综合服务平台，正式开展审批业务。过去一个企业从申请领证到最终领取营业执照，短则2—3个月、长则半年，如今只需要8天就可领取工商营业执照。[②]

当然，对新信息技术在当代中国政府回应方面的积极作用也不能过分高估。如“政府上网工程”和电子政务建设，实际上不少是“形象工程”。许多地方虽然开通了政府网站，但是缺乏横向和纵向联系，信息资源陈旧，公共服务功能低，更缺乏真正意义上的信息公开。出于保护部门利益、地方利益，信息和数据的分割和垄断很难打破。要真正实现信息和数据的共享和向社会开放，在当代中国恐怕还有一段较长的路要走。笔者参与的一项调查表明，当前中国政府电子政务的使用效果很不理想。只有28.2%的公务员表示所在部门的电子政务“已经大量使用，效果很好”，多达59%的公务员表示“本部门已经应用电子政务，但是使用率不高”，还有12%的公务员表示所在部门基本或者完全没有应用电子政务。与此同时，公民对政府网站的态度非常冷漠，调查表明一些政府网站的便民栏目访问率很低。[③] 这在很大程度上也影响到电子政务的发展，因为电子政务的完善与发展不仅需要政府单方面的努力，也需要公民的参与和支持。

---

① 《2007理论热点面对面》之五“从《政府信息公开条例》谈起——如何理解建设服务型政府”，《理论与当代》2008年第1期。

② 刘庆龙、孙志强、侯跃英：《电子政务与政府职能转变》，《中国行政管理》2004年第8期。

③ 中国城市电子政务发展研究课题组调查表明，安徽省政府网站的两个便民栏目“便民服务”和“网上办事”的访问率竟然排在所有栏目的最末尾，一个占总访问量的7%，另一个还不到5%。参见《透视我国电子政务：电子“无病”政务“有恙”》，《中国青年报》2004年8月9日，http：//www. china. com. cn/chinese/law/630813. htm。

第二节　政府回应的内部动力

仅凭政党、舆论等外部动力是不足以促使政府回应过程运转起来的。上面已经提到，政党和政府关系过于紧密，政党行政化使政党的动力作用大打折扣。公共舆论要发挥其作用，在许多情况下也必须依靠来自政府内部的动力。如2001年广西南丹矿区特大事故是中国第一例首先由新闻记者揭露的重大灾难事故，人民网对南丹特大矿难的勇敢揭露，已成为中国当代传媒成功的舆论监督范例。尽管新闻媒体舆论在其中发挥了巨大的作用，但从事件的整个过程和最终结果来看，即使在舆论已经揭开事实真相的情况下，广西壮族自治区领导亲自调查都未能使南丹县政府交代矿难实情，南丹矿难真相大白和有关责任人被查处最终是在中央政府的高度重视和压力之下才实现的。南丹县政府隐瞒矿难事实，显然是有政府利益的考虑，中央政府的压力本质上也是来自政府系统内部领导制度。可见，政府回应与否，政府自身内部的动力最为根本。政府回应的内部动力是指那些来自政府自身的促使政府做出回应的因素。这些因素主要包括政府利益、政府内部制度、行政文化。

一　政府利益

利益是政治行为的根本动因。政治主体自身的利益要求是政治行为的根本动力。马克思主义认为，利益源于人的需要。对于个人而言，利益无疑是其做出某种政治行为的动力。那么对于政府而言，又是否存在自身利益、利益又起何作用呢?

古典政治学家普遍认为政府的产生源于人民的公意达成的公意授权，人们通过一定的契约关系建立公共组织管理社会。政府是社会性的，没有自己的利益。但现代经济学家从经济人假设出发，认为政府也是追求自身利益最大化的组织，与个人无异。公共选择理论的奠基者布坎南认为，在公共决策或者集体决策中，实际上并不存在根据公共利益进行选择的过程，而只存在各种特殊利益之间的“缔约”过程。[①] 实践表明，公共选择理论对政府的描述更为贴近实际，政府也有自身的利益，这种利益既包括物质利益，也包括非物质利益，如政府形象、声誉等。

政府追求自身利益及政府的自利性是政府的基本属性。公共机构尤其是政府部门及其官员追求自身的组织目标或自身利益而非公共利益或社会福利，这种现象被称为“内在效应”或“内部性”。正如外部性被视为是市场缺陷和市场失灵的一个重要原因一样，内部性或内在效应被认为是非市场缺陷和政府失败的一个基本原因。内在性的存在意味着私人的或组织的成本和利润很可能支配了公共决策的计算，这种内在性决定了公共官僚机构的运行和官员的行为。[②] “事实上，政府的这种自利性一方面表现为政府内部公务人员依托政府肌体实现个人利益，并由此外化；另一方面则表现为政府内部部门官僚集团利益的外化和内部机构为实现一定利益而产生的自利行为。”[③] 在现实中，政府的自利性和公共性并存，公共性以显性方式表现，自利性则往往比较隐蔽，公共性的巨大功能往往掩盖了自利性存在的事实，自利性在公共性的前提下得以存在。

可见，政府利益具有客观合理性、从属性（公利性是第一位的）的特点。另外，政府利益还具有扩张性、获取方式的强制性等特点。任何对利益的追求都有无止境的趋势，政府的利益也天然地有不断扩张的趋势。在某种意义上，政府职能的不断扩大既是政府责任的增加，也是政府利益的扩张。政府利益容易扩张实际上与政府建立在强制力基础上有重要关系。政府获取利益有强制力做后盾。例如，经常被政府机关用来敛取私利的行政处罚制度，原本是一项重要的行政权力，是一种国家强制力。但是目前，我国的行政处罚几乎涉及行政管理的各个领域，包括公安、工商、交通、城管、卫生、文化教育等，绝大多数行政机关都取得了实施行政处罚的权力。这一强制性权力的滥用已经成为有目共睹的

① Buchanan J M, *A Contract ran Paradigm for Applying Economics*, American Economics Review, No. 5, 1975, pp. 225 - 230.

② 陈振明：《公共管理学》，中国人民大学出版社 2003 年版，第 211 页。

③ 涂晓芳：《政府利益论——从转轨时期地方政府的视角》，北京大学出版社、北京航空航天大学出版社 2008 年版，第 5 页。

事实。[①]

在当代中国，政府自身利益的来源途径主要有六个：政府经营城市、政府招商引资、政府直接投资、政府批租土地、设立开发区、政府行政许可、政府直接管理企业。在这六个来源中，政府回应行为与利益的密切关系都有体现。从积极角度讲，政府做出回应是为了自己的利益；从消极角度讲，政府不回应也是出于自身利益考虑。现实中许多地方政府以招商引资为主要任务，对企业的回应显得非常敏感，很重要的原因就是地方政府官员的个人利益与地方经济发展的总体利益有着极为密切的联系，例如，县乡级地方官员的升迁，在当地的威望及其亲友的获利机会都有当地经济发展状况联系十分紧密。许多情况下政府不回应主要也是因为利益因素在作祟。原河北省委书记张云川曾公开痛斥政府不作为，以复杂手续向企业寻租，他举例说，办理一个房地产项目手续，在别的省只需要不超过十天时间，但在河北省则需要一年甚至两三年时间，盖166 枚公章，涉及 94 项收费。[②] 一些地方政府、部门和利益集团把自己的利益放在高于公众利益的位置。这些地方政府、部门、利益集团出于自身利益考虑，控制了公共信息。政府信息不公开，在信息严重不对称的情况下，公众很难对政府的行为进行监督。

在当代中国，尤其是改革开放以来，由于市场经济的发展、地方自主性加强以及公民低政治参与等原因，地方政府的自利性和分利化在某些方面比较突出[③]，主要表现为：一是与民争利，如乱收费等，尤其在市场经济下，政府与民争利的行为非常突出。因为计划经济下政府与民的

---

① 参见金太军、张劲松《政府的自利性及其控制》，《江海学刊》2002 年第 2 期。

② 《河北房地产审批砍掉 140 枚公章　书记痛斥不作为》，http：//news. sohu. com/20090318/n262861105. shtml。

③ 萧功秦认为政府的自利性和分利化的极端表现是个别地方出现“土皇帝”的类“苏丹化”现象，这种个别极端现象产生除了上述一般原因之外，还有三个制度性因素：第一，上下级之间“恩主—受庇人”的庇护制关系。第二，部分地方官员与黑恶势力之间的互生关系，以及前者对后者的寄生性。这种关系使一些当权者可以在完全摆脱正式制度约束的条件下，实现权力的极端个人化。第三，地方司法系统受某些地方政府官员支配控制的人事组织结构，致使地方官员的违法行为受到地方司法官员的司法庇护。参见萧功秦《“软政权”与分利集团化：中国现代化的两重陷阱》，《战略与管理》1994 年第 1 期；《中国现代化转型中的地方庇荫网政治》，《社会科学》2004 年第 12 期；《中国转型期地方庇荫网形成的制度因素》，《文史哲》2005 年第 3 期。

产权界限是模糊不清和混为一体的。正是这种状况，导致了“民”的利益的缺失，政府以集体决策和社会公众利益为幌子，利用政府的权威和权力，众多民众的利益被侵害。二是破坏市场竞争，由于政府与企业的关系还有着千丝万缕的关系，政府往往难以扮演市场经济的公正裁判者的角色，出于计划经济下全能政府角色的惯性，政府经常会干预企业行为，破坏市场秩序和正常竞争规则。三是腐败严重，尤其是寻租型腐败突出。因为政府在经济社会中的强势地位以及对市场经济的经常性随意性干预，许多市场主体不得不以向政府及其工作人员贿赂来换取自身的正常运营，政府便得以“名正言顺”地寻租，从而引发了政府的严重腐败现象。四是政府间矛盾凸显，尤其是中央与地方的关系日益演变为一种利益博弈关系，地方政府常常为了自身利益与中央政府进行周旋，“上有政策，下有对策”的情形日益常见。

地方政府的自利性和分利化特征，事实上构成了当代中国政府回应过程的一大特色。许多公民的要求，实际上往往都是由于政府侵犯而引发的；许多公民的诉求得不到回应，实际上往往都是由于牵扯政府利益的缘故。针对近年来多发的群体性事件，“地方政府与民夺利”被中国网民认为是“罪魁祸首”。贵州省委书记石宗源在总结瓮安“6·28”事件的教训时也明确指出了这一点：这次事件，表面的直接的导火索是女中学生的死因争议，“但背后深层次原因是当地在矿产资源开发、移民安置、建筑拆迁等工作中，侵犯群众利益的事情屡有发生，而在处置这些矛盾纠纷和群众事件过程中，一些干部作风粗暴，工作方法简单，甚至随意动用警力。”① 地方政府尤其是基层政府侵犯民众利益，或者在普通民众与其他强势个人或组织的矛盾纠纷中由于利益因素而不能秉公处置，民众向上级乃至中央政府提出诉求，由上级和中央政府做出回应，或者民众被逼无奈只好选择以极端化方式惊动上级和中央政府，这是当代中国政府回应过程的典型表现。而且，在这个过程中，政府利益自始至终都起着非常重要的作用，经常使得政府回应受到阻塞。例如近年来在农

① 《石宗源谈瓮安事件：彻究领导责任 公布事实真相》，http://news.xinhuanet.com/local/2008-07/04/content_8487170.htm。

村土地征用[①]、城市房屋拆迁、移民搬迁安置、公安行政执法、土地行政执法、企业重组改制破产等诸多问题上，地方及有关部门的行政不作为、胡作非为事件层出不穷，肆意侵犯民众利益，引发了大量的上访案件，很多老百姓在权益受损时不断找上级行政部门讨说法，“村到乡，乡到县，一直访到国务院”，寄希望于通过长期上访维护个人权益。又如在2008年7月云南孟连事件中，当企业与百姓发生冲突时，政府首先照顾企业的诉求，“为企业服务”被非常狭窄地偷换成了单纯地为老板服务。“为企业服务”原初所包含的限权理念荡然无存，而完全成为一种官商间的利益交换游戏，你给钱我服务。政府因为企业给其好处而不惜打压民众，最终造成了政府与民众之间的剧烈冲突，40余名公安民警和10余名胶农在冲突中受伤，两名胶农死亡。

总之，任何政府行为不论其实际目的如何，几乎总是伴随着“利益”的名义，在当代中国，利益已经成为政府回应行为的基本动因。但以利益为动力的政府回应，往往是不公正的。在现实中，政府对自身利益的追求，往往造成对民众利益的侵犯进而引发民众对政府的诉求，从而在消极意义上成为政府回应的动力。

二　政府内部制度

利益作为政府回应的动力主要是消极的，即要么对普通民众不做回应，要么回应是作为不公正的甚至是腐败的产物。在积极意义上促使政府做出回应的动力，主要来自一系列的制度，它们创造了一套可靠的内部机制来督促政府对公民的要求做出回应。政府内部制度对政府的行为有规范和约束作用。对于政府回应行为而言，能促其启动的政府内部制度主要有科层制度、政务公开制度。

规范的成熟的科层制度是建立在韦伯官僚制理论基础上的。科层制具有法治化、专业化、等级制、非人格化、书面化等特点，具体来说，

① 有关研究表明，“群体性事件”往往直接起源于群众利益被侵害。一份公开材料显示，在过去的土地征用中，一些地方政府占有土地利益分配的20%—30%，开发商占40%—50%，而农民作为土地使用权的主体，仅占5%—10%。政府对转让土地乐此不疲，而农民显然难以接受如此低的补偿。《群体性事件考验中国　须建弱势群体利益诉求通道》，http：//news.sohu.com/20050801/n226520745.shtml。

(1) 合理的分工。明确划分每个组织成员的职责权限并以法规的形式严格固定下来，工作专业化是这种高度明确分工的结果。(2) 层级权力结构体系。科层制是一个等级结构，具有等级与权力一致的特征，在这样的等级结构中，将各种公职或职位按权力等级组织起来，形成一个指挥统一的指挥链条，沿着自上而下的等级制，由最高层级的组织指挥控制下一级的组织直至最基层的组织，于是形成科层制中层级节制的权力体系。(3) 按照程序运转的工作机制。在实行科层制的组织中，管理工作不是随心所欲地进行的。科层制组织通常要制定一整套规则和程序来规范组织及其成员的管理行为，以保证整个组织管理工作的一致性和明确性。(4) 正规的决策文件。在实行科层制的组织中，一切重要的决定和命令都应形成正式文件下达，并且要记录在案，用毕归档，为此，科层制组织要设立一个妥善保管一切记录和文件的专门机构和人员。这种特征使得科层组织能够独立于个人之外，以文件的形式下达决定和命令，有利于下级组织及其成员明确所下达的任务、规范要求和应履行的权责，而就上级来说，由于其对所属部门和个人的任务分配比较明确具体而且已经记录在案，因而也便于加强必要的控制，有利于组织有效地实现其目标。(5) 合理的人事行政制度。科层制组织的人事行政具有以下特征：第一，人员任用的根据不应是信仰、籍贯、关系和性别，而应是工作性质的要求以及人员本身所具备的资格条件，包括学历、专业、经验和能力；第二，对于人员的职位应根据职位等级系统给予合理的安排，以使其能够在合适的位置上充分发挥其才能；第三，职务是通过自由契约关系来承担的，除非犯有重大过失并依照法定规则加以免职，否则组织不能单方面地随便地解除契约；第四，每个职务都有一明确规定的法律意义上的权责范围和应具备的学识、能力和经验；第五，组织应有明确规定的货币工资制度，工资标准基本上是根据人员在等级系列中的级别、职位的责任大小以及年资和社会地位来确定的；第六，人员的奖惩应根据其工作的优劣来确定；第七，人员晋升的根据应该是人员工作成绩的大小和资历的深浅，而不应当看这个人是谁以及他有什么关系；第八，任何人员不得将自己的职位私自转让或指定他人非法继承；第九，行政人员不拥有任何获取其职位的手段并且不能滥用其职位；第十，行政人员在行使职务时受到严格而系统的纪律约束和控制。[①]

对于政府回应而言，科层制在直接意义上有三个方面的动力机制：一是等级制带来的行政领导和行政指令；二是法定化的严格责任机制，“责任机制在民主政策中的最终目的在于确保政府对公民偏好和需要的回应”[②]；三是按规章办事的运作流程。对于政府工作人员，上级的领导和命令是外在的促其回应的动力，责任机制则是其职位自身的客观要求，办事流程是其工作方式。科层制对政府工作有严格的程序性要求，对政府人员行为有严格的规范和约束，这在间接意义上都有利于政府回应的及时和公正。

对于当代中国而言，韦伯官僚制意义上的科层制度尚未完全建立。如人格化倾向明显，理性精神缺乏，程序化不足，依法行政的观念尚未深入人心等。首先，中国官僚制的法治化不足，这主要表现在政府及其工作人员法治意识责任意识不强、不能够完全做到依法办事，决策比较随意，有时就是领导一句话；其次，中国官僚制的专业化不够，政府人员的知识能力往往不能严格地与岗位性质要求相一致相匹配，这与人事制度上的不依法办事有很大关系；再次，中国官僚制的人格化倾向明显，领导权威常常不是来自法律规定而是个人魅力，政府工作人员与领导之间还有一种依附性的关系，政府公职人员的组织生活常常和私人生活纠缠在一起，人情行政现象突出；最后，中国官僚制下的办事流程复杂混乱，背离了方便和服务民众的宗旨。在这种情况下，科层制对政府回应的动力作用受到很大程度的削弱。对于中国政府回应而言，只有等级制带来的领导命令对政府工作人员的回应行为的动力作用是最为明显的。如在曾任山西省长治市委书记的吕日周处理的“西瓜事件”中，基层政府吃了农民的西瓜后一直欠账不还，农民数次讨要未果，后此事传到即将卸任的吕日周耳中，他亲自过问，欠债几十块钱的基层政府马上还钱。[③]

---

① 谢岳：《当代中国政治沟通》，上海人民出版社 2006 年版，第 26—27 页。

② ［美］珍妮特·V. 登哈特、罗伯特·B. 登哈特：《新公共服务：服务，而不是掌舵》，中国人民大学出版社 2004 年版，第 130 页。

③ 这是吕日周在燕山大讲堂所做的讲座《领导干部要带头推动法治进程》中提到的，http://view.news.qq.com/a/20081228/000014_2.htm。

国外一些学者的研究也表明，中国政府回应的动力与选举无关，而是来自中国的科层制和压力型体制。他们认为，在中国，政府官员并非不存在回应公民的政治压力，而是在体制稳定和政治晋升的激励下密切关注着代表性机构、基层调研和网络反映的公民意见①；地方政府官员之所以迅速回应，正是由于作为代理人的基层官员担心公众向上级政府举报其渎职或者贪腐行为②。

也应当看到，改革开放以来中国政府一直在致力于政府自身建设，目标是建立法治政府、责任政府、服务政府。许多地方政府都采取了许多积极措施，如建立和完善民主科学的决策机制、积极推进依法行政、推行问责制强化政府责任机制、规范和完善公务员制度等。实践证明，凡是重视政府自身建设的地方和部门，回应性就比较好，相反亦然。

另一项对政府回应有重要意义的政府内部制度是政府信息公开制度。政府信息公开是实现公民知情权的最基本、最有效的途径，它可以让公众知道政府的所作所为，特别是依法行政的实际情况，以便积极参与、配合政府的工作；同时也可有效地监督政府，保证其在法治的范围内高效运作，为民谋利。政府信息公开，对于交还公民应享的知情权、管理政府事务的参与权、对政府工作的民主监督权、信息资源共享权等公民基本权利，推进民主政治，以及建设诚信政府都具有积极的政治意义和社会意义。从这个意义上讲，政府信息公开是被动政府回应的一个重要推动因素。政府信息公开也是主动政府回应的重要表现，政府要作出主动回应，首先就应该公开政府信息，使政府具有较高的透明度，保持一种开放状态，主动让公众了解政府的行为、履行职责的情况，接受公众的监督。

目前，美国建立的政府信息公开制度是世界上最完备的信息公开制度，它对其他国家政府信息公开制度的发展的影响也是最大的。美国的信息公开制度体系以1966年的《情报自由法》及其三个修正案为中心，

---

① King G. , and Pan, J. and Roberts, M. , 2013, How Censorship in China Allows Government Criticism but SilencesCollective Expression, American Political Science Review, 107 (2): 326 - 343.

② Distelhorst, G. , and Hou, Y. 2014, Ingroup Bias in Official Behavior: A National Field Experiment in China, Interna - tional Quarterly Journal of Political Science, 9 (2) .

涵括美国宪法第一修正案、1976 年的《阳光下的政府法》等，并以 1974 年的《隐私权法》为重要补充，形成了比较完整的一套保护公民权利的政府信息公开制度。至 2002 年 6 月，法国、英国、芬兰、荷兰、加拿大、澳大利亚、新西兰、日本、南非、欧盟、意大利、俄罗斯、希腊、葡萄牙、爱尔兰、韩国、泰国和墨西哥等约近 50 个国家先后建立了政府信息公开制度。

中国的政府公开制度是在近十几年才着手建立的。一些地方政府首先进行了有益的探索，开始建立政府决策项目的预告制度和重大事项的社会公示制度，建立和完善在社会各阶层广泛参与基础上的政策听证制度。近年来几乎所有提出了要建设服务型政府的地方政府都制定了政务公开的规定，如服务内容公开、办事程序公开、申请条件公开、申报材料公开、办理限时公开、收费标准公开等。如重庆市政府通过政务公共信息平台，使政务信息公开披露。南京市编制了《南京市行政职权目录》，对全市 3690 件行政执法事项进行了统一编码，所有行政执法主体、执法依据、执法程序等全部以规范的格式在网上公示，增加透明度。南京市物价局还印制《市民缴费手册》 = 《涉农收费手册》和《企业缴费手册》发给市民、农民和企业。中央政府也一直在积极推动政府信息公开。2003 年 SARS 事件以后，中央及时总结了经验教训，加大了政府信息公开的力度，尤其是对那些涉及公共安全的突发性公共危机信息，中央明确要求在“第一时间”及时发布。2006 年 1 月 8 日，国务院发布《国家突发公共事件总体应急预案》对于危机时刻的政府信息公开给予了严格规定。对迟报、谎报、瞒报和漏报突发公共事件重要情况及其他失职、渎职行为的，依法对有关责任人给予行政处分；构成犯罪的，依法追究刑事责任。中央政府还要求地方政府推出地方性突发公共事件应急预案。在这一背景下，政府新闻发言人制度也在全国各地推开，虽然这个制度在启动阶段还显得参差不齐。不过，面对一些重要的公共事件，不少地方和部门的政府新闻发言人能够及时地做出反应。这些都是政府信息公开渐入正轨的体现。2007 年《政府信息公开条例》的出台，标志着中国政府信息公开制度的初步建立。十八大以来，中国政府加大了政府信息公开的力度，不仅从中央到省市县乡逐步实现“三公经费”[①] 公开，而且大力推行行政权力清单公开。2015 年 3 月，中共中央办公厅、国务院办公厅印发《关于推行地方各级政府工作部门权力清单制度的指导意见》，要求“省级政府 2015 年年底前、市县两级政府 2016 年年底前要基本完成政府工作部门、依法承担行政职能的事业单位权力清单的公布工作。乡镇政府推行权力清单制度工作由各省（自治区、直辖市）结合实际研究确定”。到目前为止，已有 20 多个部委、260 多个地方政府公布了权力清单。[②]

实践证明，政府公开制度在促进政府回应方面发挥了积极作用，尤其是在职能性政府回应方面，民众获得了具体办事的知情权，同时一线公务员也更容易被监督，以前“门难进、脸难看、事难办”的状况得到了一定程度的改变。但也应该看到，当前中国的政府公开制度还不尽完善，效果也不尽如人意。如未明确确立公开是原则不公开是例外的基本要求，免除公开的政府信息规定不周全，不少规定过于原则、简单（如对商业秘密、个人隐私无明确界定，实践中无法适用）[③]。21 世纪网在 2014 年测试向国家统计局和北京市信访局申请获取相关信息数据，其结果显示国家统计局回复所需时间是 30 个工作日，并且所获信息不完整，还需向地方政府相关部门申请。而北京市信访局在 30 个工作日没有回复后经电话沟通表示没有收到申请信息邮件，理由则是被当成垃圾邮件处理。[④] 有研究指出，目前中国政府信息公开出现“四多四少”现象：抽象的多、具体的少，即公开抽象性文件多，具体指导部门执行、公民办事的信息少；静态的多，动态的少，指信息更新不及时；一般的多、关键的少，即不少信息停留在工作报告总结、领导活动等一般信息上，而关键性、深层次的信息公开少，结果性信息公开多，过程性信息公开少；

① “三公经费”是指政府部门人员因公出国（境）经费、公务车购置及运行费、公务招待费。

② 具体统计数据，请参见中国政法大学法治政府研究院编《中国法治政府发展报告（2015）》，社会科学文献出版社 2015 年版，第 38—68 页。

③ 魏礼群、汪玉凯主编：《中国行政体制改革报告（2016）》，社会科学文献出版社 2016 年版，第 206、207 页。

④ 赵忆宁：《大数据与政府信息开放》，《21 世纪经济报道》2014 年 7 月 10 日。

事前告知多、事后反馈评价少。[①] 北京大学公众参与研究与支持中心长期致力于对政府信息公开的评估分析，新近发布的《中国行政透明度观察报告（2014—2015）》显示中国政府整体透明度仍未达标，从中央部门到县级政府平均得分均不及格（见表3—1）。[②]

表3—1　　中国政府透明度　　单位：%

项目＼测评对象	中央部门	省级	市级	县级
基础配套	42.9	60.1	51.4	39.7
主动公开	48.6	59.7	47.7	29.8
依申请公开	69.1	64.8	38.8	21.6
监督与救济	16.7	43.6	37.9	16.1
总平均分	48.9	58.7	44.0	25.5

有些制度还停留在形式化层面甚至出现了异化，如一些地方的新闻发言人制度并没有真正起到促进资讯披露，保障知情权的目的，相反成了政府维护自身形象，控制信息传播的工具。以上海市为例，在周正毅案、上海房地产专案八成违规、上海房地产泡沫等事件的披露上来看，新闻发言人更多的是站在政府的角度为政府辩护，控制公众言论，而不是为了更详尽地披露相关的信息。[③]

三　行政文化

政治学原理告诉我们，政治心理是政治行为的中介环节，影响着人们政治行为的内容、方向和方式，政治行为是政治主体的政治意识的外在表现。政府作为重要的政治主体，其回应行为受政府的观念意识影响极大。而决定政府的观念意识的主要是行政文化。就政府回应而言，制

① 李瑜青等：《政府透明度的法律规制研究》，《政府法制研究》2015年第6期。

② 北京大学公众参与研究与支持中心：《中国行政透明度观察报告（2014～2015）》，转引自 http：//www. zhongguofazhi. org/content_ 3155999_ 1. html。

③ 肖爱民：《为何喻国明教授担忧新闻发言人制度成为舆论控制工具?》，《亚洲时报》2003年12月24日。

度固然是一种动力，但文化的作用更为重要。只有当政府工作人员形成了对制度和组织的自觉服从、使命感和价值信仰时，制度的运转才能保持稳定和持久；只有政府工作人员将服务公众真正作为自己的行动指南时，政府回应才会获得持久的动力。

行政文化是政治文化的一个分支。行政文化是“关于一切公共行政活动的行政意识观、行政价值观、行政道德观和行政心理倾向等的总和”，包括人们的行政观念、行政意识、行政思想、行政价值、行政道德、行政原则和行政传统等。① 行政文化是行政体制的深层结构和隐形结构，是行政管理的灵魂。行政文化通过塑造行政人员的思想意识影响着行政实践。一种行政文化稳定和持久发挥作用的途径是塑造出合乎公共行政要求的行政人格。具体来说，行政文化对行政人员的行为有如下作用：一是导向作用，为行政人员提供一定的行为模式和价值取向；二是约束作用，行政文化会通过行政伦理和行政习惯形成对行政人员有约束作用的行为规范。

有学者借鉴企业文化层次的分类方法，将行政文化主要分为四个方面：理念层、制度层、行为层以及物质层。综合看来，我国行政文化的发展有着其独特之处，如理念元素涵盖古今中外、各级行政制度文化层次分明、整个行政系统文化呈现纪律严谨等特点。与此同时，它也有着相当大的缺陷和不足，主要表现在科学性不足、互动性不强、渗透力度弱、渗透效果差等（具体内容和问题详见表3—2）②。

表3—2　　我国现行行政文化层次分析情况汇总

层次类型	内容	问题
理念层	传统文化精髓、马列主义、毛泽东思想、中国特色社会主义核心理论、国外先进理论元素等	涉猎面广 内容丰富 未形成体系

① 李芸：《行政理论视角下的行政文化建设》，《内蒙古农业大学学报》（社会科学版）2007年第6期。

② 郭劲光、尹云龙、马子竣：《层次化视角下我国行政文化的构成性分析与问题研究》，《理论界》2015年第12期。

续表

层次类型	内容	问题
制度层	全国人民代表大会体制性的中央行政体制、中央行政机关对地方各级行政机关的领导关系以及地方各级行政体制	层次分明 规则性强 科学性有待提高
行为层	行政系统内部行为、行政系统与公民社会之间的行为、行政系统与其他社会系统之间的行为	“理念—行为”脱节 活动形式多样 互动状况欠佳
物质层	行政工作环境、行政系统建筑、行政单位形象建设、宣传广告、行政统一标识等	内容广泛 形式正规 灵活性欠佳

笔者认为，行政文化是特定的社会历史时期中的一般文化、社会心理以及行政体系赖以建立起来的特定思想体系在行政人员身上造成的心理积淀。具体到当代中国而言，行政文化受到传统文化和意识形态的极大影响。一方面，当代中国行政文化表现出许多负面特征，如保守性与封闭性的根深蒂固，拒绝吸收外来文化；官僚主义盛行使行政人员特权思想滋长；过度追求共性至上而忽视人权的自然权利说；人治观念的承袭，忽视法律依据。[①] 另一方面，社会主义的集体主义价值观为行政人员提供了根本的信仰观念和价值取向，要求行政人员树立公仆意识、服务意识、责任意识和无私奉献精神，它致力于塑造社会主义行政人格，对行政人员的行为有很强的导向作用和约束作用。

行政文化对当代中国政府回应的影响是非常明显的。政府回应性的高低与政府工作人员的思想观念、信仰觉悟、道德品质、工作作风有非常密切的关系，尤其是在职能性政府回应的过程中，由于与公民直接打交道的政府一线公务员的形象事实上就代表了公民眼中的政府形象，因此，这些一线行政人员的表现直接反映了政府的回应性程度。实践证明，凡是行政人员精神风貌和工作作风较好的地方和部门，其回应性也较高，反之亦然。如果考虑到当代中国行政体制的因素，考虑到行政领导人在

① 郭聪华：《传统行政文化的针砭与解弊》，《厦门特区党校学报》2004 年第 6 期。

政府回应过程中的关键性作用，那么就会发现，行政文化对政府回应的推动作用的确是巨大的。因为行政文化所塑造的领导人格在很大程度上决定了领导人的行为。因此，对于当代中国来说，培养行政人员尤其是领导人员确立正确良好的伦理道德理想目标并引导他们树立正确的伦理信念和价值观，是行政文化建设的一项重要内容，也是提高政府回应性的重要途径。要通过行政文化建设弘扬先进的行政理念，使行政人员成为高尚的道德模范，从而为政府回应提供持久稳定的动力。

小　结

政府回应的动力主要来自政府内外两个方面。来自政府外部的动力主要是政党、舆论和技术变革。在当代中国，政党尤其是执政的中国共产党是政府回应的主要动力。中国共产党对政府实行思想、政治、组织三方面的领导。具体表现为党在政府里设立与党内对口的管理意识形态工作的机构，对政府工作人员进行意识形态的灌输。党拥有政府对重大问题的决策权，在现实运作中，由于对重大问题的模糊界定，实际上许多政府事务都是在党的常委会上讨论决定的。对公务员队伍管理坚持党管干部原则，不仅政府的主要领导职位的人事权掌握在党的组织部门手中，而且对普通政府公务员也推行政治化。正是由于党对政府的强有力控制，使得党的意见成为政府积极执行的对象。

在当代中国，一个鲜明的政治逻辑是共产党和人民群众的政治关系优先于政府和人民的关系。在马克思主义看来，国家和政府是阶级政治的产物，是阶级矛盾不可调和的产物。中国共产党是工人阶级的先锋队，是中国无产阶级革命和社会主义建设的领导者和组织者。中国共产党首先是广大中国劳动阶级的代表，其次才是最广大中国民众的代表，它带有鲜明的阶级性。中国是工人阶级领导的、以工农联盟为基础的人民民主专政的社会主义国家。中国共产党在社会主义中国执政的合法性在于其对整个劳动阶级的领导性基础之上，而这种领导显然是基于共产党的权威和人民群众的衷心拥护才得以成立的。因此，党的阶级性和人民性是党执政的合法性的根本源泉，如果党脱离了人民群众、失去了人民群众的支持，就将失去执政的合法性。政府是共产党和人民群众致力于发展生产力、治理国家、谋求幸福、最终实现共产主义的工具。共产党必须比政府更加注意听取民意，更加走在时代的前列，也就是说，必须具有先进性，具有前瞻性的战略眼光。党要支持民众意见，着力于改善政府工作，在政府与民众发生冲突，应该站在民众的立场上。即使民众有不对的地方，也应该耐心地做思想政治工作，而不是借用政府的权力进行压制。

因此，从理论上讲，共产党是政府回应的最大动力源泉，但在实践中，由于党政关系过于密切，造成党的组织行政化，使党对政府回应的作用减弱。在有些情况下，一些地方党组织甚至站在民众的对立面，与当地政府一道成为压制民意的最大势力。

在当代中国，除了政党之外，对政府回应有巨大推动作用的当属公共舆论了。中国的公共舆论是反映民意的渠道，也是民意的主要载体。中国政府历来重视舆论的力量和作用。对于舆论反映出来的群众的要求和政府工作存在的问题，一贯主张积极听取和认真改正。中国政府非常重视舆论监督的功能，并积极支持舆论对政府及其工作人员进行监督。必须指出的是，与国外舆论不同，当代中国舆论不仅是民意的载体，而且是党和政府的思想阵地。党和政府也非常看重舆论对于提升自身合法性、改善自身形象、贯彻政策、教育人民的重大意义和重要作用。坚持政府对舆论的引导和管理，努力使公共舆论成为一个既能反映民意又能贯彻政策、既能监督政府又能教育民众的这样一种兼具自下而上和自上而下的双通道性质的领域。但在现实中，这两种功能常常发生冲突，而且结果常常以一种功能占主导地位。这样，舆论作为民意表达载体的功能就可能大打折扣，对政府回应的推动作用也就减弱了。

另外，新信息技术的应用也是当代中国政府回应的一大动力。新信息技术一方面改造了政府，为政府回应提供了全新的工具和方法，使政府有能力对公民要求更加敏感、反应更加迅速；另一方面提升了公民利益表达的能力，使普通网民拥有了前所未有的话语权，增加了社会和公民对政府回应的压力。新信息技术还搭建了政府回应的重要平台——电子政务。但由于体制障碍和利益藩篱，新信息技术对中国政府回应的积极影响不可过分高估。

政府回应的内部动力主要包括政府利益、政府内部制度、行政文化。政府利益是客观存在的，政府的自利性是政府回应的重要动力。这里的利益不仅包括物质利益，而且包括政府形象、政府声誉和政府合法性等。任何一个政府，都有自我维持和生存发展的需要。这就需要获得民众的认可，而这种认可主要就是通过政府对民意的积极回应得以实现的。政府部门也一样，有自己的形象和声誉。正因为此，针对政府各部门的民意测评让那些得分较低的政府部门挂不住脸面，从而产生积极回应民意、改进自身工作的强大动力。如果说追求形象、声誉、合法性是值得肯定和绝对正当的政府利益的话，那么相比较而言政府追求物质利益时就显得遮遮掩掩和底气不足了。但在现实中，一些地方政府对物质利益的追求却是非常的明目张胆。改革开放以来，随着市场经济的发展和全社会对物质利益的追求风尚，使得全心全意为人民服务的政府也不免滋生日趋强烈的自我利益观念。尤其是以发展经济为主要目标的当代中国，政府的趋利性非常明显。在一些地方，政府各部门包括那些与经济无关的部门如人事部门都有招商引资的指标。许多地方政府为了招商引资不惜乱给优惠政策，打造所谓的“亲商”政府，但对民生事业则很不重视，甚至常常侵犯民众的利益以满足招商的需要。在这种氛围之中，政府回应的不公平性就非常明显，政府往往对那些有钱有地位的公民的要求回应积极，对弱势群体的要求则不闻不问，甚至不惜采取打压措施。值得一提的是，当代中国还存在政府利益部门化、部门利益个人化的现象。这样一来，政府利益就完全成为不正当的了。

政府内部制度对政府回应行为的规范约束作用非常明显。它们促使政府公职人员采取行动。科层制所起的作用一是让自上而下的行政指令成为政府回应的一大动力，二是让那些负有相关责任的政府公职人员履行自己的责任。政府公开制度使得政府的行为在阳光下进行，更容易得到民众的监督，因此也促进了政府的回应。程序性办事制度是政府工作人员具体行为的准则，按章办事的依据。合理便捷的办事流程是推动政府回应的有利因素。就当代中国政府回应而言，政府内部制度不完善尤其是责任制、政务公开制度的不完善是影响政府回应的主要障碍。近年来，各级各地政府在这些方面做了诸多努力，取得了积极成效。

行政文化是政府回应的精神动力。政府的回应行为是行政文化的产物。尤其是政府工作人员的精神风貌、政治素质和道德品格的对政府回应行为有重要的影响。对于当代中国政府回应而言，由于中国的人治传统根深蒂固，因此行政文化对政府回应所起的动力作用就更为显著。从实践中不难发现，政府及部门领导人的思想意志往往是政府回应的关键性动力。领导人的表率带头作用也非常明显。只要领导重视，政府及各部门的回应性就强。对于职能性回应而言，街头官僚的思想作风则具有决定性影响。

总的来看，当代中国政府回应的动力不足。首先，外部动力单一。政府回应的外部动力主要是执政党。在国外，民众除了通过政党来表达意见外，还可以通过众多的社会组织和利益团体来向政府施压。在当代中国，公民社会还在成长之中，社会组织的力量非常薄弱，大部分社会组织都具有半官方性质，受到政府的管制。公共舆论本来是政府回应的最大动力，但在当代中国，由于公共舆论受党和政府的管理，在很大程度上是党和政府的喉舌，其监督政府的作用受到很大削弱。虽然执政党对政府的控制很强有力，但党政关系的过分紧密也影响了政党对政府回应的推动作用。其次，内部动力主要来自领导人的作为，人治色彩浓厚。以利益为动力的政府回应行为往往是不公正的，政府利益实际上往往成为政府回应的阻力。行政文化受传统文化的影响很大，造成意识形态的承诺往往不能兑现。

第四章

政府回应过程之一：被动回应

被动回应是政府回应的基本形式，相对于主动回应来说是低级形式。通常情况下，公民先向政府提出要求，然后政府再做出回应。根据公民要求的性质不同，可以将被动回应分为职能性回应和诉求式回应。职能性回应的客体是在非常明确的政府基本职能范围内的公民询问和申请。常见的这类公民询问和申请如身份证办理、计划生育有关证件的办理、各种许可证、牌照的办理以及社会保障金和救济物品的申请等。职能性回应涉及的事情非常琐碎，但却是公民与政府打交道最为频繁的领域，是反映政府形象的窗口。诉求式回应的客体是公民在遇到个人无法解决的问题和困难时或者利益受到侵害时或者对政府的工作和服务不满意时向政府部门提出的比较强烈的要求。诉求式回应是最为典型的政府回应形式，一般情况下人们所说的政府回应都是指诉求式回应。在公民对街头官僚的回应行为不满时，职能性回应往往会引发诉求式回应。

不论是职能性回应还是诉求式回应，作为被动回应有着同样的过程。这个过程可以分为三个阶段：公民提出要求，政府做出回应，公民反馈。当然，回应的过程往往不是一次性和直线性的，许多时候是多次互动和循环往复的过程。

第一节　公民要求的表达

公民提出要求是被动回应的逻辑起点，也是现实直接动因。公民要求的内容、方式、提出要求公民的地位都影响着被动政府回应的方式和效果。就职能性回应而言，公民要求表达比较简单，就是直接向政府单位提出申请即可。职能性回应的机制和过程比较简单。公民到政府相关部门提出申请，然后由这些街头官僚来办理。办事流程的设计科学与否、是否便捷、是否公开透明都是需要考虑的因素。就当代中国而言，职能性回应的表现并不佳，多少年来，群众反映的“门难进、脸难看、事难办”就是当代中国职能性政府回应的真实写照。不过，与此同时，近年来出现了令人高兴的变化，如各种行政服务中心、行政服务大厅、便民窗口的建立，“一站式服务”“流水线作业”“流程再造”“电子政务”“服务承诺制”的实行，都不同程度改善了职能性政府回应的状况。所以，下面讨论的主要是诉求式回应。

一　不同公民的不同要求

公民的地位直接影响其提出问题的方式和策略，也影响政府是否做出回应以及做出什么样的回应。由于地位方面的原因而难以得到有效回应的情况很常见。地位在接触政府过程中的重要性被概括为一种通俗的说法：重要的是“认识合适的人们”。但是，接近政府似乎涉及很多的关系。个人或集团在社会的实际结构或形式结构中的地位，可能决定其是否能够找到“合适人物”，当这些人物被找到后，决定应该采取哪种接近他们的途径。[①]

在社会中，公民是分为不同阶层的。尤其是在当代中国，改革开放以来社会利益结构出现明显分化，以前的“两大阶级、一个阶层”已不再能够涵盖今天的社会阶层状况。不论学者们如何划分今天的社会阶层，由于社会转型尚在进行，可以预见，未来中国社会还会发生进一步的阶层分化与组合。划分公民阶层的主要标签是职业、财富和知识。就职业来讲，一个军人和一个商人提出诉求的方式和策略肯定是不同的；就财富而言，富人和穷人提出诉求的方式策略也会不同，政府对他们的回应也很可能会不同；就知识程度而言，知识程度高或有某方面专业知识的人与知识程度低或无专业知识的人提出诉求的方式策略以及获得的回应

① ［美］D. B. 杜鲁门：《政治过程：政治利益与公共舆论》，陈尧译，天津人民出版社2005年版，第289页。

结果肯定也是有差别的。最有说服力的例子是郝劲松多次诉政府部门。郝劲松是一名法学硕士，因此权利意识比较强，又会使用法律作为维权的武器，从 2005 年夏天开始，他先后 7 次将国家税务总局、北京地铁运营公司、北京铁路局告上法庭，原因是在火车上购物和地铁如厕时未能要到发票。2006 年郝劲松又以铁道部春运涨价违法的理由将铁道部告上法庭。他因对“打破行业‘霸王条款’起到了一定作用”而入选“2006 年构建经济和谐十大受尊崇人物”。尽管有些诉讼未能成功，但给被诉部门施压了巨大压力，被诉部门在不同程度上对自己的行为做出了调整。但总的来看，当代中国大部分公民收入较低、文化水平普遍较低、自身素质不高、信息来源与交流不多、对法律知识了解较少，普遍缺乏参与意识、自主意识和利益表达意识，利益表达活动缺乏自觉性。①

公民所提要求的内容对政府的回应表现也有很大影响。阿尔蒙德曾提出环境对政治系统的六种要求：关于产品和服务分配的要求，关于行为管制的要求，关于增税或减税以及对其他形式的资源提取的要求，关于传递信息的要求，关于参与政治过程的要求，关于加强社会安定和秩序，减少暴力和冲突的要求。② 关于中国公民对政府的要求，可以参考公民信访的情况。根据全国人大信访部门的统计，当前民众反映比较突出的主要是五大问题：一是涉法涉诉类信访量居高不下，比较集中的是不服法院判决和执行难问题，80% 以上的来访都是这一类问题；二是企业重组改制、劳动和社会保障方面的问题反应强烈，涉及企业离退休人员待遇、企业拖欠职工工资、下岗职工就业等问题的来信陡增；三是农村土地征用问题仍然比较突出；四是城镇房屋拆迁问题的来信量持续上升；五是控告公、检、法部门及其工作人员滥用职权、以权谋私和农村干部违法违纪。③ 有学者利用大数据方法分析 2006—2014 年上半年网络问政

---

① 一项对贫困群体利益表达情况的调查表明，在自身利益受到侵犯时，没有进行利益表达的人的比例高达 57.6%。参见陈映芳《贫困群体利益表达渠道调查》，《战略与管理》2003 年第 6 期。

② ［美］阿尔蒙德：《比较政治学：体系、过程和政策》，上海译文出版社 1987 年版，第 11—12 页。

③ 《上半年涉法涉诉信访占八成　三类信访成重点》，http：//news. anhuinews. com/system/2005/09/26/001359874. shtml。

平台人民网“地方领导留言板”21 万网民发帖以考察网络空间中公民诉求的议题关注，发现主要有 13 类议题：农村农业、就业、贪污腐败、企业事务、市政建设、交通、教育、环境保护、拆迁征地、社会治安、医疗卫生、文化娱乐和其他议题。总的来看，经济发展类议题（交通、就业、企业和文化娱乐）的关注度最高，86.9% 的网民发帖涉及该议题，民生福利类议题（环境保护、医疗卫生、教育和社会治安）次之，63.8% 的网民提出相关诉求，关注国土建设类（拆迁征地、市政建设）、农村类和贪腐类议题的帖子也分别占 1/3 左右（议题的发帖量及比例见表 4—1）①。

表 4—1　　　　公民诉求的议题关注分布

议题	征地拆迁	市政建设	环境保护	医疗卫生	教育	社会治安	农村农业
发帖量（条）	32235	50706	35473	24678	44277	31380	69277
百分比（%）	15.13	23.81	16.66	11.59	20.79	14.73	32.53
议题	交通	就业	企业事务	文化娱乐	贪污腐败	其他议题	
发帖量（条）	44291	68303	58022	14466	62852	11757	
百分比（%）	20.8	32.07	27.24	6.79	29.51	5.52	

笔者认为，按照内容不同，公民的诉求基本可以分为求助类、维权类、求决类、控告类、参政类五大类。求助类诉求是指公民遇到自身无法解决的困难，请求政府提供帮助。这些困难有的可能是政府造成的，如国有企业下岗工人的失业和生活困难问题。维权类是公民自身的权益已经受到或即将受到政府及有关部门的侵犯，要求政府纠正或者给予适当的补偿或者合理的说法。这两类诉求往往涉及的是公民的具体利益和经济社会权利。参政类诉求是公民对自己政治权利的一种要求。这涉及公民的政治权利。求决类诉求是指公民请求政府来裁决自己和其他公民或组织的矛盾纠纷。控告类诉求是指公民对有关政府部门及其工作人员做出的检举控告。这两类诉求在国外一般是司法领域得到解决的，因此

① 孟天广、李锋：《网络空间的政治互动：公民诉求与政府回应性——基于全国性网络问政平台的大数据分析》，《清华大学学报》（哲学社会科学版）2015 年第 3 期。

阿尔蒙德的六种要求不涵盖这两项。在信访所反映的五类公民要求中，第一类属于求决类诉求，第二类属于求助类诉求，第三、四类属于维权类诉求，第五类属于控告类。一般而言，求助类的诉求容易为政府所接受，也容易得到回应和满足。如下岗失业问题和社会保障问题，本身就属于政府主持的改革的重要内容，政府会出台各种措施加以解决。维权类诉求和控告类诉求则因牵涉政府及其工作人员的利益，因而在现实中要得到有效回应往往会遇到颇多周折。求决类诉求也很可能遇到政府的不公回应，尤其是公民与企业出现矛盾纠纷、而相关企业与政府又有利益联系时，政府往往就会偏袒企业，使公民的正当诉求受到挫折甚至压制。云南孟连“7·19”事件就属于这种情况，地方政府片面维护企业与自身利益，漠视农民的权利要求与利益诉求，将损害群众利益当作增加企业与政府利益的前提。另外，涉及具体利益的诉求比涉及经济社会权利的诉求要容易得到政府的有效回应，涉及政治权利的诉求则最不易得到政府的回应。

从公民的要求内容来看，许多要求实际上是应该通过其他途径得到解决的，如司法途径和社会团体，但由于司法的不力和社会团体的孱弱及不独立性，造成公民的诉求和各种矛盾集中于政府。另外，家长制和清官情结等政治文化传统的影响和行政主导的政治体制的特点，都使得民众认定找政府是解决问题的根本之道。

二　公民表达的渠道

从功能主义角度来看，公民提出要求的过程实际上就是利益表达的过程。既然如此，公民提出要求首先就有一个利益表达渠道的问题。当代中国的利益表达渠道可以分为两大类：一类是制度性利益表达渠道，一类是非制度性利益表达渠道，也称为强制性利益表达渠道。非制度性利益表达渠道是在制度性利益表达渠道走不通或不见效，或者由于某种特殊因素作用的条件下产生的一种非常规的利益表达途径。其主要方式是游行、示威、罢工、集会、骚动、暴乱等。

制度性利益表达渠道可以分为间接和直接两种。间接的制度性利益表达渠道是通过一定的政治结构如政党组织、人大代表、政协委员、一些社会组织、基层自治组织、大众传媒等向政府权力中枢表达自己的要求。直接的制度性利益表达渠道在当前中国主要就是指信访制度以及作为其补充形式的市长热线、领导接待日、政府网站等。按照政治学常识，间接性的制度性利益表达渠道应该是公民利益表达的主要方式，原因很简单：一是借助于中介的公民诉求会更具有可操作性、更有影响力，二是公民直接接触政府权力核心存在许多困难，而且效果往往并不好。但在中国，恰恰是直接的制度性利益表达成为公民利益表达的主要方式。据调查，从 1987 年到 1999 年，在中国公民最常用的几种利益表达渠道（包括单位领导、群众团体、政府部门、报社电视台等、通过私人关系、人大代表）中，实际选择人大代表表达不满的公民比例从 11% 下降到 5%，选择媒体表达不满的公民比例虽从有所增加，从 5% 到 10%，但总体比例还是很小，而与此同时，实际选择直接找政府部门表达不满的公民比例从 37% 增加到了 54%。①

为什么中国直接性的利益表达渠道受欢迎？原因与中国的政治社会结构有关。秦晖认为，中国自古以来是一个大共同体本位的社会，孙立平认为，新中国成立以来中国是一个总体性社会，但其实他们都认为中国是强国家弱社会的这样一种政治社会结构。社会力量弱主要表现为社会组织不发达，公民与国家或政府打交道往往只能采取个体性的方式，而缺乏制度化的组织性手段。孙立平对这种直接性利益表达与政府回应的关系有精彩的论述：国家与民众的直接互动，一方面使得个人把自己的成功幸福归于国家，但另一方面把自己的一切不如意也归于国家。缺乏以精英为中介的间接互动，老百姓频频与国家打交道，形成了国家和民众直接冲突的条件。“由于缺乏民间统治精英的中介，会大大增加民众与国家直接冲突的机会，并会使任何由于较次要问题引起的不满和冲突都带有一种很强的政治性。而且，虽然从表面上看来，国家与民众间的互动经常而频繁，但两者之间却缺少真正制度化的沟通渠道。这就造成两层社会结构中国家对民众要求做出反应的迟钝性。在这种结构中，由于缺少精英的作用以及其他相应的条件，民众要求的凝聚、明确化和表达极为困难，即使在大规模抗议中集中表达出来的要求，也明显缺乏可

① ［美］唐文方（Tang，W. F.）：《中国民意与公民社会》，中山大学出版社 2008 年版，第 117 页。

处理性，因而与政策决策的层次相差很远。由此，人们也就可以理解，为什么历次民众抗拒运动的冲击强度很大，而建设性因素却很少。”①

另外一个原因，就是与改革开放以来，与计划经济相适应的“单位制”的衰落有关。在1987年和1999年的调查中，实际选择通过单位领导表达不满的公民比例从43%下降到了26%。② 这表明，在改革开放前，单位是公民和政府发生关系的主要中介，而单位制的衰落，使政府直接面对公民的机会大大增加了。

可见，选择直接的制度性利益表达渠道并非公民所愿，而是因为间接性的制度利益表达渠道在现有的制度环境下难以发挥实质性作用。李景鹏曾对中国公民为何不用利益集团方式表达做出过精彩的解释：“我们在实际调查中发现，许多市场主体在表达促使自己的利益实现的时候往往并不以利益集团的模式去行动，而是以个体为单位用直接影响甚至收买官吏的办法来达到实现利益的目的。致使行贿受贿到处风行，官吏腐败比比皆是。由于这种影响政府的方式是个别进行的，因而是排他的，没有其他人‘搭便车’的可能。造成这种情况的原因可能有两个方面：一个方面是人们的集团意识可能还比较薄弱；另一方面更大的可能则是社会和政治的环境还不能为利益集团表达利益提供比较通畅的途径。另外作为非市场主体的一般公民，其表达利益的方式事实上也是以个体的行为为主。因为中国的法律对于公民的集体性的利益表达行为，如游行示威、罢工等等实际上是禁止的。所以，在一般情况下，公民也很少以利益集团的模式来行动。当他们的利益受到损害的时候，他们表达利益的方式往往是：给有关的领导写信，向有关部门举报，打市长电话，到信访办公室申诉，向报社、电台、电视台投诉，通过媒体进行曝光，以及通过人民代表和政协委员形成提案，等等。但是许多人仍然感到有意见却没有通畅有效的途径进行反映。尽管如此人们却很少采取集团的形式直接向政府表达利益。上面这些情况说明，利益集团的产生除了经济

---

① 孙立平：《转型与断裂——改革以来中国社会结构的变迁》，清华大学出版社2004年版，第181页。

② ［美］唐文方（Tang，W. F.）：《中国民意与公民社会》，中山大学出版社2008年版，第117页。

条件之外，还需要其他一些必要的条件，而其中最关键的是要有能够容纳它的政治结构。这样一种政治结构能够赋予利益集团现象以合法性，并为它提供多种通畅而有效的利益表达的途径。而这必定是一种多元民主的政治结构。这是利益集团现象能够产生并能正常运作的最重要的条件。然而中国的政治结构却恰恰相反，是一个一元性的政治结构。这样一种政治结构一般地说是不能容纳利益集团现象的。也就是不可能允许各种利益主体以利益集团的方式直接对政府施加影响的。这样便造成一种两难境地：凡是合法的利益表达方式都是无效的（相对地说），凡是有效的利益表达方式都是不合法的（如所谓集体闹事和贿赂官吏）。这种两难状况说明，在中国经济的必然性和政治的结构发生了矛盾，这种矛盾一方面扭曲了利益集团现象，另一方面又加剧了政治的腐败。”①

但从实际情况来看，直接的制度性利益表达渠道也并不畅通。以信访制度为例，信访制度的设计主要是为了高层联系群众、了解民意的需要，行政救济的功能是次要的。因此国家信访机构在接到上访材料后，一般情况下是将其发回到地方，要求地方政府落实处理。一旦发生越级上访、集体上访和重复上访，则要求基层尽快将上访者领回当地处理。这势必使地方和基层政府组织截访成为公开的秘密，访民最终还是得重新与其所诉愿的政府打交道。因此，信访的效果并不好，根据于建嵘的研究，经由上访而获得解决的问题只占上访总数的千分之二。② 由于直接的制度利益表达的效果不佳，在现实中这种直接的制度性利益表达往往极易演变为强制性利益表达。

在当代中国，由于经济社会正在转型，社会利益分化和失衡现象日益显著，这个过程中产生了大量的混乱和漏洞，原有的利益表达渠道越来越难以满足民众利益表达的需要，使得人们感到其不满无处可诉。据有关调查显示，1999 年感到无处可诉的人的比例比 1987 年有所增加。③由此产生的后果就是非制度性利益表达行为越来越频发，具体表现有：在政府机关及主管部门门前聚集、静坐、请愿，集体上访，游行示威，

① 李景鹏：《中国现阶段社会团体状况分析》，《唯实》，1999 年，第 8—9 页。

② 赵凌：《信访改革引发争议》，《南方周末》2004 年 11 月 18 日。

③ ［美］唐文方：《中国民意与公民社会》，中山大学出版社 2008 年版，第 115 页。

非法举行集会游行，围堵和冲击党政机关，甚至打伤政府工作人员等。但其中许多行为的性质具有模糊性，不能简单地认为就是非法的。[①] 近年来，施压性集体行动有日益增多趋势。“以集体上访为例，2000 年，全国 31 个省（区、市）县级以上党政信访部门，受理的群众集体上访批次、人次分别比 1995 年上升 2.8 倍和 2.6 倍。2000 年，国家信访局受理的群众集体上访批次和人次，分别比上年上升 36.8% 和 45.5%。2001 年，同比又上升 36.4%，和 38.7%。同时，施压性集体行动的强度也不断提高，而且有些群体往往选择重大政治活动（如人大、政协召开两会期间）和重要节日进行这类行动，以便形成更大的社会影响力。”[②]

非制度利益表达的典型表现是群体性事件。根据 2005 年的《社会蓝皮书》披露，从 1993 年到 2003 年，中国群体性事件数量已由 1 万起增加到 6 万起，参与人数也由约 73 万增加到约 307 万。2013 年《社会蓝皮书》指出，中国近年来每年发生的群体性事件多达数万起，甚至十余万起。中国人民大学毛寿龙教授认为，“群体性事件发生的根本性原因在于个人无法找到协商机制和利益维护机制”[③]。

事实上，在党政主导的政治体制下，当代中国的利益表达渠道单一，基本上仍然是单通道的利益表达制度。表面看来中国公民利益表达渠道很多，但实际上只有中国共产党的利益表达渠道具有决定性意义，其他利益表达渠道大都要经过党的利益表达渠道才能进入决策中枢。这在客观上决定了其他利益表达渠道功能有限，人民群众难以有效地通过这些制度表达自己的利益。有关调查也表明，在当代中国的实际生活中，大部分民众并不是感到无处可诉，也不是害怕打击报复，而是觉得“说了

---

① 对社会冲突颇有研究的于建嵘根据参与者的身份特征及事件发生机制、发展逻辑及社会后果等方面，把目前的群体性突发事件分为四大类，即维权抗争、社会纠纷、有组织犯罪和泄愤性质的社会骚乱。他认为，“对于前三类均有所研究，产生了一些较有影响的理论成果，但对社会骚乱的研究，还没有引起足够的重视。有些学者特别是西方学者，把中国所有群体性事件都称为社会骚乱，这显然是不准确的”。《转型时期如何应对群体性事件》，http://user.qzone.qq.com/622007986/blog/1215066617。

② 程浩、黄卫平、汪永成：《中国社会利益集团研究》，《战略与管理》2003 年第 4 期。

③ 《群体性事件震动中国》，来源：http://qzone.qq.com/blog/622006595 - 1227498681，摘自《国际先驱导报》2008 年第 88 期。

也没有用"[①]。这就表明，中国民众存在着很强的政治冷漠感。据有关调查显示，大部分处于社会弱势地位的公民在有利益诉求时并不选择去向政府表达。这说明政府对已接到的公民诉求的回应性也是比较差的，挫伤了公民的积极性。正如被称为"最牛博客市长"的吉林省四平市副市长李鸥质疑杭州市"市长信访联络员制度"的实效性时所说的："现在政府缺乏的不是听取信访人诉求的机制和渠道，而是缺乏真正研究处理的机制和做法。"[②]

三　公民表达的策略

不论利益表达渠道的状况如何，公民提出要求的目的是获得政府的回应。由于对政府行为缺乏有效监督，公民在政府的消极无为面前无可奈何。为了确保这一点，在运用制度性利益表达渠道时，公民实际上还采用了一些策略。这些策略或许是非法的，但在当代中国却是极为盛行的潜规则。主要有以下几个方面：

1. 贿赂，一些公民往往通过请客送礼、拉关系、走后门以至贿赂政府官员，使之成为自己的代言人。

2. 个人关系。即利用家族血缘、同学情谊、老乡情结和其他社会关系等为纽带，直接接触相关决策者。这是中国公民最常用、最直接、最有效的影响方式。与国外相比，中国人更倾向于采取非正式的游说或借助私人关系而不是正式渠道来解决问题，关系网是个人表达权益诉求和失业成功的关键。

这两种策略往往是交织在一起的。政府寻租和人情行政在这里表现得最为充分。本来是属于政府"分内"之事的回应成了政府寻租的工具。当然首选的方式是找熟人托关系。一般情况下不用花钱就能把事办妥。一些收费性的项目还可能因熟人而减免。若是没熟人，就只好送礼。

通过这两种策略，公民可以接触党代表、人大代表、政协委员、政

---

① 《群体性事件震动中国》，来源：http：//qzone. qq. com/blog/622006595 - 1227498681，摘自《国际先驱导报》2008 年第 88 期。

② 《副市长李鸥质疑"市长信访联络员制度"》，http：//politics. people. com. cn/GB/113795/7565938. html。

府成员或集团内有广泛社会影响力的成员，让其成为自己的代言人；或直接接触主管部门及其领导，他们既可以通过批示、批复、召开现场会、协调会、列入会议议程等形式，也可以通过“打招呼”“写条子”等非正式形式回应利益诉求。然而，这两种策略主要是富人在运用。

对于弱势的穷人而言，一些公民申请要求最后也是能够得到回应的，但就是让当事人费时费力，满腔愤怒，忍无可忍。有的人忍不住来横的，反而会收到奇效，主要原因是政府理亏。可见，公民个人性格有时也与政府回应有关。但公民的许多诉求在制度性利益表达渠道下往往难以得到政府有效回应。他们的选择只有两种：要么干脆不表达自己的要求，要么就选择非制度性利益表达渠道。正如阿尔蒙德所说，“在贫富差距巨大的社会里，正规的利益表达渠道很可能由富人掌握，而穷人要么是保持沉默，要么是采取暴力的或激进的手段来使人们听到他们的呼声”①。

在运用非制度性表达渠道时，由于公民和政府处于一种对抗性状态，公民的行为极有可能被政府认为是非法的从而导致政府对公民采取强制措施。在这种情况下，公民与政府“做斗争”不仅要斗勇，更要斗智，策略显得非常重要。以上访为例，上访群众总结出一个规律：大闹大解决、小闹小解决、不闹不解决。在不违法的前提下为了引起重视，上访者经常采取的策略有：在信件和材料中将反映的问题夸大、冲撞和拦截领导人车辆、在重大节日或重要会议或外国重要领导人来访期间出动、以组织化的形式集体上访、极端化的方式如在国家机关门口静坐、下跪、哭闹，乃至自残、自杀②，甚至攻击公务员，砸公务用车，揭机关的牌子等。公民采取策略的目的很明确，既要达到向政府施压的效果，又讲求不触底线、理性维权。

在当代中国，大多数组织化的公民行动都是自发的，而不是自觉的。这从许多群体性事件中可以看出。当然，随着社会利益结构的分化，公民与政府的博弈常态化，开始出现了有组织的公民集体行动。应星曾提

① ［美］阿尔蒙德：《比较政治学：体系、过程和政策》，上海译文出版社 1987 年版，第 230 页。

② 据《京华日报》2003 年 9 月 19 日报道，安徽一农民 9 月 15 日因拆迁问题在天安门金水桥前自焚。

到这样一些农民，他们表达利益诉求时运用“草根动员”机制。所谓草根动员，是指底层民众中对某些问题高度投入的积极分子自发地把周围具有同样利益、但却不如他们投入的人动员起来，加入群体利益表达行动的过程。底层民众中那些发起动员的积极分子就是所谓的草根行动者。他们本身就是利益的受损者，其保安全的私心与代民言的公心是缠绕在一起的，他们在发动群体行动时必须精心组织、遵守“踩线不越线”的行动策略，而且还要把握好达成妥协和结束群体行动的适当时机。草根行动者所进行的草根动员，使农民群体利益表达机制在表达方式的选择上具有权宜性，在组织上具有双重性、在政治上具有模糊性。草根动员既是一个动员参与的过程，同时也是一个进行理性控制并适时结束群体行动的过程。①

3. 借助舆论

舆论是政府回应的重要动力。在当代中国，舆论既是党和政府的喉舌，也是人民的喉舌。公民在得不到政府相关职能部门的回应的情况下，往往会转而寻求舆论的支持。一般而言，他们会向传统的媒体如报纸、广播、电视台等反映自己的情况。尽管在中国媒体受到政府的管制，但它们还是有自己的运作空间的，他们一般会考量具体的情况后再审慎做出决定，当然，也有一些敢于为民代言的媒体和记者，他们颇有勇气，乐意帮助公民表达诉求。重庆“最牛钉子户”女主人就非常善于利用舆论宣传自己的诉求，并借此对政府施压。她自 2007 年 3 月 21 日以来的每一个下午，总是按时出现在工地现场，面对众多记者侃侃而谈，也就是每日召开被拆迁方的新闻发布会，而当地政府有关部门没有积极对有关事实进行澄清，结果导致高达 86% 的网民支持钉子户的维权行为。②

与传统媒体相比，互联网给公民诉求提供了更为自由的舆论空间。有学者指出：“进入大数据时代，网络成为公民表达政治意见、政策偏好的新生空间。众所周知，网站、博客、微博等网络化平台成为公民表达

① 应星：《草根动员与农民群体利益的表达机制》，《社会学研究》2007 年第 2 期。

② 曹建华：《提高应对突发事件的能力——关于“最牛钉子户”事件的思考》，http://www.zgwj.gov.cn/gbjykt/xxjl/showinfo.aspx?infoid=63eadbda-f267-438d-99d9-257b34121427&categoryNum=0806&siteid=1。

政治观点、态度和政策偏好的重要载体。公众通过网络渠道表达自身诉求相比于正式渠道有着极大的优势：第一，网络空间具有开放性，为创制政治议题提供了条件。虽然有学者强调中国政府对网络实施严密的审查，但是网络渠道仍是报道社会敏感问题最有潜力的媒介，网络传媒也通过对标题、内容等编辑吸引公众注意，在议题创造和议程设置上意义重大。第二，网络空间便捷和廉价的特性有助于提高公众政治参与。匿名发言为公众参与政治过程提供了技术支持，网络社群助力社会信息的即时传播，参与成本的降低也有助于扩大参与政治的范围。”他对2006—2014年上半年全国性网络问政平台——人民网“地方领导留言板”的运行情况进行分析后发现，自2006年以来网民向各省市区书记和省长发帖表达诉求得到迅猛发展（见表4—2）①。

表4—2　　网络问政平台公共诉求数量的年度分布

	书记（条）	百分比（%）	省长/市长/主席（条）	百分比（%）	合计（条）
2006年	98	66.2	50	33.8	148
2007年	427	69.7	186	30.3	613
2008年	11 222	71.7	4 438	28.3	15 660
2009年	18 584	71.6	7 355	28.4	25 939
2010年	21 132	67.8	10 043	32.2	31 175
2011年	18 754	62.5	11 264	37.5	30 018
2012年	21 311	64.7	11 608	35.3	32 919
2013年	27 317	63.2	15 875	36.8	43 192
2014年上半年	22 773	68.3	10 548	31.7	33 321
总计	141 618	66.5	71 367	33.5	212 985

同时，中国政府对网络民意日益重视。2008年6月20日，前国家主席胡锦涛视察人民日报社时，做客强国论坛和网友面对面交流，表示“通过互联网了解民情、汇聚民智，是一个重要的渠道”，充分肯定了网

① 孟天广、李锋：《网络空间的政治互动：公民诉求与政府回应性——基于全国性网络问政平台的大数据分析》，《清华大学学报》（哲学社会科学版）2015年第3期。

络民意的合法性。2016 年 4 月 19 日，习近平总书记在网络安全和信息化工作座谈会上明确指出：各级党政机关和领导干部要学会通过网络走群众路线，经常上网看看，了解群众所思所愿，收集好想法好建议，积极回应网民关切、解疑释惑。有学者抽取天涯论坛 2008 年 2 月 1 日的 73 条帖子及其回帖，将帖子分为理性回帖、分析性回帖、争论性回帖以及批评性回帖，并且通过反应时间、处理时间、处理结果三个指标观察这些发帖及回帖，发现中国政府面对网络意见反应时间降低，处理时间缩短，显示出政府回应性不断增强的趋势。①

借助媒体成功获得政府回应的具有代表性的案例是 2003 年的“孙志刚事件”。2003 年 3 月 17 日，27 岁的湖北大学毕业生孙志刚，被广州黄村街派出所转到收容站之后，在收容站遭受殴打，于 3 月 20 日死亡。案件发生后，孙志刚的家人在广州四处奔走，事情没有任何转机。4 月 25 日，《南方都市报》以《被收容者孙志刚之死》为题，首次披露了孙志刚惨死一个多月却无人过问的前前后后。当天，《被收容者孙志刚之死》这篇文章被各大网站转载，转眼间，敏捷的网络传播将事件传播开来，在社会上引起强烈反响。互联网上抗议声浪此起彼伏，一夜间掀起了声势强大的舆论浪潮。网民强烈要求有关部门严惩元凶，及时、公开、透明地处理孙志刚事件。当地政府迫于社会舆论的压力，成立了专案组对事件展开调查。然而，5 月初，官方首次公布的调查结果却让人大失所望，增加了公众对调查结果的怀疑。网络上再次掀起舆论浪潮，舆论强烈要求彻底调查。排山倒海般的谴责和抗议形成了极大的舆论压力，最终违法者受到法律的制裁。5 月 14 日，三位法学博士上书全国人大，递交《关于审查〈城市流浪乞讨人员收容遣送办法〉的建议书》，认为《收容遣送办法》有违宪法，标志着公众开始把对事件的思考付诸到行动中。最终，同年 6 月 20 日，温家宝签署国务院命令，公布当年 8 月 1 日起正式施行《城市生活无着的流浪乞讨人员救助管理办法》。值得注意的是，在孙志刚事件中，权力精英之外的社会精英尤其是知识精英在公民利益表达中起了重要的作用。这表明，在当代中国，由于缺乏西方那样众多且强大的利益集团，民众的要求在许多情况下是通过社会精英到达政府

① 韩平、董珏：《网民政治参与和政府回应性研究》，《理论界》2010 年第 2 期。

相关部门的，在一定程度上，社会精英实际上起到了弥补利益团体利益表达功能缺失的效果。

近来，有学者利用大数据技术对网络政治互动中公民行为者的策略进行了研究。他的结论是："尽管公民是公共诉求的发起者，然而，公民难以选择诉求表达的区域和时机，更无法改变诉求的议题内容，因而公民诉求的表达方式成为公民进行政治互动的唯一可选策略。大数据分析显示，发帖给书记而不是省长更容易获得政府回应，实名发表诉求比匿名表达诉求的回应性更高。实名发帖不仅强化了诉求内容的真实性，更提升了政府回应的可操作性；诉求表达的负向情感反而激发了政府回应，可能是因为负向表达对政府发挥着刺激效应，地方政府为避免网民采取上访、网络公开投诉等极端表达行为而回应；越长的诉求文本反映的信息质量越好，也越容易获得政府回应。简言之，现有经验表明发帖给书记、实名发帖、更多负向情感和更长的诉求文本是公民在网络空间进行政治互动的有效策略"。①

总之，公民与政府之间存在一定程度上的博弈关系。"经过近 30 年的改革开放，现行中国的政治文明特征已不可以简单地用某种概念化的思维范式所能理解，虽然威权模式犹存，但在绝大多数情况下，权力机器的运作却出现了愈益世俗化和常规化的趋势。所以，在具体的场景中，对于以政府为载体的权力体系是可以碰触、可以博弈，而非绝对不能碰触和博弈的，这正是近年来各地官民利益纷争日呈增多趋势的一个基本背景。可以说，这一背景所映衬出的是政治的宽松，而非危机。与此相对应，在处理绝大多数官民矛盾时，权力体系也更多的是将纠纷纳入具体的经济和利益纷争的维度考量，而非视其为对自身统治合法性的挑战。"②

四　公民诉求的性质：在诉苦与维权之间

在当代中国，公民要求的产生主要是基于一些困难，这些困难有许

① 孟天广、李锋：《网络空间的政治互动：公民诉求与政府回应性——基于全国性网络问政平台的大数据分析》，《清华大学学报》（哲学社会科学版）2015 年第 3 期。

② 吴毅：《"权力—利益的结构之网"与农民群体性利益的表达困境》，《社会学研究》2007 年第 5 期。

多是政府不负责任或故意侵夺造成的。有的是政府不负责任，造成民众生产生活的问题，如供水供热、医疗住房等服务不到位等，有时是政府侵犯了公民的权益，如拆迁、征地等。因此，有学者从政府与公民对立的角度认为，公民向政府提出要求是公民在维权，甚至认为维权行为已经具有明确的政治方向。他们总结了“依法抗争”“以法抗争”等维权模式来形容公民的利益表达。[①] 这种观点强调了当代中国公民意识的觉醒和成长的积极成效。

与此同时，有学者提出了不同意见。他认为，转型中国官民互动模式有别于“西方民主”政体与“专制集权”政体，相对于“西方民主”国家中反对派所扮演的与政府“竞争”和“共意”关系及“专制体制”下百姓的“反抗”和政府的“镇压”关系，当代中国国家与农民之间排解矛盾往往是一种“开口子”和“上访”的互动，从而呈现出一种民对官既非“竞争”又非“反抗”的“诉怨”（或“诉苦”）关系。这种“诉怨”（或“诉苦”），本身就定义出民对官的拟“父母官”而非“权力代理者”地位的认定。[②]

因此，在一些情况下，上访可能是不同权力主体之间的对立与“抗争”，但在另外一些情况下却可能类似于家庭纠纷排解中势单力弱的弟兄向“父母”投诉强悍霸道的兄长，或类似于传统社会中让更上层的“父母官”（“青天”）注意或体恤小民的苦痛。所以，即使上访也体现出民告官的特征，却并非现代法律所讲求的权利对等意义上的行政诉讼，而实属一种自降身份与地位的“诉苦”。

诉苦产生的基础是伦理和情感，维权产生的基础是法律和理性。诉苦体现了父权政治的影子，是儒家文化的产物。如属于儒家文化圈的韩国就有受理民众诉求的苦情制度。诉苦受挫的表现就是“气”。这里的“气”主要是指中国人在蒙受冤抑、陷入纠纷时进行反击的驱动力，是中

---

① “依法抗争”模式参见李连江、欧博文《当代中国农民的依法抗争》，载吴国光主编《九七效应》，香港：太平洋世纪研究所，1997 年。“依法抗争”模式参见于建嵘《当代中国农民的以法抗争——关于农民维权活动的一个解释框架》，《社会学研究》2004 年第 2 期。

② 参见萧楼《不情愿的反对者：在冲突和秩序之间——东南沿海栖村上访案例研究》，转引自吴毅《“权力—利益的结构之网”与农民群体性利益的表达困境》，《社会学研究》2007 年第 5 期。

国人不惜一切代价来抗拒蔑视和羞辱、赢得承认和尊严的一种人格价值展现方式。应星从农民与基层执法的互动角度分析了“气”在乡村集体行动再生产过程中的作用机制，指出基层政府对行动精英惯有的强力打压引发了反弹，使农民的抗争变成了为获得人格尊严和底线承认的殊死斗争。①

维权的背后是西方的民主法治背景。在英美传统里，权利是指自然权利，是由上帝赋予的而不是国家赋予的，是一种由自然赋予的旨在对抗国家干预的保护机制。基于西方背景，许多国外学者以及一些新闻工作者从毛泽东之后中国群众抗议活动的兴盛之中发现了“权利意识”的萌芽。他们认为，这种对权利意识的觉醒标志着所谓自下而上的对公民权的诉求以及国家—社会关系的根本性突破。基于这些判断，他们认为中国抗议群众的“权利话语”乃代表着一种饱含力量的新社会现象——而这力量势必对共产主义国家政权的存在构成潜在的严重挑战。②

实际上，当代中国民众的诉求是在诉苦与维权之间。许多民众诉求的目标并不是获得某种权利，而是希望政府了解自己的难处，有些人甚至是仅仅为了讨个说法。如在甘肃陇南“11·17”事件中，一些拆迁户的要求就是想见市委主要领导，听一听对行政中心搬迁是什么样的考虑，如何保障他们将来的生活，不是看什么信访条例。很多上访群众表示，如果有关领导尽早出面对话、协商、解释疏导，事态的演变可能就不会像现在这样。中国民众的权利意识的确在觉醒，但并非西方语境下的权利。正如哈佛燕京学社社长裴宜理博士（Elizabeth J. Perry）所指出的，“在中国式的政治话语中，‘权利’的意义与英美传统迥然相异。在中国，权利往往被理解为是由国家认可的、旨在增进国家统一和繁荣的手段。在此情景下，民众对行使自身权利的诉求很可能是对国家权力的强化而不是挑战”，“置于历史大背景中观察，中国当代的‘权利’抗议活动所具有的政治威胁性似乎是相对微弱的”。他主张将建构当代中国抗议活动

① 参见应星《气与中国乡村集体行动的再生产》，《“经济全球化进程中的和谐社会建设与危机管理”国际学术研讨会论文集》，西南政法大学博士论文，2007年。后来该文公开出版在肖唐镖主编的《维权表达与政府回应》（学林出版社2012年版）一书中。

② 于建嵘、裴宜理：《中国的政治传统与发展》，《南风窗》2008年第20期。

的框架模式称为“规则意识”而不是“权利意识”。①

有学者曾经对当代中国乡村社会中的民众诉求作了类似的精彩描述：“乡村社会中无所不在的‘权力—利益的结构之网’，使农民在官民博弈中一般采取忍让而非诉愿的态度，即使诉愿，也尽可能留下回旋的余地，以为诉愿后官民关系的修复留下后路。这种塑造不仅针对干部，也针对农民。所以，尽管存在着因日益扩大和加深的‘送法下乡’而萌生和增强的权利意识，但真正要在认识和行为之间做一抉择，更为恒久的官民文化对农民意识与行为的塑造可能更起作用。‘自古以来，民不与官斗，也斗不过官，能忍则忍，只要不是太过不去，也就算了’。所以，明知斗不过，也得硬撑着斗上几个回合。业主们说，这事只有闹才可能解决，小闹小解决，大闹大解决，这叫作‘会哭的孩子有奶吃’。道理很简单，自古以来不是说政府是‘父母官’吗？因此，老百姓的苦痛政府就得管，即使基层不管，上级也要管。这是乡村政治的‘习性’赋予农民的另外一种信仰，简单说来，叫作‘乡村干部是坏人，省市干部是好人，中央干部是亲人’。现在兴许是向‘好人’和‘亲人’求援的时候了。所以，虽然说基层社会的政治结构呈现出官强民弱的总体特点，却不等于说民就完全没有办法与官博弈，关键要看处于特定关系/事件过程中弱势一方的民是如何评估自己的价值与能量以及体味自身‘冤屈’的，如果他们感到已经无法承受来自官的‘侵害’，也会由忍让转为抗争，运用合法的渠道来讨一个说法，乃至迫使政府改变决定。”②

有学者利用大数据方法分析2006—2014年上半年网络问政平台人民网“地方领导留言板”21万网民发帖以考察网络空间中公民诉求的情感取向，发现大部分公民诉求的表达采取了正向情感表达，强正向和弱正向向政府表达诉求的比例分别占到7.6%和47.8%，35.4%的公民诉求则采取中立情感，而通过负向情感向政府表达诉求的发帖为9.2%，其中仅有0.6%采取强负向情感表达。这说明，中国公民诉求的表达情感受到中国威权主义政治文化的持久影响，威权主义政治文化塑造了公民对

---

① 于建嵘、裴宜理：《中国的政治传统与发展》，《南风窗》2008年第20期。

② 吴毅：《“权力—利益的结构之网”与农民群体性利益的表达困境》，《社会学研究》2007年第5期。

政治权威的依赖和敬畏，而集体性地采取正面情感与权威机构互动是其必然后果。①

总的来看，当代中国公民在提出要求时并非理直气壮，并没有主人翁的样子，其性质是在诉苦与维权之间，这种性质实际上反映了中国公民社会的弱小。

第二节　政府的回应

在政府回应过程中，尽管公民表达要求的环节非常重要，但在当代中国，影响政府回应效果的因素并不主要是公民利益表达渠道不够或不畅通，最重要的因素是政府在接到公民要求后的所作所为。也就是说，政府回应过程的第二个环节才是对政府回应最终效果起着决定性作用的。政府回应过程中关键不是利益表达渠道不多、不畅通的问题，而是政府对反映来的公民诉求缺乏处置能力的问题。2003 年 11 月，时任国家信访局局长周占顺在接受《半月谈》专访时第一次公开披露：在当前群众信访特别是群众集体信访反映的问题中，80% 以上是改革和发展过程中的问题；80% 以上的有道理或有一定实际困难的问题应予解决；80% 以上是可以通过各级党委、政府的努力加以解决的；80% 以上是基层应该解决也可以解决的问题。但与此形成鲜明对比的是，根据于建嵘的研究，经由上访而获得解决的问题只占上访总数的千分之二。② 近年来，中国网民持续增长，网络空间的政治互动日趋重要。公民越来越多地利用互联网和新媒体表达政治诉求；同时，政府也大力强化网络空间的治理能力建设，以有效回应公民诉求来实现良性政治互动。与 2008 年相比，政府回应性从 2009—2012 年持续显著提升，2009 年政府回应公民诉求的发生比是 2008 年的 3.14 倍，而 2012 年政府回应公民诉求的发生比提升为 2008 年的 32.83 倍。相对而言，2013 年和 2014 年政府对公民诉求的回应性基本

① 孟天广、李锋：《网络空间的政治互动：公民诉求与政府回应性——基于全国性网络问政平台的大数据分析》，《清华大学学报》（哲学社会科学版）2015 年第 3 期。

② 赵凌：《信访改革引发争议》，《南方周末》2004 年 11 月 18 日。

与 2012 年保持一致，约为 2008 年的 20 多倍。经过 4 年多的快速发展，网络空间的政府回应性在 2012 年逐步进入稳定运行阶段。[①]

一 被动回应的“体制性迟钝”

近年来群体性事件频发，实际上都有其深刻的社会背景。绝大多数群体性事件都是由于群众切身利益受到侵犯，利益诉求长期被漠视而引发。事实表明，引发群体性事件的矛盾和问题，多数是当事群众一而再、再而三向党政部门反映过的，也就是说，公民的要求已经为政府所接收，但政府却没有做出对这些问题与诉求给予及时的解决和有效回应。这在 2008 年发生的甘肃陇南“11 · 17”事件和重庆出租车停运事件中都有体现。甘肃陇南群体性事件发生前，许多拆迁户由于担心行政中心拆迁后影响到个人生计问题，曾多次到政府部门询问相关事宜和反映问题；在重庆出租车停运事件发生前，出租车司机也曾就收入低、加气难、黑车多等问题多次向交通管理部门提出意见和要求。更有甚者，政府不仅漠视而且打压。如 2011 年江西抚州爆炸案事件发生之前，当地被拆迁户反映强烈的安置补偿不公等问题不但没有引起当地政府的重视，在走完申请复议、一审、二审及再审等法定程序之后，被拆迁户通过非正常上访等方式表达诉求时，当地政府应对的措施不是与民众通过沟通和对话的方式寻求问题的解决，而将民众的上述行为视为不稳定因素，以体制内的管控作为维稳手段，对上访的被拆迁户的利益诉求表达行为进行强力压制，这样的管控维稳手段在爆炸案发生之前竟然持续了数年之久。正是由于政府的长期不作为甚至强力压制，民众的怨气日益积累，矛盾也逐步激化，最终酿成冲突性的群体事件。有人指出，政府不回应的原因除了一些基层干部的官僚主义作风严重和执政为民意识淡薄之外，更重要的原因是群体诉求表达遭遇了“体制性迟钝”。

分析近年来全国影响较大的群体事件，“可以发现一个共同的规律：起因很小——基层反应迟钝——升级为群体性事件——基层无法控

① 孟天广、李锋：《网络空间的政治互动：公民诉求与政府回应性——基于全国性网络问政平台的大数据分析》，《清华大学学报》（哲学社会科学版）2015 年第 3 期。

制——震惊高层——迅速处置——事态平息。”① 这个规律性的过程表明，在冲突萌芽和聚集的初期，一些地方的基层政府对民众的要求和社会问题普遍性地表现出反应迟钝、判断失误、处理失当，导致“小事拖大，大事拖炸”。这种带有规律性和普遍性的现象表明基层政府回应性差是一个体制性问题。因此，“所谓‘体制性迟钝’，是指各级政府部门（尤其是基层政府部门）在面对和处理各种社会矛盾和冲突时，特别是在社会矛盾的萌芽和聚集的初期，反应迟钝，信息失真，处理失当，不仅不能及时化解社会矛盾和冲突，反而会导致社会矛盾和冲突的扩大和爆发”②。

与“体制性迟钝”联系，还有一个规律性的现象值得注意。这就是“寻找敌人”和制造“不明真相的群众”的现象。“为了给‘体制性迟钝’寻找遁词，一些地方官员在应对群体性事件时，倾向于走极端，延续‘寻找敌人’的专政思维，简单粗暴地‘扣帽子，揪辫子，打棍子’。面对危机，他们首先想到的不是努力化解矛盾，而是上升到‘政治高度’，对事件超前定性，把群众利益诉求‘泛政治化’：要么认定‘一小撮别有用心的人挑唆煽动’，要么认定为‘有黑恶势力操纵’，然后把公安机关推上一线，采取高压手段解决问题。”在“寻找敌人”的同时，一些官员还习惯于封锁消息，控制舆论，制造出“不明真相的群众”。近年来在一些较大的群体性事件发生之初，总能看到地方政府这样匆忙定性的词语。在贵州“瓮安事件”、云南“孟连事件”，以及最近的甘肃“陇南事件”中都能看到这样的“定性怪圈”③。这种现象实际上揭示了一些政府官员的意识观念对现代民主、法治理念的巨大偏离。

从政府自身体制的角度看，政府出现“体制性迟钝”的主要原因包括以下三个方面：

一是在政治录用机制方面，各级政府干部的任用升迁主要是由上级决定的，官员的考察和监督更多地来自上面。选举在很大程度上成为让领导看重的人选合法化的形式。这就造成基层政府和干部只有对上负责的压力，却没有对下负责的动力。只要事情不“闹大闹炸”，就难以认真

① 黄豁：《“体制性迟钝”的风险》，《瞭望新闻周刊》2007 年第 24 期。

② 郝宇青：《当前中国“体制性迟钝”原因剖析》，《探索与争鸣》2008 年第 3 期。

③ 黄豁：《群众“不明真相”是官员失职》，《共产党员》2008 年第 1 期。

倾听和有效解决群众诉求。

二是在政绩考核机制方面，“数字出政绩”，“一些地区尤其是中西部地区的地方政府，长期把发展经济这个‘第一要务’当作‘唯一要务’，只热衷于招商引资、上项目，对民生问题不够重视，漠视群众中特定群体的合理利益诉求”[①]。另外，“上访率”是一项重要的政绩考核指标，以“上访率”而不是问题“解决率”为考核指标，迫使地方政府采取各种方式压制民意。上访（尤其是集体上访、越级上访）被视为禁忌性的事件，各级政府部门及官员尽力扼制上访事件的发生，一些官员甚至会对上访者实施报复。

三是在政府决策机制方面，决策民主化程度低，还不能做到决策过程的公开和透明。在一些地方，基层政府决策主要还是“一把手决策”和“暗箱操作”。事实上，在许多情况下，决策不民主、不公开、不透明的根本原因是政府的自利性在作祟。大量的群体性事件表明，往往是政府侵害民众的利益在先，民众的提出诉求在后。还有一种常见的情况是，由于利益原因，政府在做出处理纠纷决定时偏袒强势方，因此就会对弱势方的诉求表现出“迟钝”。

跳出政府之外，可以发现，体制性迟钝的根本原因还是在于政府与社会力量的不均衡，政府缺乏来自公民社会的强力制约和有效监督，因此缺乏回应的动力。

“体制性迟钝”事实上带来了两种极端化：一是公民忍无可忍，起而抗争，群体性事件就是这种极端化的产物；二是公民忍气吞声，深感无奈，现实中的政治冷漠就是公民无力感的产物。据有关调查显示，从1992年到1999年，人们的政治效能感在显著地下降，认为能够影响政府决策和社会发展的城市居民的比例分别由1992年的61%和56%下降到1999年的37%和44%。[②] 长期缺乏效能感（“说也没用”）的结果就是公民的政治冷漠。

值得指出的是，中国政府回应的“体制性迟钝”其实具有两面性。“体制性迟钝”只是从一方面反映了中国政府被动回应的动力不足，但另

① 张桂林：《透视群体性事件中的民意沟通缺失现象》，《半月谈》2008年第23期。

② ［美］唐文方：《中国民意与公民社会》，中山大学出版社2008年版，第111页。

一方面，一旦政府回应被启动，当前体制又显示出超强的处置能力。在许多群体性事件发生后，政府很快能够行动起来，做出雷厉风行的动作，迅速平息事端。这在贵州"瓮安事件"、云南"孟连事件"、重庆"出租车停运事件"中都有体现。这种两面性是中国政府被动回应的一个重要特征，根本上与体制的集权性和人治性有关。一方面，民众没有对政府强有力的监督制约；另一方面，政府做事可以越过许多程序规定，非常快速。

应该看到，近年来中国政府一直在努力克服"体制性迟钝"。比如2009年出台的《关于实行党政领导干部问责的暂行规定》，明确规定，"在行政活动中滥用职权，强令、授意实施违法行政行为，或者不作为，引发群体性事件或者其他重大事件的""对群体性、突发性事件处置失当，导致事态恶化，造成恶劣影响的"，要对相关党政领导干部进行问责。因此，近年来，中国政府回应的速度在不断加快。从职能性回应方面看，通过几轮行政审批体制改革，政府回应流程得到简化和优化，民众找政府办事办证越来越快捷。比如一些地方在"三证合一"登记制度改革后，企业申办营业执照、组织机构代码证和税务登记证办结时限由过去的30个工作日缩短到5个工作日。从诉求式回应方面看，政府回应总体上反应较快，并且近年来呈现越来越快的趋势，尤其是在网络民意回应方面。这一方面是由于新媒体时代网络公共事件传播、扩散越来越快，逼迫有关部门尽快做出反应；另一方面也表明地方政府的治理理念发生变化，反应速度越来越快。许鑫（2016）对2007—2014年发生的102个网络公共事件进行了量化研究，发现一半以上的事件在三天内就做出了回应，70%的事件能在发生10天内得到回应。①

二　被动回应中的主体

在体制性迟钝的情况下，主体的作用与人的因素就显得非常重要。政府不是抽象的，政府具体表现为政府组成人员。其中，三种人起的作用最大。一是处于政府上层的政府主要领导人；二是处于政府底层的一

① 许鑫：《网络公共事件政府回应的现状、问题与策略——基于2007—2014年102个案例的实证分析》，《情报杂志》2016年第7期。

线公务员即所谓的街头官僚；三是处于政府中层的处长们。

（一）政府主要领导人的作用

政府部门实行等级制，领导的命令是政府回应的重要动力。但需要指出的是，与国外相比，中国政府领导在被动政府回应中发挥作用并不完全按照官僚制的层级和部门的分工责任，在更多情况下是越级干预。在政府回应过程中，公民的诉求如果能够到达领导那里并得到领导的重视，一般就会获得较好的回应。“温家宝总理为熊德明讨工资”就是一个典型的例证。熊德明，重庆市云阳县人和镇龙泉村农民，2003 年熊德明的一句“实话”引发了全社会对欠薪问题的关注。2003 年 10 月 27 日温家宝路过龙泉村，熊德明“向总理说了实话”，反映她丈夫的 2300 元工钱被拖欠。总理当即指示地方政府要解决好拖欠民工工资问题，六个小时之内她就拿到了被欠的工钱。熊德明的一句“实话”直接促使重庆市开展百日欠薪大检查活动。北京市政府部门也宣布：今后凡是严重拖欠民工工资的企业将被赶出北京建筑市场。江苏广东湖北等省也相继出台政策维护民工权益。

领导直接受理公民的诉求毕竟是偶然的个别的情况。领导对政府部门回应影响更为长久持续的是领导人的思想观念和工作作风。领导的表率作用非常明显。尤其在基层，由于领导的权力更为集中和实在，领导对基层政府工作人员的影响更为突出。实践证明，领导亲民则政府工作人员对公民的态度就热情，领导官僚主义作风严重则政府工作人员对公民的态度就冷漠。事实上，领导人的作为可以使其所在的政府部门形成一种回应模式，不过这种均衡往往会将随着领导人的离职而被打破。如吕日周现象、仇和现象其实都反映了一种领导人塑造的政府回应模式。吕日周治下的长治政府回应模式的特征是：重视政府回应的外部动力尤其是舆论监督、鼓励政府工作人员下乡与群众打成一片、强调政府回应从小事做起，如要求市府公务员为过路市民义务倒水、重视政府回应的举一反三方法等。仇和模式则更多借鉴了西方新公共管理的回应性经验，实行公共服务的市场化和社会化。

在现实中，政府领导人发生更换之后，紧接着会出现一个民众诉求的高潮。这已然成为一个规律。2003 年出现信访潮与中央领导的更替有关系。这与民众的清官祈盼意识有关，但更与当前的体制有关。利益表达渠道畅通不畅通，关键要看领导重视不重视。制度无法寄托民众的希望，民众就只好将希望寄托于人，尽管有时人也是不可靠的。但正是在这样一种无奈的环境中，民众认识到了政府领导人在政府回应中的关键作用。长治市委书记吕日周在上任之初，也遭遇了这样的诉求高潮，经过多次的希望与失望之后，民众遇到了一位好书记，吕日周亲自过问和解决每一项诉求，这对于民众来说不能不说是一件幸运的事情。因此，对于当代中国政府回应来说，政治录用尤其是政府主要领导人的选拔就成为一个决定性的因素。

（二）街头官僚

另一个对被动回应过程有重要影响的因素是街头官僚。这在职能性政府回应过程中更为明显。在职能性政府回应中，公民直接接触的都是政府执行第一线的工作人员。西方学术界对其有一个专门的学术称呼："街头官僚"。他们的责任感和工作作风对职能性政府回应的结果以及公民的反馈起着决定性的作用。

所谓"街头官僚（street - level bureaucrat）"，即指处于基层同时也是最前线的政府工作人员，他们是政府雇员中直接和公民打交道的公务员。"街头官僚"这一概念的出现比人们对街头官僚这一现象的研究较晚，直到 1977 年，李普斯基（Lipsky）发表《建立一个街头官僚理论》一文，才开始出现"街头官僚"这一概念。紧接着在 1980 年，李普斯基正式出版了《街头官僚：公共服务中个人的困惑》一书，标志着街头官僚理论正式建立。根据街头官僚理论的先驱李普斯基的观点，典型的街头官僚包括警察、公立学校的教师、社会工作者、公共福利机构的工作人员、收税员等。① 这是立足于西方情境的概念。对于当代中国政府回应而言，街头官僚是指政府机关中直接与公民打交道的基层政府公务员，而并不包括如公立学校的教师、社会工作者等。有数据显示，在中国 500 余万的政府公务员中，92% 的职务层次在科级职务以下，县乡两级公务员占全国公务员的 58% 。②

在街头官僚理论中，街头官僚在技术上、认知上和道德上都被理解

---

① Lipsky. M, *Street - level Bureaucracy*, NewYork: Bus - sell Sage Foundation, 1980: 5 - 9.

② 程瑛：《干部人事制度改革升温》，《瞭望东方周刊》2004 年第 50 期。

为是消极的，往往会滥用其手中的自由裁量权。街头官僚理论对于研究政府回应有很大的理论启发，在很大程度上解释了当代中国职能性政府回应的困境。

该理论认为，一般而言，在公民和政府信息不对称的情况下，街头官僚会利用自己的优势来百般刁难民众，他们之所以这样做，一是因为在官僚队伍中他们处于边缘地位，体制对其缺乏激励，二是刁难一下反而会给其带来一定的利益。有一位高校老师在博客上发表了一封致女儿的信，幽默中带着丝丝辛酸，详细讲述了为女儿上户口的艰辛历程，生动刻画了某些政府工作人员的官僚主义面孔，最后调侃地发出“孩子，至今我还没有帮你办好户口。办个户口真难啊！将来等你爸爸有钱了，爸爸给你办个美国户口，中国的户口太复杂了，咱办不起”[①] 的感慨。

公安部门的一线民警是当代中国最为典型的街头官僚，也是信访中受民众批评的重点对象。信访问题反映比较集中的警种主要是派出所、刑侦、交管、治安、户籍、经侦等一线业务部门，总计占全部信访量的84%。2005 年 9 月 15 日，公安部新闻发言人武和平介绍了民众反映的四类突出问题：一是要求公安机关破案或抓获犯罪嫌疑人；二要求解决赔（补）偿和查处纠纷中的欠债及办理户口等问题；三对公安机关做出的处理决定或鉴定结论不服；四是投诉公安机关或公安民警违法违纪问题。他将一线民警回应性差的原因归结为态度和观念问题，“产生以上问题的原因，主要是少数公安机关和公安民警工作不负责，办案不严格、不公正，执法不规范，取证不及时，工作不到位，对待群众的态度冷硬横推等。另外，一些地方公安机关和少数民警在执法理念上还没有解决好对法律负责和对党、对人民负责的一致性，在工作上还没有摆正主人和公仆的位置，存在特权思想，没有解决好‘为谁执法，为谁服务’的问题也是导致信访问题突出的原因”。[②]

事实上，就当代中国而言，街头官僚在职能性回应中的表现消极的

---

① 《中国政法大学老师一封给女儿的信》，http：//qzone. qq. com/blog/604657 - 1225235089。

② 《公安机关建立长效工作机制　减少四类突出信访问题》，http：//news. anhuinews. com/system/2005/09/15/001353217. shtml。

根本原因还是缺乏监督。西方国家主要通过制定更为详细的法律规定以及通过先进的科学技术手段如电子政务来强化对街头官僚的控制。这些做法值得中国借鉴。

（三）处长现象

在国外的职能性回应中，街头官僚的作为具有决定性的作用，在街头官僚手中的自由裁量权之外，其他权力基本上都有相关法律规范。但是在中国，许多情况下职能性回应绝不仅仅是由街头官僚做出的，也不是由政府主要领导人做出的，而主要是由一些手握实权的中层政府官员做出的。在现实中可以看到，当代中国有一个非常明显的“处长现象”。

全国政协委员、重庆力帆集团董事长尹明善根据与政府打交道的实际经验指出：“中国严格意义上是‘处长治国’，投资环境的主要症结在处级及其以下。99%的企业家都要和具体的办事人员打交道，各处处长、副处长直到科员，这部分人的工作作风形成了具体的投资环境。”① 这是企业家对处长地位的认定。

关于处长的实际地位，一些地方官员也表示认可。如有人曾对某县县长做过访谈，县长说，并不像人们想象的那样，“权力是领导的，责任是下面的”，事实恰恰相反，权力的实际掌控者是处长等干部，但是责任反而是领导的，等下面真出了事之后，处理的是我们。②

处长的实际地位很高，一些人办事和送礼时都习惯找处长，因此处长的腐败现象也比较严重。据最高人民检察院公布，自 2003 年元旦至 2007 年 3 月，全国检察机关以渎职侵权立案查办县处级干部 1285 人，县处级以上领导干部渎职侵权犯罪逐年上升。③

因此，在当代中国政府回应中存在的“处长现象”，主要是这样一种负面现象，是指处于政策执行第一线的处级干部们在执行政策时滥用权力和以权谋私的现象。在职能性政府回应中，许多公民申请实际上要通过处长来解决，但这些处长们往往没有好处不办事，或推诿扯皮，或敷衍塞责或公权私化，甚至非法受贿。这些就是“处长现象”的典型表现。

① 《警惕“处长现象”负面效应蔓延》，《廉政瞭望》2008 年第 11 期。

② 这来自笔者所参与的国家哲学社会科学重大课题“中国行政管理体制现状与改革研究”的调查资料。

③ 《警惕“处长现象”负面效应蔓延》，《廉政瞭望》2008 年第 11 期。

“处长现象”的实质是国家权力部门化、部门权力利益化和部门利益个人化。因此，“处长现象”在本质上是一个如何制约政府权力的问题。在西方，经过一百多年的发展，官僚制已经非常完善，他们主要关注的是对一线公务员即“街头官僚”的监督问题。但相比之下，在当代中国，近年来对政府监督的强调主要集中在政府主要领导人身上，对中下级的政府工作人员监督还未得到足够重视。这说明，中国的官僚制还远未达到成熟的程度。因此，要克服“处长现象”的消极面，关键是通过最大限度地降低处长的自由裁量权来切断“公权”与“私利”的内在联系。这就需要加强政府法治建设，加快依法行政进程，规范政府行政行为，强化对政府工作人员的监督。

需要指出的是，在被动回应过程中，具体的政府回应主体往往是不断变化的。从回应主体的层级角度观察，分为两种情况：一种是回应主体始终是同一级政府及其部门；另一种是回应主体随回应次数变化而变化，即回应部门的层级是变动的。一般而言，沿着从低层级主体回应到高层级主体介入再到低层级政府及其部门回应这一过程，也有少量事件中回应主体呈现出不规则变化，包括从高层级介入，到低层级回应，然后又是高层级回应；另有事件回应主体在高低层级间不断变换；还有个别事件由高层级主体回应，然后是低层级主体回应。总的来看，政府回应主体多元化有利于提高政府回应效果。①

三　政府回应的策略

首先应当指出，政府机构的性质与其对公民要求的回应表现有着密切的关系。这里所讲的政府机构的性质主要是指政府与公民的关系的性质。美国政治学家凯瑟·弗格森曾指出，民众在与政府打交道的过程中可以扮演三种不同的角色，即服务对象、委托人和消费者。“服务对象指的是那些必须与政府官员保持主动交往的人，他们有求于政府官员，却无法控制他们。”相比较而言，委托人则拥有更大的权力，因为他们通过组织化的机构与政府部门打交道。“委托人是指已经组织起来的公民群

① 方付建、汪娟：《突发网络舆情危机事件政府回应研究——基于案例的分析》，《北京理工大学学报》（社会科学版）2012 年第 3 期。

体，他们与政府机构之间是一种相互依赖的关系，但是他们能够对政府机构的运作施加关键的影响。”如农场主与农业局、市民团体与公用事业委员会。消费者是通过市场购买商品或服务的人。因为消费者用钱支付服务费用，而不是无形资产，比如时间、尊严或自主权，因此他们与商品或服务供应商之间的关系就不太尖锐。他认为，委托人关系或消费者关系不会像服务对象那样存在严重的沟通问题。①

政府机构的性质不同，其对公民要求的回应的表现就不同。在当代中国，大多数的政府机构与公民的关系是服务对象关系，公民对政府的控制权较弱，因此，政府对公民的回应性总体上较差。但是可以从政府机构与公民的关系主要是服务还是管制的角度来区分中国政府机构的不同性质。一般来说，那些具有较强服务性质的部门，如民政部门、人口计划生育委员会等，对民众的回应性较好，而那些具有管制性质较强的部门，如公安部门、城管部门，其对民众的回应性就差一些。从民众对政府的评议中可以看出，自 2001 年开始的南京“万人评议机关”活动中，南京市人口计生委、市民政局、市妇联一直名列前茅，而房产局在 2002 年“万人评议机关”活动中排名靠后，领导遭免职，南京市政公用局在 2001 年“万人评议机关”活动中排在末位，局长受到处分。②

政府在接到公民的诉求之后，会做何反应呢？正如上面所讲到的，公民要求的内容、方式、提出要求公民的地位都影响着被动政府回应的方式、策略和效果。因此，政府首先要考量诉求人的地位、公民诉求的内容、诉求的方式。也就是谁在诉求、诉求什么、怎么诉求三个方面。这对政府是否做出回应有重要影响。一般来说，从诉求人地位看，政府对那些社会地位较高、拥有财富多的公民的回应比较积极，而对那些社会地位低、无财富的公民回应性较差。在贫富分化较为严重的当代中国，“社会阶层结构的主导阶层应该是国家与社会管理者阶层、经理人员阶层、私营企业主阶层、专业技术人员阶层”③，政府对这些阶层的回应性

① 参见［美］多丽斯·A. 格拉伯《沟通的力量——公共组织信息管理》，张熹珂译，复旦大学出版社 2007 年版，第 253—254 页。

② 《“万人评议机关”结果揭晓　表扬意见首次占多数》，http：//news. sina. com. cn/c/2005 -02 -18/10535134973s. shtml。

③ 《中国当代社会阶层透视》，《南方周末》2001 年 12 月 20 日第 1 版。

要比其他阶层高。从内容上看，政府对那些不违背自身利益的诉求的回应性要比违背和损害自身利益的诉求好。从诉求方式上看，政府对通过领导或组织化方式进行的诉求的回应性比公民个人直接提出的诉求好。政府对公民通过领导进行的诉求回应积极的原因是出于科层制的压力，而对公民的组织化诉求方式回应积极则是出于发生群体性事件被问责的恐惧。①

对于公民诉求的内容，政府要对这些要求做出一定的筛选。哪些是合理的？哪些是不合理的？哪些是重要的？哪些是不太重要的？比如在信访实践中，国家机关形成了一套判断事件紧急与否的标准，即“来访比信访紧急，缠访比一般上访紧急，越级上访比一般上访紧急，进京上访比省内上访紧急，集体上访比个人上访紧急。”② 因为在现实中，政府确定回应议程主要有三个渠道：一是来自上级的指导精神；二是来自政府系统内部的调研和信息系统；三是各职能部门反馈的意见和要求。而普通公众通过前述各种渠道表达出来的意愿和要求进入政府回应议程的顺序往往是根据这三个渠道来排列的。

在政治系统论看来，这是很正常的。“输出并不必然在系统的所有成员中间发展起一种满足的网络平衡。一些成员所提供的支持通常比另一些成员所提供的支持关系更为重大。为了获得我一直称之为政治上相关成员的支持，可能不必为所有成员提供积极的输出刺激……输出不必满足所有的成员，甚至不必满足绝大多数成员，而仅仅只需要满足某些最有影响的成员。但是，甚至在这些政治上相关成员中，为了维持一种适当的支持水准，仅仅满足一定比例的需求可能也就足够了。”③

在现实中，民众的许多诉求实际上是难以满足的。因为有些要求是

---

① Hassid 等（2011）通过评估政府官员在媒体曝光社会事件后回应公众过程中各方主体的约束和诉求，发现中国政府迅速回应网民诉求的主要原因是政府官员对网络存在恐惧感，认为网络言论可能会引发集体行动。King 等（2013）发现大量中国公民通过线上平台或者 BBS 针对多个政策领域发表自己的看法，中国政府也非常关注网络公共舆情。他进而发现中国政府的舆情治理策略是与集体行动相关而不是批评政府的网络表达更容易被审查。转引自孟天广、李锋《网络空间的政治互动：公民诉求与政府回应性——基于全国性网络问政平台的大数据分析》，《清华大学学报》（哲学社会科学版）2015 年第 3 期。

② 应星：《大河移民上访的故事》，三联书店 2001 年版，第 371 页。

③ ［美］戴维·伊斯顿：《政治生活的系统分析》，王浦劬译，华夏出版社 1999 年版，第 484—485 页。

不合理的，对于这些要求，政府不会满足其要求，而是进行疏导和思想教育。政府教育的主要策略是通过公民的亲友去劝说，这样可以减少政府与公民之间的摩擦。有些要求是合理的，但政府一时没有满足的能力，政府会做出解释，但往往也会夸大自己的困难。对于合理且政府能够解决的要求，政府也会想方设法使公民退却，常见的策略如将一些办事程序模糊化、复杂化，让公民感到很麻烦而作罢。

除此之外，在许多情况下，政府会选择不做回应，其原因主要是：其一，这些要求触及政府利益，包括直接损害政府利益的和间接损害政府利益的。前者如增加公民权利而削弱政府权力的要求，后者如涉及与政府关系密切的企业的利益的要求。前者的例子如郝劲松要求铁道部春运涨价要举行听证，这实际上限制了铁老大的权力，后者的例子如云南孟连事件。其二，在政府内部存在着一种偏见：对于那些大规模的、组织良好的、有财富的积极地能够很好地接近政府官员的利益集团是给予很好回应的，对于那些组织良好的、有财富有技术有知识、积极的个人和集团回应较好。①

在公民向政府提出的要求损害政府利益的情况下，一些政府尤其是基层政府为了扭转自己的理亏地位，往往会采取这样一种策略：将公民“刁民、暴民”化。“所谓将公民‘刁民、暴民’化，表现在两个层面上：在观念层面上，一些政府官员对公民利益表达行为的正当性不予肯定，从而将公民的表达、申诉行为视为非正常行为，将‘非顺民’视为‘刁民、暴民’。在实际的制度操作层面上：除了由上述利益结构断裂所造成的问题外，在有限的体制内利益表达渠道中，渠道被空置、被堵截的现象比比皆是，存在着一种利益表达制度逆向运行的倾向”。②

可以看到，政府回应策略分为两种：积极性策略和消极性策略。积极性策略包括承认自我行为或处理的错误或不足，向民众公开道歉，领导表态将关注、处置或严查事件以及严惩施害者，通报政府的调查、处理进展或处置措施，表态将改进制度、体制、程序等；消极性策略包括

① ［美］托马斯·戴伊：《理解公共政策》，孙彩红译，北京大学出版社 2008 年版，第 41 页。

② 陈映芳：《贫困群体利益表达渠道调查》，《战略与管理》2003 年第 6 期。

推卸责任，指责民众，不回应或不正面回应，否认某个事件或信息等，有关政府官员出来“澄清”“辟谣”“解释”，疲于应付。从回应策略变化与回应效果的关系看，应对较好的事件通常回应策略较为多元，回应策略以积极性为主。①

总之，正如有学者指出的，“政府对公民诉求采取选择性回应策略。政府回应的议题选择可以由不同议题的诉求主体和议题复杂度来解释，相对强势的诉求主体和较低复杂度的议题更易得到政府回应，反之则难以获得政府回应。环境保护由于议题太复杂而回应性低，就业和农业农村等议题则由于诉求主体弱势而获得较低回应，拆迁征地不仅议题复杂且诉求主体弱势而获得很少政府回应；反之，城市建设、交通、企业事务、医疗卫生和社会治安等议题在操作上复杂度较低，诉求主体也大多为城市居民、企业主等优势群体而获得较多回应；贪污腐败议题尽管其诉求主体相对比较弱势，但中国政府对该议题具有既有回应渠道反而导致回应性较高。从这个意义上，强化政府回应性的政治平等和回应能力建设至关重要。”②

四　政府回应的载体

有些公民的要求是可以通过政府的具体行政行为直接就可回应的，但有些公民要求则需要政府通过决策来解决。也就是说，在立法式政府回应中，政府回应需要一定的载体。另外，有些要求是政府难以满足的，政府需要解释，或者有时政府需要在被动回应过程中占据主动地位，在这些情况下政府回应都需要载体。最常见的政府回应载体主要有会议、文件、下访调查、媒体舆论。

（一）会议

会议是被动政府回应最常用的载体，主要包括新闻发布会、听证会、座谈会等。新闻发布会主要用来向社会宣示政府对公民诉求的回应，在

① 方付建、汪娟：《突发网络舆情危机事件政府回应研究——基于案例的分析》，《北京理工大学学报》（社会科学版）2012 年第 3 期。

② 孟天广、李锋：《网络空间的政治互动：公民诉求与政府回应性——基于全国性网络问政平台的大数据分析》，《清华大学学报》（哲学社会科学版）2015 年第 3 期。

许多情况下，它也用来向社会公众解释政府回应的困难，也用来澄清一些对政府不利的言论以夺取政府回应的主动权。新闻发布会制度在我国建立的时间不长，但在政府回应中发挥了积极的作用。十八大以来，中央高度重视发挥新闻发布会在政府回应中的作用。2013 年 10 月，国务院办公厅印发《关于进一步加强政府信息公开回应社会关切提升政府公信力的意见》，明确将进一步加强新闻发言人制度建设作为政府回应的主要平台。2016 年 8 月，国务院办公厅又下发了《关于在政务公开工作中进一步做好政务舆情回应的通知》，对在回应政务舆情时的新闻发布会制度作了具体的操作性规定："对涉及特别重大、重大突发事件的政务舆情，要快速反应、及时发声，最迟应在 24 小时内举行新闻发布会，对其他政务舆情应在 48 小时内予以回应，并根据工作进展情况，持续发布权威信息。对监测发现的政务舆情，各地区各部门要加强研判，区别不同情况，进行分类处理，并通过发布权威信息、召开新闻发布会或吹风会、接受媒体采访等方式进行回应。回应内容应围绕舆论关注的焦点、热点和关键问题，实事求是、言之有据、有的放矢，避免自说自话，力求表达准确、亲切、自然。通过召开新闻发布会或吹风会进行回应的，相关部门负责人或新闻发言人应当出席。对出面回应的政府工作人员，要给予一定的自主空间，宽容失误"。

由于新闻发布会主要是单向的，因此也常被批评为政府的辩护者。听证会和座谈会是政府与公民沟通协商以求得解决问题的主要载体。二者的共同点是互动性，不同点是制度化程度。一般来说，听证会是制度化的会议形式，而座谈会则往往是非正式的。

许多地方积极运用听证会回应公民的要求。如 2005 年 9 月，浙江省政府公布了《关于印发浙江省信访听证暂行办法的通知》，公开听证的做法将被更多地运用到疑难、重大信访案件中去，而且信访人无须承担听证费用。据悉，以听证的形式来解决疑难信访事项，这在全国还是首例。对此，有关专家指出，用听证会的方式目的是希望借助群众的力量来解开信访案件中难题，可使信访案件的调处公平、公正，增强信访工作和政府办事的透明度。这个规定与一个成功案例（一次听证会解开三年"死疙瘩"）有关。张武林，浦江县仙华街道人。2001 年 8 月 23 日，张武林骑一辆满载西瓜的三轮摩托车，在经过浦阳和平桥时，因链条破损停车。这时，两位过路妇女见状要买西瓜，此事正好被巡逻到此的浦江县联合执法大队工作人员碰见，认为张武林违章停车设摊，随后双方发生争执和“肢体冲突”。后来，张武林不满鉴定结论和处理结果，从 2001 年到 2004 年一直上访。2004 年 3 月 16 日，浦江县为此事专门开了一个听证评议会。经过历时近 4 个小时的听证会，经过各界人士讨论，最后形成一致意见。据悉，这是省内第一次用听证会的方式来解开信访案件中的“死疙瘩”①。

运用座谈会来征求意见和听取民意是中国政府回应公民诉求的最传统最常见的方式。2016 年 1 月 1 日，《江西省学校学生人身伤害事故预防与处理条例》（以下简称《学生条例》）正式实施。这部堪称全国首创的地方法规，目的是解决近年来频发的“校闹”问题。如该条例第 45 条第二款规定：因为学生自杀、自伤等自身故意或者身体疾病造成的学生人身伤害事故，学校已经履行了教育、管理职责，且行为并无不当的，不承担责任。这部地方法规出台前就是通过座谈会的方式回应公众诉求的。2015 年 5 月，江西省多部门组成《学生条例》立法调研组，在全省各地举行座谈会，听取学生家长代表、省人大常委会委员、教育部门、校方、律师等社会各界的意见。

（二）文件

文件是立法式政府回应的主要载体。因为公民的要求涉及有关制度和政策，所以政府回应就需要决策性的文件和法规性文件来作为载体。在 2003 年的孙志刚事件中，公民的诉求有两个：一是孙志刚家长的诉求，要求政府查明真相，严惩凶手，这个诉求是通过公安机关的具体行政行为来加以回应的；另一个诉求是从这一具体事件中衍生出来社会公众的共识性诉求，要求对收容遣送制度进行改革，这一诉求是通过国务院发布《城市生活无着的流浪乞讨人员救助管理办法》这一法规性文件得到回应的。在 2003 年的温家宝为熊德明讨工资的案例中，熊德明向总理提

① 《浙江省规定五类信访事项　信访人可免费要求听证》，http：//news. anhuinews. com/system/2005/09/19/001354867. shtml。

出的要求是代表中国上亿农民工的要求的，政府回应这一要求的方式不仅仅是各地政府展开的欠薪大检查活动，而且更主要的保障农民工劳动权益的各种政策性文件。如北京市政府部门宣布：今后凡是严重拖欠民工工资的企业将被赶出北京建筑市场，江苏、广东、湖北等省也相继出台政策维护民工权益。

（三）下访调查

下访调查是最为传统的政府回应载体，很容易让人联想到传统社会中的官员“微服私访”。它主要适用于政府对于某些公民的要求不太确切，或者对于公民所反映问题的解决办法的可行性不太确定。许多公民的诉求在政府下访调查的过程中就能得到满意的回应。在当代中国，许多情况下下访调查是领导为了通过抓典型来推动政府执行。如某省省委书记听到有人反映某社区自行车被盗案时有发生，群众意见很大，便于1996年5月4日晚悄然到达该社区了解情况。该领导借此了解公安机关对群众报案的态度和反应能力，于是以某家自行车被盗为由拨打110报案。几次拨通都没人接听，后有人接听但态度极不负责。该领导当场要求有关部门对110报警台值班人员及有关领导进行严肃的批评教育和处理。①

（四）媒体舆论

媒体舆论是政府宣传的工具，也是政府回应的重要载体。媒体舆论的作用主要是帮助政府公开信息。尤其是在被动政府回应中，当社会上出现了一些不利于政府的信息时，政府需要取得回应的主动权。因此，信息公开绝不仅仅是对有关文件、报告的全文发布，也不仅限于对工作情况的总结、说明，其本质和灵魂在于，及时把握民众的信息需求，把握民众的思想动态，坚持“民之所需我之所供”的原则，在第一时间发布有关信息，达到满足信息需求、解疑释惑、消除矛盾的效果。如在四川汶川大地震时，社会公众都有了解抗震救灾进展情况的要求。中国政府借助媒体舆论进行及时有效的回应。政府第一时间公开信息，温家宝第一时间赶赴灾区，政府赢得了民众的尊重与信任，被国内外舆论广

① 参见胡伟《政府过程》，浙江人民出版社1998年版，第337—339页。

泛称赞。近年来，随着互联网和新媒体的发展，政府回应的载体已不限于传统媒体，而是扩展出官方网站、政务微博、微信公众号等多种新方式。政府及有关部门越来越重视利用新媒体渠道发布信息、引导舆论，尤其是 2009 年以后，政务微博、微信公众号的应用增长很快。

那么，在现实中这几种政府回应载体的运用情况如何？有学者基于人民网舆情监测室每年发布“中国互联网舆情分析报告”，对 2007—2014 年的 102 个网络公共事件的政府回应案例进行了实证分析。该研究发现，排在前三位的政府回应载体依次是传统媒体、政务微博和官方网站（见表 4—3）。

表 4—3　网络公共事件的回应载体（一些事件同时采用了多种回应载体）

回应渠道	传统媒体	官方网站	政务微博	微信公众号	新闻发布会	现场见面会	其他
案例数	46	34	36	16	24	11	30
百分比	53	40	42	19	28	13	35

该研究认为，在当地传统媒体上发布信息，回应民意是最为常见的一种回应载体，说明地方政府仍然较为重视传统媒体的舆论引导作用，其原因是传统媒体在事件处置中具有影响力大、容易把控等优势。新兴媒体随着网络和新媒体日益强势，有关部门越来越重视利用渠道发布信息。相比之下，召开现场见面会、听证会、办公会等渠道仍很少见，说明有关部门仍然欠缺平等沟通意识，忽视面对面协商对话在网络公共事件处置中的重要意义。深入分析一些案例可以发现，无论是通过传统媒体、官方网站、新闻发布会，还是通过新兴的政务微博、微信公众号来回应，有关部门均比较重视单向的信息发布和舆论引导，对于双向的交流对话不够重视，或者流于形式。①

这些分析是比较公允的。需要指出的是，由于该研究只是针对网络

① 许鑫：《网络公共事件政府回应的现状、问题与策略——基于 2007—2014 年 102 个案例的实证分析》，《情报杂志》2016 年第 7 期。

民意，因此面对面的对话较少也是可以理解的，但不能完全说明政府回应载体的运用情况。不过可以肯定的是，政府运用这些载体进行回应还远未达到规范化、制度化的程度，比如新闻发布会制度、听证制度还不完善，随意性、偶然性很大①，有些甚至成为一种摆设而流于形式。同时，中国政府回应的方式的人治色彩还比较浓厚，不论是座谈会还是下访调查都与政府领导人的主观意志有着极为密切的联系。

第三节 公民的反馈与被动回应的示范效应

公民反馈是被动政府回应过程的重要环节，是对政府回应进行检验和调整的基本依据。它不仅是一次政府回应过程的终结环节，还很可能是新一次政府回应过程的起点。反馈的方式主要包括口头方式、书面方式、行为方式等。口头反馈是指公民用口头语言将反馈信息传达给政府，这种方式多用于传递距离较近的情况，如在基层的政府回应过程中。书面反馈是指公民用书面形式向政府传递反馈信息，如公民给政府写感谢信。这种方式多用于传递距离较远的情况。行为反馈是指公民通过一定的行为向政府传递反馈信息，如送锦旗、到政府闹事等。不过，一般而言，书面反馈方式、口头反馈方式更为正规；行为反馈的情感最为强烈。

一 公民反馈的类型

根据反馈的性质，可以将反馈分为正反馈和负反馈。正反馈就是通常所说的“报喜”，就是公民对政府回应表示满意和肯定，它表示政府的回应是积极且富有成效的。负反馈就是通常所说的“报忧”，就是公民对政府回应表示不满意和否定，它往往导致政府应该对其原先的回应行为进行修正。

根据反馈的次数，可以将反馈分为一次反馈和多次反馈。一次反馈

① 2009 年初，《人民日报》与人民网联合推出的“地方政府开通社情民意通道，你们那儿通了吗”的网络调查显示，96.8% 的网友认为，政府社情民意通道不畅通，而反馈不及时、遭遇推诿塞责、沟通渠道形同虚设，是网友反映最强烈的问题。

是指在被动回应过程中，公民向政府回应只进行一次反馈；多次反馈是指在公民向政府回应多次进行反馈。在现实中，公民对政府回应往往是一个多次反复的过程。

根据反馈信息的传递特点，可以将反馈分为主动反馈和被动反馈。主动反馈是指公民把政府回应的效果主动地传达给政府。被动反馈是指政府在做出回应后，自己去调查了解政府回应的效果。如在实际生活中，政府工作人员往往会对一些接受政府回应的公民进行“回访”。

根据反馈的结果，可以将其分为终结性反馈和启发性反馈。

终结性反馈的表现是公民的诉求得到满足，公民对政府回应表示满意。如在吕日周解决西瓜事件中，在市委书记的干预下，乡镇政府向瓜农付清了欠款，当时瓜农激动地流下眼泪，向吕书记下跪，口口声声称“感谢共产党、感谢政府”。瓜农的反馈不仅是满意，而且感恩戴德。

启发性反馈的表现是原先的要求升级转化成了新的甚至是更高的要求。如在“孙志刚事件”中，社会公众开始的要求是查清真相，严惩凶手，在公安部门破案和违法者最终得到法律制裁之后，社会公众的要求升级了，要求审查害死孙志刚的收容遣送制度的合理性。在某些情况下，启发性反馈可能表现为公众的过激行为。如在贵州瓮安事件中，起因是一名少女的死亡，人们要求查清真相，在政府做出回应之后，人们的疑惑不仅没有解开，反而燃起了对政府的怒火。这方面的原因主要是政府回应不当，但也与公民对政府的认识有关。如一些上访者认为要想解决问题就必须往上“告状”，只有闹到省里、闹到中央才有可能给基层增加压力，迫使基层解决问题。上访群众总结出一个规律：大闹大解决、小闹小解决、不闹不解决。更主要的是，这些认识往往为实践所证明。如一些久拖不决的事情在上级的督办下就能够迅速得以解决，而且上级督办的力度越大，下级就行动得越快，问题就解决得越彻底。又如现实中一些工作人员对信访工作的态度是重“上”轻“下”，有些基层单位对于上级机关和上级领导转来的信访件，一般都会高度重视，害怕怠慢上级，能够迅速行动起来，然而对于来自下级或群众的信访件，往往搁置一边，不理不睬。

二 被动回应的示范效应及其原因

启发性反馈带来的新要求可能是合理的，也可能是不合理的。这就涉及被动回应的示范效应。被动回应的示范效应是指一次政府回应不但没有满足公民的要求，反而激起公民的更为强烈的要求，从而引发再次或多次政府被动回应；或者个案的政府回应引发了一连串的类似案例。前者如贵州瓮安事件，后者如重庆出租车事件。

这种示范效应一方面来自被动回应的被动性质，另一方面则来自公民要求的体制性原因。就前者而言，在面对一些没有处理过的公民要求尤其是突发性事件时，由于政府回应是被动的，所以政府开始做出的回应往往不公正或带有随意性和欠考虑。再加上公民对政府的不信任，公民往往会“得寸进尺”，提出更高更苛刻的要求。就后者而言，许多公民要求产生的原因往往是体制性的，比如在出租车停运事件中，出租车司机的要求源于出租车市场的尖锐矛盾和冲突，而这是整个出租车市场的设租体制先天注定的。“体制性的问题不从体制上解决，而只随机解决零星个案，那么每一次个案的成功，都非但不能触动体制上的积弊，反而可能起到示范作用，鼓励更多的出租车司机挺身而出。个案的成功这时反而可能导致整个出租车市场的振荡，导致整体上的失衡和无序。”①因此，消除被动回应的示范效应也必须从两个方面着手：一是提高政府应对突发性事件和处理危机的能力，二是大力改革传统的全能型政府体制。正如有人在分析国内接连发生的出租车停运事件时所指出的：“仅有个案上的进步还是不够的。个案上的进步必须汇聚成制度成果，从整个制度体系上找到出口。而如众所周知，矛头直接指向地方政府，地方政府往往成了社会矛盾和冲突的关键当事方，这正是当下群体性事件的普遍现象，也是当下群体性事件最大的风险之所在。导致这种高危局面的一个根本原因，则在于传统的全能型政府体制。全能体制在高度集中权力的同时，也导致了社会矛盾向政府高度集中，社会冲突向政府高度

① 笑蜀:《群体性事件矛头为何总指向政府》，http：//www. chinaelections. org/NewsInfo. asp? NewsID = 138552。

集中，政府便往往成了社会矛盾和冲突的焦点，这是政府不能承受之重。”①

三　被动回应的示范效应与“社会维稳怪圈”理论

有许多学者从维稳的角度，将被动回应的示范效应，总结为“社会维稳怪圈”。清华大学孙立平教授认为，“近些年来，我们实际上已经陷入‘维稳的怪圈’：各级政府将大量的人力物力财力用于维稳，但社会矛盾和社会冲突的数量非但没减，反而不断增加，在某种意义上已经陷入‘越维稳越不稳’的恶性循环。”②“社会维稳怪圈”带来了高昂的维稳成本。以广州市为例，2007 年社会维稳支出 44 亿元，比社会保障就业资金 35.2 亿元还要多。而辽宁省 2009 年两会上却公布 223.2 亿维护社会稳定支出的预算，相当于拥有辽宁省每人为维稳支出 500 元，占财政的 15%③。近年来，随着“维稳基金”在各级政府中的普遍设立，“花钱买平安”的“权宜性治理”方式也普遍起来，就是所谓“人民内部矛盾用人民币解决”。但与高投入相比，其边际产出和收益是递减的，甚至是负的，如更多的侵权、更多的群体事件等。有学者仿照黄宗智、杜赞奇等人的内卷化理论，称其为“维稳的内卷化”④。

“社会维稳怪圈”之所以产生，既有思想观念上的根源，也有体制机制上的原因。从思想观念上讲，就是政府的维稳观有偏差，其主要表现为：将公民正当的利益诉求与表达视为不稳定因素，将民众物化为基层维稳对象，并试图通过压制和牺牲弱势群体的利益表达，来实现短期内的社会稳定。于建嵘将这种维稳观称为“刚性维稳”⑤。从体制机制上看，就是政府传统的体制化维稳机制不能适应现代社会形势。“在体制化基层维稳运行的行动逻辑中，以体制内的资源为维稳支撑、以体制内的评价

---

① 笑蜀：《群体性事件矛头为何总指向政府》，http：//www.chinaelections.org/NewsInfo.asp？NewsID＝138552。

② 孙立平：《“不稳定幻象”与维稳怪圈》，《人民论坛》2010 年 7 月上。

③ 笑蜀：《天价维稳成本为何降不下来》，《东方早报》2009 年 7 月 9 日。

④ 唐皇凤：《“中国式”维稳：困境与超越》，《武汉大学学报》（哲学社会科学版）2012 年第 9 期。

⑤ 于建嵘：《压力维稳的政治学分析——中国社会刚性稳定的运行机制》，《战略与管理》2010 年第 4 期。

为维稳向度及以体制内的管控为维稳手段，强调对维稳对象的控制、对上级机关的负责、忽视公众的有效参与与价值选择。然而，在对立的、庞杂的、高度不确定性的基层维稳环境中，体制化的基层维稳运行在处理现实稳定问题上所表现出来的种种弊端必然预示着基层政府与民众间的冲突与对立。”①

“社会维稳怪圈”在本质上是政府与社会之间、权力与权利之间的关系失衡所导致的。因此，对“社会维稳怪圈”的治理，需要有系统的思路：那就是要下决心推进社会的整体性和结构性的改革，破除社会的不公正现象，改革政治行政体制以约束权力，建立健全社会公共生活领域，发展社会组织，切实保障人民群众的基本权利，建立一种多元协作式的社会治理模式。其中最为核心的措施是，要推进国家治理的制度化水平，不仅能够为公民的有序政治参与提供制度化的管道，而且能够把对政府的不满情绪和公民合法权益的政治表达纳入法治化轨道，并用制度化的方式解决冲突。

小　结

一般而言，政府回应首先就是指政府被动回应。被动回应是一切政府得以生存和延续的基础，也是政府的基本职责所在。被动回应过程是所有类型的政府对公民和社会要求做出回应的过程的基本形式。

当代中国政府回应也首先体现为一种被动回应。被动回应过程以公民向政府有关部门提出要求为起点，这种利益诉求通过一定的利益表达渠道到达政府，由政府认定并做出回应，能够满足的给予满足，暂时无法满足的要做出解释，要求不合理的要对相关人进行说服教育。回应之后，公民做出反馈，并形成新的需求。这样就形成一个循环往复的互动过程。因此，不难看出，被动政府回应过程可以分为三个阶段：公民提出要求，政府做出回应，公民反馈。

① 陈发桂：《基层维稳的行动逻辑：从体制化运行到社会化运行》，《理论与改革》2011 年第 6 期。

对于当代中国政府的被动回应过程而言，尽管政府是公共利益的代表，但政府回应的效果还是与公民的阶层和地位有密切关系。这种关系不是体现为西方的正常利益代表关系，而往往与腐败相联系。

公民接近政府的渠道并不畅通。现存的制度性渠道如人大制度、政协制度、信访制度由于制度的缺陷难以发挥很好的作用。公民必须采取其他策略才能将自己的要求送达到政府那里。比如通过人际关系找到合适的代理人、通过组织化的方式扩大影响、直接接触较高级的领导人、借助公共舆论等。一般而言，通过采取这些策略传达到给政府的要求可以得到较好的回应。尤其是群体性的上访闹事，被民众视为最有效的诉求方式。

但在现实中更多的情况是，许多要求并不需要这些策略就能传达到政府，比如一些属于政府日常职能范围内的事情。另外，采取上述策略的成本也是比较高的。这样，在政府被动回应过程中，更关键的问题就不是出在公民利益表达的环节上，而是在政府接收到这些要求后缺乏回应的动力和能力的问题。

在改革开放以来中国群体性事件频发的背后，反映的是政府回应的"体制性迟钝"。政府往往对弱势民众的要求和在其看来微不足道的要求缺乏回应的动力，这反映了政府体制在决策、人事、监督等各方面都存在问题。

当代中国的体制性迟钝在许多时候需要人的因素来弥补，尤其是有责任感的领导人和街头官僚。但实际上，没有制度的约束人的因素也很难发挥作用，往往是政府缺乏责任感，不论是政府领导人还是街头官僚都存在这样的问题。其原因既有利益方面的，如政府把为公民办事看作是创收的手段，为强势民众办事常常能给政府及其工作人员带来一些好处，因此就会对弱势群体另眼看待；也有观念和作风方面的，如官僚主义。应当指出，当代中国与西方不同，政府回应性差不仅仅是街头官僚失控的问题，而是政府各级领导人都缺乏有效监督的问题，"处长"现象反映了这一点。

正因为缺乏有效监督，政府利益异常膨胀，往往与民争利。现实中的许多民众的要求与政府本身直接或间接地侵害民众利益有关。正是这个原因，使民众的要求要想获得当地政府的回应无异于自投罗网，导致民众向上级政府表达要求的情况常态化。在这种情况下，越级上访、群体性事件都是合法的非制度性利益表达形式。

即使在政府做出回应时，对各种载体的运用还远未达到规范化、制度化的程度，随意性、偶然性很大。比如新闻发布会制度、听证制度还很不完善。从这里也可以看出。中国政府回应的方式的人治色彩还比较浓厚，不论是座谈会还是下访调查都与政府领导人的主观意志有着极为密切的联系。

在政府回应的反馈环节上，可以发现，因为政府回应的不及时、不到位、不合理、不正当，造成民众对政府回应的永不满意。当然，那种民众感恩戴德的情形还是存在，但随着民众民主意识、权利意识的觉醒和政府神圣光环的褪去，这种场面必将一去不复返。政府被动回应不仅难以增加政府的合法性，反而加剧了政府合法性的流失。政府被动回应加剧了民众的冷漠感，这种冷漠不是表明民众缺乏政治参与的热情，而是表明政治效能感低下。民众深感表达无用，于是尽量不与政府打交道，这是造成基层政府开展工作难的主要原因。这在一定程度上促使基层政府开展了一些成功的政府创新。政府被动回应还带来了比较严重的负面的示范效应，这就是一方面权钱交易的社会化和另一方面的民众闹事的扩散化，使政府日益陷入“社会维稳怪圈”之中。

第五章

政府回应过程之二：主动回应

被动回应是现代民主政府的最基本的职责。对于现代政府而言，不应局限于对民众提出的要求做出被动的回应，更应该主动出击去了解和满足民众的需要，甚至应该根据社会发展趋势领先于民众的觉悟做出前瞻性回应。与被动回应相比，主动回应重在强调政府回应的主动性和前瞻性。主动回应的客体往往是一些社会生活中的重大问题和关于社会发展的重大事项①，在这些重大问题和重大事项中潜藏着公民的要求。主动回应不像被动回应那样主要需要政府的行政能力，而更需要政府对公民需求的认知能力。相比较而言，主动回应比被动回应更能体现出政府的责任性。

主动回应的主要表现形式就是决策②，作为一个过程，主要包括三个阶段：政府界定问题提出方案、政府公开信息征询民意、政府对民意反馈做出决策。在这三个阶段中，政府都是处于主体地位，每个阶段都体现了政府回应的主动性。由于主动政府回应关涉的多是重大决策，所以

---

① 2008年4月17日公布的《湖南省行政程序规定》中的重大决策包括九类：（1）制定经济和社会发展重大政策措施，编制国民经济和社会发展规划、年度计划；（2）编制各类总体规划、重要的区域规划和专项规划；（3）编制财政预决算，重大财政资金安排；（4）重大政府投资项目；（5）重大国有资产处置；（6）资源开发利用、环境保护、劳动就业、社会保障、人口和计划生育、教育、医疗卫生、食品药品、住宅建设、安全生产、交通管理等方面的重大措施；（7）重要的行政事业性收费以及政府定价的重要商品、服务价格的确定和调整；（8）行政管理体制改革的重大措施；（9）其他需由政府决策的重大事项。这些决策项目的特点是涉及本地区经济社会发展全局、社会涉及面广、专业性强、与人民群众利益密切相关。

② 政府主动回应也有针对具体个人的，但本文主要研究面向多数人的主动回应，即政府决策，而且决策也是狭义的，不包括执行。

在实际中主动回应的过程是比较复杂的，并不是一次性完成的。

改革开放以来，中国政府特别强调民主科学决策，对决策尤其是重大决策的规则和程序越来越重视。2004 年中共十六届四中全会通过的《中共中央关于加强党的执政能力建设的决定》对重大决策的规则和程序作了比较具体的规定，“改革和完善决策机制，推进决策的科学化、民主化。完善重大决策的规则和程序，通过多种渠道和形式广泛集中民智，使决策真正建立在科学、民主的基础之上。对涉及经济社会发展全局的重大事项，要广泛征询意见，充分进行协商和协调；对专业性、技术性较强的重大事项，要认真进行专家论证、技术咨询、决策评估；对同群众利益密切相关的重大事项，要实行公示、听证等制度，扩大人民群众的参与度。建立决策失误责任追究制度，健全纠错改正机制。有组织地广泛联系专家学者，建立多种形式的决策咨询机制和信息支持系统。”2008 年湖南省率先进行行政程序立法，出台《湖南省行政程序规定》，对重大决策的规则和程序作了明确的规范化规定。主要程序如下：行政决策事项的提出—调查研究—拟订决策方案—向社会公布决策方案草案—征求公众意见（包括听证）—专家咨询论证—在集体审议的基础上由行政首长做出决定。

第一节　政府界定问题和提出方案

主动回应要求政府必须有高度的责任感。主动回应要求政府在公民要求之前洞悉先机，创造性地履行它对公民所承担和许诺的各种责任，做出前瞻性行为。政府必须先于公民对一些社会重大事项和重大问题主动作出判断和决策，以满足公民的潜在需求。首先遇到的问题是政府主动回应是如何启动的？

一　主动回应的起因

20 世纪七八十年代以来的西方政府改革运动，对传统官僚制进行了激烈的批判，针对官僚制迟钝僵化的缺点，提出了“回应性”的理念，这一理念不仅仅意味着政府应该对公民提出的要求做出及时有效的反应，更主张政府及时了解社情民意，主动出击。要实现这样一种理念，西方国家采取了一系列的措施，主要是用企业招揽顾客的方式改进政府对公众的服务。但也正是这种要求政府主动回应的理念，与西方传统的政府中立原则发生了冲突。在中国，政府历来是一个积极的政府。自古至今的政府理念都强调政府要体察民情，关心民生。只要是目的正当，政府的行为就是正当的，可以不受限制。这就是马克斯·韦伯所说的中国只重视意图伦理而缺乏责任伦理。当代中国政府，确立了人民主权的理念，以全心全意为人民服务为宗旨，更加注重政府的主动性。那么，在现实当中，当代中国政府的主动回应是如何发生的呢？主要有以下五种情形：

（一）政党的动议

在第三章中已经讲过，政党是政府回应的最强大的动力源泉。就主动回应而言，这一结论自然适用。不过应当指出的是，共产党推动政府主动回应，固然是缘于体制上的原因，但更主要的是缘于共产党的性质和责任感。与中国共产党是马克思列宁主义、毛泽东思想武装起来的全心全意为人民服务的工人阶级先锋队。党的性质、宗旨和指导思想，决定了党必须把为人民谋利益作为自己全部活动的出发点和归宿。西方政党主要是作为一种选举的工具不同，中国共产党是有着远大理想和强烈历史责任感的使命型政党。正因为如此，即使没有选举竞争的压力，共产党仍然有较强的动力去主动关心民众和引领社会发展。

中国共产党有着远大的理想，其最终使命是实现共产主义。为了实现共产主义的远大理想，共产党非常注重党的工作的计划性。这表现在：首先，在坚持共产主义远大理想的同时，提出共产主义社会不是一朝一夕就能建成的，主张分阶段进行努力。如当前提出中国特色社会主义的共同理想，着重建设中国特色社会主义，为最终实现共产主义做准备。其次，在不同社会形势下自觉调整党的纲领路线和工作重点，坚持与时俱进。如 1978 年中国共产党的十一届三中全会根据国内外形势的变化，提出将党的工作重点从阶级斗争转到经济建设上来。再次，在领导国家的经济和社会发展方面，共产党也坚持分阶段、按计划、有重点、循序渐进的原则。如制定国民经济和社会发展五年规划（“十一五”规划之前称为五年计划）、国家八七扶贫计划①、在一定时期做出有针对性的决策（严厉打击刑事犯罪、治理整顿、反腐败、西部大开发等）。

在当代中国，共产党组织是政策制定的主体结构。胡伟曾将当代中国的决策程序分为三类：其一是单纯由共产党组织来制定和颁布政策，即由党组织主持政策议程、政策规划和政策合法化的全过程；其二是由党中央建立政策议程并进行政策创议、委托政府部门或立法机关进行具体的政策起草和制定，最后由全国人大进行政策合法化；其三是由党组织进行政策创议，由政府设计具体措施并颁布实施，或由党与政府联合的名义进行政策合法化。② 不论哪一种决策程序类型，共产党总是掌握着决策的主导权，同时共产党主要靠政策赢得广大民众的拥护。因此，在现实中，许多政府主动回应如重大的社会规划和重要的公共事务性政策都是由共产党提出动议的。如国民经济和社会发展五年规划就是首先由中国共产党提出制定的建议，具体制定工作由政府承担，最后提交全国人大审议通过。

（二）政府领导人的更换

政府领导人在政府回应中的作用非常重要，这既有体制上的集权有关，也有人治传统有关。一般而言，政府领导人的更换往往给政府部门带来新的气息，中国人有“新官上任三把火”的传统。当然，这不是绝对的。能否促使政府有主动回应的表现，主要取决于政府领导人的个人素质。一个责任心强、干劲大的政府领导人一般都会有新的举动。他们往往会带来政府部门较大面貌的改变。如各类政府创新、政府形象都与当地的行政领导人有密切的关系。新的领导到任之后，往往会展开大规模的调查研究，了解社情民意，制定新的工作思路和出台新政策。如自2002年中国共产党十六大之后新一届中央领导集体执政以来，短短几年时间里，胡锦涛、温家宝主导下的政策取向有了较大的变化，那就是更

① “八七扶贫攻坚计划”是中国历史上第一个有明确目标、明确对象、明确措施和明确期限的扶贫开发行动纲领。1994年，党中央、国务院决定实施《国家八七扶贫攻坚计划》，集中人力、物力、财力，动员社会各界力量，开展大规模扶贫攻坚，力争用7年的时间，到2000年底基本解决当时全国农村8000万贫困人口的温饱问题。

② 胡伟：《政府过程》，浙江人民出版社1998年版，第251—253页。

加重视底层群众的利益，有人称这种转向为新民本主义。[①] 又如2002年山西省长治市的党政领导班子调整后，以吕日周为首的新领导班子锐意进取，在短短三年时间内做出了大量富有成效的决策，满足了当地民众的许多需求，同时赢得了民众的广泛称赞。

（三）例行会议引发的主动回应

这与当代中国的会议制度有很大关系。如果说主动政府回应的前两种起因主要是来自政治主体自身因素的话，那么例行会议则是一种制度化的动因。会议在当代中国政治过程中的地位非常重要，因此中国政治也被称为会议政治。会议的主要功能是做出决定并贯彻执行。每年或隔几年党和政府都会召开许多例行会议，如“两会”（每年3月召开）、经济工作会议（一般在每年年末召开）、农业工作会议（一般在每年年初召开）等。在开会之前，党和政府都会进行高密度的调研活动，了解社会形势和各种问题，制定一些工作思路和政策方案决策提交到会议上。而且，党和政府也非常注重在会议上能够提出一些新亮点。

（四）被动回应引发的主动回应

被动回应往往是以个案的形式完成的，但有的个案却具有极强的代表性，反映了当前社会存在的某一类问题。如在温家宝替熊德明讨工资的案例里，熊德明的要求只是讨回自己丈夫的打工工资。但这一被动回应引起了政府对保护农民工劳动权益问题的重视。政府马上采取了一系列的措施，不仅集中解决农民工工资拖欠问题，形成了长效的解决机制，而且还在改善农民工就业环境、维护农民工合法权益等方面做了大量工作。大多数情况下，主动回应是需要一系列的被动回应所引起的。如信访制度既是公民利益表达和被动政府回应的重要渠道，也是主动政府回应的引发机制。一些地方为了解决群众上访问题，往往会主动下访。信访作为一种制度，主要功能不是为了解决公民具体问题的救济制度，而是为党和政府开出一条了解社情民意的渠道。党和政府一般都会从信访机构收集到的大量的公民要求中总结出哪些是当前群众关心的热点问题，哪些迫切问题需要政府重点解决，然后在此基础上做出相应的决策。这

① 徐勇：《走向新民本主义——中国改革发展的路向及转变》，《探索与争鸣》2003年第9期。

种回应显然不是针对个别性诉求的被动回应，但确实与被动回应有关。近年来，政府高度重视“三农”问题、社会保障问题、拆迁问题、环境问题等都与民众信访有很大关系。

被动回应引发主动回应并制度化了的典型案例是社会稳定风险评估制度的建立。近年来，由于在重大工程项目、重大政策、大型活动、重要基础设施建设等领域决策不当而屡屡引发上访和群体性事件，不仅造成许多难以挽回的损失，而且极大地损伤了政府公信力。因此，中国政府提出变被动为主动，为实现关口前移和源头治理，着力推行重大决策社会稳定风险评估制度。2010 年 10 月，十七届五中全会《中共中央关于制定国民经济和社会发展第十二个五年规划的建议》中，对建立社会稳定风险评估机制提出了明确的要求。2011 年 1 月，卫生部发布《关于建立卫生系统重大事项社会稳定风险评估机制的指导意见（试行)》。2012 年初，中共中央办公厅、国务院办公厅联合发文《关于建立健全重大决策社会风险评估机制的指导意见》。2012 年 8 月 16 日，国家发展和改革委员会颁布了《国家发展改革委重大固定资产投资项目社会稳定风险评估暂行办法》。2014 年十八届四中全会《中共中央关于全面推进依法治国若干重大问题的决定》提出：“把公众参与、专家论证、风险评估、合法性审查、集体讨论决定确定为重大行政决策法定程序，确保决策制度科学、程序正当、过程公开、责任明确。”2015 年 10 月，中共十八届五中全会再次重申“落实重大决策社会稳定风险评估制度，有效预防和化解矛盾纠纷”。各地也都纷纷出台相关办法。社会稳定风险评估的核心要旨就是把社会力量导入到公共决策过程之中，主动回应社情民意。

（五）信任危机引发的主动回应

政治系统理论认为，政治系统以自身的生存为目标，而生存必须建立在环境对其的一定水准的支持基础上，当政府系统遇到生存危机时，输出就是产生对政治系统特定支持的基本手段。由政治危机引发的主动回应就属于这种性质的输出。在一些地方尤其是基层，由于政府不作为或腐败，或严重侵犯民众利益，造成政府与民众之间的关系十分紧张。通常一个偶然的小事就可能引发公众与政府之间的对抗性冲突，形成突发性的群体性事件。这种事件往往会给政府与公民之间的关系带来巨大创伤，造成政府的信任危机。由于公众与政府关系紧张，民众根本不配合政府的工作，政府的政策无法贯彻落实。在这种情况下，基层政府为了重新得到民众的信任，就会主动采取一些措施，积极了解民众的需求并针对性地做出及时有效的回应。如以“八步工作法”① 著称的重庆开县麻柳乡，“八步工作法”作为一种政府主动回应的方法和制度，最初就是起源于1999年的政府危机。在那次危机中，群众就把（乡）政府机关围起来，找（乡）政府要说法、要退款，同时用砖头把乡政府的门窗砸烂了。政府为了重新赢得民众的信任，主动征询民众的意见，了解他们的需求，在此基础上列出政府的工作重点，制订方案，由民众讨论通过并自我实施、自我监督。这就是“八步工作法”的雏形。后来这种做法形成制度，并在实践中得到改进和完善。

二　民意与政府界定问题提出方案

主动政府回应的启动往往意味着政府要界定问题和提出项目方案。主动政府回应是以具体的社会公共需要为基础的，而这一具体的社会需要，往往是以一定的社会问题即一定社区内所有公民相关的问题反映出来的。因此，在主动回应中，一定的社会问题是政府回应的客体，对一定社会问题的界定是主动政府回应过程的第一步。

但并不是所有的社会问题都是需要政府做出回应的。② 一般而言，只有那些拥有广泛的民意基础的社会问题才能引发政府主动回应。正如学

---

① 八步工作法是指凡涉及村级经济发展规划、村级财务预决算、村内兴办公益事业、重点项目和村民切身利益的大事，都通过八个程序，广泛听取群众意见，由全体村民或村民代表讨论决策，并由村民代表进行管理和监督。其主要步骤为：第一步，深入调查收集民意，弄清楚大多数群众希望办什么；第二步，召开党员干部和村民代表会议，讨论形成初步方案；第三步，宣传发动统一思想，征求群众对初步方案的意见，争取最大多数人的理解和支持；第四步，民主讨论确定方案。方案确定后，推选工程建设领导小组人选，人选中普通群众必须达到50%以上；所有钱物均有群众代表管理，干部管事不管钱；第五步，户户签字进行公决，赞成率达到85%以上，才予以实施；第六步，分解工程落实到户；第七步，村民小组组织实施；第八步，竣工结算张榜公布。由群众财务管理委员会清算财务，多退少补，并张榜公布，每个群众均可随时查账。

② 这可以用公共政策学的“政策之窗”理论来解释。该理论认为，在众多的公共问题中，只有一部分在特定时机下才能引起政府官员的注意。打开“政策之窗”需要三条源流：问题源流、政策源流、政治源流，在某个关键的时间点上，它们汇合到一起，公共问题就会被提上政策议程，这个关键的时间点就是所谓的“政策之窗”。该理论也称“多源流模式理论”。参见［美］约翰·W. 金登《议程、备选方案与公共政策》，中国人民大学出版社2004年版。

者胡伟所指出的，“利益表达和利益综合可以反映一定的民意，但一般的利益表达和利益综合并不一定能够导致政策议程的建立。然而，如果民意的反映相当广泛，已构成一种社会现象，则往往就会进入政策议程。”①

因此，政府在界定问题提出方案之前必须主动去了解社情民意，搜集信息。

在当代中国主要有两种途径：一种是通过常设的社情民意反映制度和信息支持系统，一种是进行专门的调查研究。社情民意反映制度主要包括人民代表大会制度、政治协商制度和信访制度。② 至于信息支持系统，它是正确决策的前提。在当代中国，一些情况下（尤其是没有进行专门调查研究的情况下）政府界定问题提出方案的民意基础主要来自政府系统的信息支持机制。信息支持机制改善信息系统、提高行政信息工作水平，是公共决策实现民主化科学化的重要环节。中国政府系统的信息工作科学化、现代化起步较晚。1987 年 12 月，国务院召开了全国政府系统信息工作座谈会，这是中国行政信息系统改善的开端。随后，各级政府逐渐建立起相应的信息机构和信息管理制度，在短短的十来年里中国的政府信息系统便初步形成。中国政府信息系统主要是各级政府办公厅（室）内设立的专门的信息机构，由专职人员负责处理各种行政信息的收集、处理、传递和交流等。近年来，中国政府又大力推行电子政务，为科学民主的决策机制建立信息平台。目前，中国利用信息技术协助政府对民众间的互动，数字化、网络化的政府信息系统框架已经初步形成。

当然，就体现政府主动性程度而言，进行专门的调查研究要比上一种途径强。因此，在政府主动回应中，尤其是对于重大决策，进行调查研究一般是必经程序。调查研究既包括政府领导人以及政府自身的政策

---

① 胡伟：《政府过程》，浙江人民出版社 1998 年版，第 240 页。

② 此外，还有一些地方性制度。如人民群众建议征集制度，1988 年山西省省率先实施，1992 年河北省模仿建立并设立了相应机构，长期坚持征集社会各界对河北省经济、政治、文化、社会生活等方面的意见和建议，取得了较好的效果。又如近年来一些地方建立的网络民意收集平台，2004 年 5 月 21 日辽宁省正式开通“民心网”，受理办理群众投诉举报和咨询，评议政风行风，收集和分析社情民意信息。

研究部门进行的调查研究，也包括政府委托给学术团体和社会组织进行的调查研究。以“十一五”规划的制定为例，2004 年底，中央直接部署 22 个重大课题，组织有关方面专家进行深入研究，课题包括三农、能源资源、区域协调发展、收入分配、人口、就业和社会保障、环境保护、体制改革和扩大开放等，几乎涵盖“十一五”时期我国将要面对的所有重大问题。这些研究的目的就是向社会咨询、征求方案。

政府领导亲自去民众中去了解情况，听取意见是调查研究的特殊方式，同时也是当代中国政府主动回应中最为常见的方式。为了更好地了解社情民意，中央有关文件规定，各级党员领导干部每年都必须有三分之一的时间深入基层，搞调查研究，了解民众愿望和要求。上自中央，下到基层，领导都会经常性到群众中去，去了解民情、听取民意。中央领导下访一般称为“考察工作”，基层干部下访经常被称为“下乡”。在当代中国，领导下访也颇受批评。因为个别官员作风漂浮、脱离群众，很少到群众中去，即使偶尔到基层去，也是“坐着车子转转，隔着玻璃看看，中午吃顿饭饭，拍拍基层干部的肩膀说好好干干!”更有甚者，是警车开道，下车后各级干部围得水泄不通，老百姓很难靠近，形式主义严重。

在政府界定问题提出方案阶段中，有时社情民意往往并主要不来自上述途径，也就是说，这里的民意往往并非公民主动利益表达的结果，也不是政府采用比较正规的接触公民的调查方法而获取的，在许多情况下是权力精英和地方各级政府官员的一种为民请命的责任感。学者胡伟认为，在当代中国的决策中，权力精英在利益输入方面发挥了重要作用。由权力精英自身来进行利益要求的输入即“内输入”是当代中国决策过程中利益表达与综合的主导形式。中国的决策不是多元力量的博弈和互动，而是权力精英的政治折冲。权力精英的这种社会利益代理人的角色并不是由特定社会群体推选的，而只是权力精英“为民做主”“为民请命”的一种表现。李昌平便是这种权力精英的典型代表。在他担任乡镇干部期间，他深深感到农民负担的沉重。因此，不惜顶着巨大压力，向总理说实话，提出“农民真苦、农村真穷、农业真危险”，并建议中央进行决策，减免农村税费。李昌平的建议得到中央的积极回应，2003 年

“中央一号”文件做出了免征农业税的决定。

“内输入”与中国共产党的群众路线有密切关系。群众路线是建立在共产党是中国人民的先锋队这一论断之上的。先锋队比普通人民群众有较高的觉悟，因而要担当教育群众、代表的任务。先锋队因而获得相当大的自主性空间，因为群众很可能局限于眼前利益，只有先锋队能够认识到群众的真正利益和长远利益。对此，董必武曾有一个很好的说法：“有些同志以为实行群众路线不需要党来领导，这也不对。没有党的领导，群众利益是不能实现的。党领导群众就是为群众出主意，和群众一道去争取群众的利益。如土地问题，照一般农民的想法是用金钱去买，才可以得到土地。没收地主阶级的土地来分，这是我们共产党告诉农民的。政权问题就更明显，无产阶级夺取政权的概念，开始时在无产阶级群众中是模糊的，后来在共产党领导下，才有明确的意识，并在某些国度内建立起自己的政权了。像群众长远的利益或最高的利益，群众自身往往是看不见的，必须有党领导，群众才不致走错路。”①

群众路线的主体是领导干部。领导干部走群众路线，就是要将群众中分散的无系统的意见转化为集中的系统的意见。“我们所谓总结和集中，并不是群众意见的简单堆积，这里必须要有整理、分析、批判和概括。”② 而这些整理、分析、批判和概括等工作最终是由领导干部来进行的。因此，胡伟认为，当代中国的政府过程主要不是以群众性的利益表达和综合作为动力，而是党政官员走群众路线的方式来综合民意为基础。单纯自发的群众性利益表达和综合在整个决策过程中的比重不大，更多的利益表达和综合是有权力精英和地方各级政府官员进行的，其中包容了相当大范围的社会公众的利益要求。③ 因此，在当代中国政府的主动回应过程中，界定问题提出方案主要是权力精英和各级地方政府官员走群众路线进行“内输入”的结果。这是中国政府主动回应过程的一大显著

① 董必武：《我们的财政任务与群众路线》，《董必武选集》，人民出版社 1985 年版，第 174 页。

② 邓小平：《关于修改党的章程的报告》，《邓小平选文选（1938—1965）》，人民出版社 1989 年版，第 206 页。

③ 胡伟：《政府过程》，浙江人民出版社 1998 年版，第 208 页。

特点。

"内输入"一方面表明中国公民在利益表达上的弱势地位，另一方面表明中国由权力精英主持的政府在回应民意上的主动性和自觉性。由于主动回应的主要表现就是决策，因此可以认为，"内输入"是当代中国主动政府回应过程的重要特征。权力精英和地方各级政府官员在主动回应过程中起着主导性作用，权力精英和地方各级政府官员的自觉性和责任感是决定主动政府回应能力的主要因素。这也在很大程度上意味着，内输入展示了当代中国政府主动回应中的人治色彩。

事实上，中国改革开放以来一直强调的集体领导和重大问题集体决策制度是有利于发挥"内输入"机制的积极作用的。但在一些地方政府尤其是基层的实践中，集体领导和重大问题集体决策制度并没有得到很好的执行，因此"内输入"机制的消极面得到凸显，主要表现为政府主要领导人尤其是一把手的独断专行。政府主动回应往往就成为政府领导人的个人意志，正因为此，当代中国的主动政府回应过程中所做的一些决策往往缺乏科学性。比如一些地方政府的重大决策就是个别领导人一手主导制定的，有时甚至是"拍脑门"决策，这些不合理的决策往往带来许多不良后果①。

最后特别需要指出的是，在当代中国，中国共产党在政府界定问题提出方案这一阶段起着主导作用。党不仅主动提出许多前瞻性的决策事项，而且对政府拟订方案的全过程进行监控。这是由共产党拥有政治领导权尤其是重大问题决策权所决定的。如在"十一五"规划的制定过程中，党发挥了核心的作用。虽然许多具体设计不是党亲自实施的，但党却控制着整个过程的每个关键点，不仅创议、提出修改意见，而且实施监督检查。

① 当然，在当代中国，专家咨询论证越来越受到政府重视。专家咨询论证不仅有利于提高决策的科学性和质量，而且也有利于决策的民主化。这一方面是由于专家参与了决策，改变了领导个人决策的形式；另一方面则是由于专家也代表民意，中国知识分子历来有为民请命的传统。专家咨询论证在当代中国的各级政府的决策过程中已日益受到重视。但也有一些地方政府在主动提出方案的过程中，非常看重专家咨询论证的作用，却往往不重视听取社会各方面的意见，表现出浓厚的"专家治国"的施政理念。这事实上强化了政府主要领导个人决策的局面，固化了那种旧有的人们已经习以为常的一小部分人对大多数人的决策状态。

“十一五”规划是如何制定的①

按惯例，五年规划的编制工作一般要经过前期研究、形成基本思路、研究提出规划框架和起草规划草案几个阶段。

2003 年 7 月，国务院就开始部署起草“十一五”规划。

2003 年 9 月，国家发改委发布消息，面向海内外公开招标“十一五”规划的前期研究课题。

2004 年底，根据胡锦涛的指示，中央直接部署 22 个重大课题，组织有关方面专家进行深入研究，课题包括三农、能源资源、区域协调发展、收入分配、人口、就业和社会保障、环境保护、体制改革和扩大开放等，几乎涵盖“十一五”时期我国将要面对的所有重大问题。

2005 年初，“十一五”规划进入正式起草阶段。2005 年 2 月 16 日，一个特殊的小组成立。这个小组由国务院总理温家宝亲任组长，国务院副总理曾培炎任副组长。

2005 年 4 月 15 日，中共中央总书记在中央政治局第 21 次集体学习时对指导“十一五”规划提出相关要求。

2005 年 6 月 2 日，胡锦涛总书记主持政治局常委会听取起草工作的汇报后，再次提出相关要求。

2005 年 7 月 26 日，胡锦涛主持召开党外人士座谈会，针对经济社会发展中的重大问题和“十一五”规划听取意见。

2005 年 7 月底，中央办公厅下发通知，就《建议》（征求意见稿）在 100 多个单位、部分党内老同志和党的十六大代表中，广泛征求意见。

2005 年夏秋之季，中央政治局常委纷纷赴各地调研，为“十一五”规划建议做准备。他们考察的重点正显露出十六届五中全会勾勒未来发展规划的若干思路。7 月，中共中央政治局常委、全国人大常委会委员长吴邦国就到山东 8 个地市考察；而中共中央政治局常

① 《“十一五”规划出台内幕》，http：//news. sohu. com/s2006/shiyiwuchutai/。

委、全国政协主席贾庆林也在7月中旬赴湖南湘潭、岳阳、长沙等地调研。8月11日至14日，中共中央政治局常委、国务院总理温家宝到安徽、湖南调研，考察的主要内容是企业的自主创新能力。8月19日至23日，中共中央总书记、国家主席胡锦涛到河南、江西、湖北，也重点就提高自主创新能力进行了考察。8月19日至24日，中共中央政治局常委、中央书记处书记、国家副主席曾庆红到新疆视察；8月20日至24日，中央政治局常委李长春到甘肃调研。进入9月份，中共中央政治局常委、国务院副总理黄菊在湖南长沙调研再就业和社保，中共中央政治局常委、中央政法委书记罗干赴黑龙江，了解基层政法工作和经济社会发展情况。

9月9日至13日，国务院总理温家宝在中共中央政治局委员、广东省委书记张德江等的陪同下，先后深入到珠海、中山、佛山、广州、东莞、深圳。

针对《"十一五"规划建议》，10月党的十六届五中全会召开之际，在4天的会议中安排两天半时间讨论审议《建议（讨论稿）》，在胡锦涛的主持下，会议召开过程中还进行了多次修改。

11日上午，全会再次分组讨论后，中午，起草组又根据分组讨论情况，对文稿作了最后修改，三个小时后，在下午3时07分，在人民大会堂，全会审议通过规划建议。

2005年10月25日，在《"十一五"规划建议》向外界公布的第六天，国家发改委宣布成立国家"十一五"规划专家委员会，共有37名专家组成，均为来自全国社会、经济、科学等各个领域的专家，包括较早提建新农村的北京大学林毅夫教授、国务院发展研究中心吴敬琏教授等。专家委员会成立之后，召开多次会议，主要围绕"十一五"时期发展目标、重大措施政策等进行讨论，并提出了修改意见。

2月6日到10日，温家宝专门主持召开了四次研讨会，听取了各民主党派中央、专家学者、科教文卫、企业界、工人和农民等各阶层代表的意见。

3月5日，《国民经济和社会发展第十一个五年规划纲要（草案)》提请全国人大四次会议审查。

总之，在主动回应过程的第一阶段即政府界定问题提出方案中，民意基础是非常重要的。从实践来看，在当代中国政府的政策议程设置中，民意越来越得到重视。著名学者王绍光依据政策议程提出者的身份与民众参与的程度将建立政策议程的模式归类为六种：关门模式、内参模式、上书模式、动员模式、借力模式、外压模式。通过大量的经验事实分析，他发现，随着社会利益日益分化、大众传媒的转型和互联网的出现，在中国政府议程设置过程中，专家、传媒、利益相关群体和人民大众发挥的影响力越来越大，“关门模式和动员模式逐渐式微，内参模式成为常态，上书模式和借力模式时有所闻，外压模式频繁出现”。这表明，中国政府决策的科学化和民主化程度在提高，尽管“科学化”和“民主化”的程度还未必尽如人意。①

第二节　政府公开信息征询民意

在政府就一定的社会问题和社会事项提出方案后，政府就要主动地公开方案和相关信息，征询公民和社会的意见。经济合作与发展组织（OECD）关于政府与公民联系的公共管理服务工作小组把参与界定为信息、协商和积极参与三个层次：信息是一种其中政府为公民提供生产和

① 王绍光认为：“考察民众关心的问题与政策制定者关注的问题呈现什么样的关系，可以为我们确定政治制度的性质提供一个新的视角。不少人把官员的产生方式作为划分政治制度的唯一标准，这是把形式凌驾于实质之上。更关键的是，什么人在政策议程设置的过程中扮演怎样的角色、民众关心的问题是否被提上决策者的议事日程。如果政策议程的设置被统治者或少数精英分子把持、民众关心的问题与政策制定者关注的问题南辕北辙，哪怕官员是民选的，这种制度也不配被称为‘民主’的。反之，如果公众议程能够对政策议程产生直接的影响、后者能切实反映前者的内容与排序，即使官员并非由直选产生，把这种制度斥之为‘不民主’也显得过于简单化。换句话说，通过考察公共政策议程设置，我们可以透过表象、更深入地认识政治制度运作的逻辑。”“从这个角度观察，我们可以看到，中国政治的逻辑已经发生了根本性的变化，而西方舶来的‘威权主义’分析框架则完全无力把握中国政治中这些深刻的变化。”王绍光：《中国公共政策议程设置的模式》，《中国社会科学》2006年第5期。

提供信息的单向关系。它包括获取关于公民需求的信息的“被动”渠道，又包括政府传播信息的“积极”办法。例如，获取公共记录的渠道、官方的公报以及政府的网址。协商是一种其中公民给政府提供反馈信息的双向关系。政府为界定可供协商的问题，指定问题并且对过程进行管理，而与此同时，公民则应邀提出自己的观点和意见。例如，公共舆论调查，对立法草案进行评论。积极的参与是一种以政府合作为基础的关系，在这种关系中，公民积极地从事对政策制定过程和政策制定内容的界定。它承认公民在议程的建立、政策选择的拟定以及政策对话的形成中具有平等的地位——尽管最终决策或政策阐述的职责归于政府。例如，意志一致的会谈，公民陪审团。①

政府与公民的关系既可以从公民参与的角度看，也可以从政府回应的角度看。在主动回应过程中，信息就是指政府对公民公开决策方案和相关信息②，协商和积极参与就是指政府主动地征询民意。

一　政府征询民意的方式、方法和载体

在主动回应中，政府在制订并公开方案之后，往往会采用各种方式来征询民意，以获得公民对方案的意见。就当代中国而言，政府征询民意的方式可以分为间接的和直接的两种。间接的政府征询民意的方式主要指通过民主党派、人大代表、政协委员、政治团体和社会组织来了解公民的意见。直接的方式主要有政府调研、通过媒体征询、召开会议。这里主要介绍直接征询民意的方式。

政府调研就既包括方案制订之前的调研，也包括方案公布后的为征求意见的调研。在上一节中已经讲过决策方案制订之前的调研。在中国，调查研究是中国共产党的优良传统，同时也是政府征询民意的主要方式。

---

① ［美］珍妮特·V. 登哈特、罗伯特·B. 登哈特：《新公共服务：服务，而不是掌舵》，中国人民大学出版社2004年版，第94页。

② 《湖南省行政程序规定》明确规定，行政机关应当将主动公开的政府信息，通过政府公报、政府网站、新闻发布会以及报刊、广播、电视等便于公众知晓的方式公开。除依法不得公开的之外，公布的事项包括：重大行政决策方案草案及其说明；公众提交意见的途径、方式和起止时间；联系部门和联系方式，包括通信地址、电话、传真和电子邮箱等。决策承办单位公布重大行政决策方案草案征求公众意见的时间不得少于20日。

尤其是党政领导亲自下到基层听取普通民众的意见，在当代中国极其常见。这对于听取民意不仅具有实质性意义，而且还具有很强的象征意义。因为在民意对决策影响比较微弱的当代中国，它彰显了领导对民意的重视，对政府工作人员和民众都有示范意义。还以“十一五”规划为例，在2005年7月《十一五规划建议（征求意见稿）》公布后，政治局常委们在短短的两个多月时间里高密度地开展调查研究，奔赴各地深入基层听取意见和建议。

通过媒体征询就是在电视、广播、报纸、互联网站上发布征求意见的通告，欢迎民众来信来电提出意见。如为了寻找医疗体制改革的未来之路，国家发展和改革委员会网站专门开辟了《我为医改建言献策》专栏，共收到意见建议1500多条，来信600多封；经过五年的医改讨论，2008年10月《关于深化医药卫生体制改革的意见（征求意见稿）》诞生了，通过媒体向社会公开征求意见。又如深圳一家媒体2006年和2007年在“两会”期间专门开辟“有话问市长”栏目，通过网络和电话、传真、短信平台收集市民提问，整理后交给市长们。据称8位市长也是“高度重视”，“亲自就市民关心的重点问题一一回应”。关于行政审批项目应否保留、取消、改变管理方式，广州市向社会公开征集处理意见，市民可通过书面、电话、传真、电子邮件等方式，对这755项行政审批项目发表意见。[①]近年来，“互联网+”时代的新事物网络约车出现了，究竟如何规范和监管，事关老百姓的出行，政府十分慎重。2015年10月10日，交通运输部同时发布《关于深化改革进一步推进出租汽车行业健康发展的指导意见》和《网络预约出租汽车经营服务管理暂行办法》的征求意见稿，向社会公开征求意见，为期一个月。11月10日，交通运输部发布征求意见情况显示，一个月内共收到有效意见5008件。通过拆分处理，共梳理出意见6832条。其中，仅简单表示支持或者反对的态度性意见共903条，提出具体修改意见和建议的共5929条。[②] 交通运输部对这些意见

① 王宁：《行政审批改革初见成效》，《南方都市报》2003年6月21日。

② 《网络约车怎么改？六成意见认为应纳入管理》，http：//www.chinanews.com/gn/2015/11-10/7614867.shtml。

进行了认真研究和充分吸纳，于 2016 年 7 月 28 日正式公布《关于深化改革进一步推进出租汽车行业健康发展的指导意见》和《网络预约出租汽车经营服务管理暂行办法》，与征求意见稿相比，做了很大调整，也有了很大的进步和让步，给网约车留出更多发展空间。

召开会议是当代中国政府征询民意的一种基本方式。这种会议主要包括小范围的谈心会、座谈会、讨论会、汇报会等。如为应对金融危机，2008 年 11 月 25 日，时任国务院总理温家宝在中南海主持召开经济专家和企业界人士座谈会，听取对当前经济形势和宏观经济政策的看法和建议。参加座谈会的有研究财政、金融、企业、农业、房地产、对外经济等方面的专家，还有石化、电信、汽车、钢铁、有色、机械制造、流通和房地产企业负责人。他们就当前国际经济金融形势、我国的财政货币政策、“三农”问题、房地产和金融市场、产业结构调整和企业兼并重组、保障和改善民生，以及有关行业和企业发展的形势、问题发表了看法，提出对策建议。①

通过召开会议征询民意有一种特殊方式，这就是听证。听证是民众表达利益要求和参与公共决策最直接的有效途径之一。听证的主要作用是听取决策相关利害人的意见，防止决策主体滥用权力，保证决策尽可能兼顾相关利害人的利益。听证是一种会议形式，但同时是制度化的。听证制度在国外已有多年历史，在我国则是最近十多年来才引入的新鲜事物。从 1996 年起，我国陆续在行政处罚、价格决策、立法等领域引入了听证制度，改变了政府一元化决策模式。1998 年出台的《价格法》明确规定，制定关系群众切身利益的公用事业价格、公益性服务价格、自然垄断经营的商品价格等政府指导价，政府定价时，应当建立听证会制度，由相关的政府主管部门主持，征求消费者、经营者和有关方面的意见，论证其必要性和可行性。2002 年 1 月，政府有关部门第一次举行全国性的行政决策听证会，就“铁路部分旅客列车票价实行政府指导方案”

① 《国务院经济形势座谈会：听取经济专家和企业界意见》，http：//news. xinhuanet. com/newscenter/2008 - 11/25/content_ 10411604. htm。

进行听证，引起社会广泛关注。[①] 2002 年 12 月 1 日，《政府价格决策听证办法》开始实行。2004 年国务院《全面推进依法行政实施纲要》也明确规定，政府部门对涉及国计民生的重大行政行为决策，应当实行听证。目前我国的决策听证制度主要有三类：行政处罚听证、价格听证和立法听证。近年来，一些地方政府在自来水调价、物业费标准和出租车调价等涉及公共事务的重大问题上采取听证会的形式公开征求人民的意见，使人民对政府的决策心服口服，效果比较好。但总体来讲，我国的听证制度范围较窄，目标性不强、透明度不高且缺乏统一的行政程序规则，尤其是在听证的透明度、代表的产生方式等具体问题上需要进一步改进和完善。[②] 在一些地方和部门，听证甚至仅仅是一种形式，被公民批评为“走过场”。在有些情况下，听证则背离了征询民意和接受监督的初衷，蜕变为政府强奸民意合法化的手段，如近年来，的确有大大小小的价格听证会举行，但每当有“听证”这类的字眼见诸报端，多半意味着马上水电煤气公交要涨价了，而公民的意见并没有在听证会上得到真实反映。

需要指出的是，这些征询民意的方式在现实中常常是混合运用的。以 1996 年深圳进行的调整“非义务教育收费”为例，当年的 7 月 1 日，《深圳特区报》在第 1 版辟“非义务教育收费大家谈”专栏，在随后的半个多月里，每天在第 1 版刊载教师、学生、家长、教学管理人员、学校领导、教育主管部门官员等各行各业人员的来稿。这些来稿畅所欲言，从不同角度阐述了各自对收费的看法。与此同时，有关部门还召开各种座谈会，广泛征求各方面的意见。在此基础上再举行听证会，从而使收费调整有了广泛的社会基础，收到了良好的社会效果。[③] 在这个案例中，征询民意的方式包括通过媒体征询、召开会议征询和听证。有些地方政府则进一步将征询民意的方式制度化、规格化。如上海市自 2003 年以来，

---

① 中华人民共和国国务院新闻办公室公布：《中国民主政治建设》（白皮书），2005 年 10 月，第 67 页。

② 彭宗超、薛澜：《政策制定中的公众参与——以中国价格决策听证制度为例》，《国家行政学院学报》2000 年第 5 期。

③ 李荣华：《听证程序与行政决策民主化》，《中国行政管理》1999 年第 8 期。

政府规章在起草过程中都在市政府门户网站上公布草案全文向社会征求意见，2007 年为了进一步方便公众参与政府立法过程，提高市民对政府规章的知晓度，市政府决定进一步扩大规章草案信息的公布载体，改进征求意见的方式。市政府门户网站开设“政府规章草案征询民意平台”，方便市民直接在网上提出意见。对涉及利益冲突或者分歧意见较大的规章，将举行立法听证会，并明确规定草案征求公众意见的时间一般不少于 20 天。[①]

美国学者约翰·克莱顿·托马斯曾经从公民参与的角度提出政府征询民意的几种方法，如关键公众接触法、公民调查法、新沟通技术法等[②]。这些方法在当代中国政府征询民意时也会用到。关键公众接触法是指政府向相关公民中的“关键人物”征询意见，这种方法需要政府管理者向公众中的一小部分个体，通常是有组织团体的领导人提出问题，就特定的政策问题表达其观点。这种方法在政府调研和召开会议的方式里都有体现。如领导人在调查考察期间，经常会召见一些主要行业或领域的精英人物，听取他们的意见和建议。政府为征询民意而召开的各种座谈会的参与者往往就是公民中的关键人物。公民调查方法（主要就是指访谈法和问卷法）经常被包含在政府调研的方式之中。与关键公众接触法相比，公民调查可以向更多的人征求意见，但会有问卷调查等技术性要求。新沟通技术方法可以视为政府通过媒体征询方式中的具体方法，主要强调对现代电信技术尤其是电脑、互联网和手机的运用。

同时，托马斯还指出，这几种方法仅仅是以获取信息为目的的，还有其他一些方法则不仅能获取民意，而且公民还要分享决策的权力。这些方法包括运用公民会议、咨询委员会等。这些征询民意的方法，不同于上述几种方法，如果上述几种方法基本上是政府主导的自上而下的方式的话，这些方法则是政府与公民之间的讨论、对话、协商和互动。在

---

① 《上海：所有政府规章草案都将上网征求公众意见》，http：//news3. xinhuanet. com/newmedia/2007 – 09/11/content_ 6702896. htm。

② 他将这几种方法称为“以获取信息为目标的公民参与”方法，与此相对，还有“以增进政策接受性为目标的公民参与”方法。参见［美］约翰·克莱顿·托马斯《公共决策中的公民参与》，孙柏英译，中国人民大学出版社 2005 年版，第六、七章。

西方发达国家，运用公民会议、咨询委员会已是司空见惯的事情，但在当代中国，这种分享决策权的征询民意方式还只是初见端倪。近年来，听证会的运用是一个重要表现。另外，随着协商民主的发展，在一些地方出现了类似国外公民会议、咨询委员会的征询民意的方式，如浙江温岭的“民主恳谈会”[①]、广州的公众咨询监督委员会[②]，它们已经成为协商民主制度的重要内容和地方治理的重要方式。

实际上，托马斯认为，公共政策制定过程中政府征询民意的制度设计首先应对公民的性质与公共政策的类型进行划分。根据公共政策的不同类型、不同公民的性质以及公民参与政策过程的具体形式，来确定公共政策过程中征询民意的不同制度安排形式（如表5—1所示）[③]。

---

① 温岭的“民主恳谈”创始于1999年6月，最初在各镇（乡）、村等进行。2000年8月，“民主恳谈”开始在全市各乡镇（街道）、村、社区、非公企业和市政府职能部门等各层次全面推开，“民主恳谈”的主题也由最初多为群众提出的与自己切身利益相关的问题转变为涉及村、镇、企业或全市的公益大事为主。随着时间的推移，以“群众出题目，政府抓落实”“一期一主题”为基本形式的“民主恳谈”活动逐步朝制度化、规范化和程序化方向发展，并成为村、镇、企业和市职能部门做出重要事项决策的必经程序。温岭市“民主恳谈”为广大人民群众直接参与基层社会公共事务的决策和管理提供了渠道。“民主恳谈”的参与主体是广大人民群众，他们可以自愿参加、自由发表意见和建议。他们的意见和建议影响着党委、政府的决策。它为广大人民群众民主监督村、镇、企业和市政府职能部门的决策提供了途径。在决策时，把相关问题交给参加“民主恳谈会”的群众进行讨论，出点子，使得决策透明化、科学化，为广大人民群众对各层级决策进行民主监督提供了便利。原来的“暗箱操作”“拍脑门”“少数领导拍板”的决策方式变成了集思广益的“阳光决策”，原来单方面的决策行为变成了双方的互动合作。“民主恳谈”扩大了基层民主，为基层社会的民主管理、民主监督和民主决策提供了一种新形式。摘自第二届中国地方政府创新奖优胜奖项目“浙江温岭市‘民主恳谈’”的项目介绍，http://www.chinainnovations.org/showNews.html? id=94。

② 2013年3月，广州市政府常务会议审议并通过了《广州市重大民生决策公共意见征询委员会制度（试行）》，明确规定，今后凡关系市民切身利益且涉及面广的重大民生决策事项，原则上均应成立公众意见征询委员会，先征询民意后作决策，如没有成立，不得提交领导集体决策。公咨委采用“一事一会”的原则，成立于决策事项的拟议阶段，终止于决策完成阶段。在人员构成方面，委员会成员一般不少于15人，由直接利益相关方代表、市民代表、专业人士代表、人大代表和政协委员构成。2015年8月，在对试行制度进行修改的基础上，广州市政府发布了《广州市重大民生决策公众咨询监督委员会工作规定》，自2015年10月1日起实施。广州公众咨询监督委员会作为广州市的社会组织，为政府与市民搭建沟通的桥梁、与市民协同治理社会政治事务，成为官民共治的一种有效实践方式。参见杨雪非《与民共治：一种城市治理机制创新——以广州公众咨询监督委员会为例》，《广东开放大学学报》2015年第3期。

③ 参见［美］约翰·克莱顿·托马斯《公共决策中的公民参与》，孙柏英译，中国人民大学出版社2005年版，第35页。

表 5—1 公共政策制定过程中征询民意的形式矩阵

公共政策类型	公民的性质			
	单一有组织的团体	多个有组织的团体	未组织化的公民	复合型的公民*
改良式的自主管理	关键公众接触	关键公众接触	公民调查/由公民发起的接触	关键公众接触/公民调查/由公民发起的接触
分散式的公众协商	关键公众接触	关键公众接触/一系列公民大会	公民调查	公民调查/公民大会
整体式的公众协商	与公民团体开会座谈	咨询委员会/一系列公民大会	一系列公民大会	咨询委员会/或公民大会
整合式的公众协商	与公民团体开会协商	与咨询委员会协商	一系列公民大会	咨询委员会/或公民大会

注：＊复合型的公民即由组织化团体和非组织化团体混合而成。

托马斯的理论对我国政府如何根据决策情境来选择合适的征询民意的形式，很有启发意义。当然，这些立足于西方国家背景的征询民意的形式在我国未必可行，还应结合我国政府决策的具体环境来进行适当的取舍。

在上述当代中国政府征询民意的几种方式方法中，可以发现政府征询民意的载体主要是会议和媒体。会议和一般官方媒体是比较传统的征询民意的载体，在现实中的运用也最为普遍。值得研究的是媒体尤其现代网络媒体在当代中国政府征询民意中的作用。

相对于传统的座谈会、讨论会、汇报会和一般官方媒体，网络在反映民意的真实性方面具有更大的优势。“作为第四媒体的网络，其开放性的结构使其成为一个非常高效的信息渠道。网络拥有 web 网页、E－mail、BBS、留言板、博客等多种传播样式，日夜涌动着囊括社会动态生活万象的海量的快速更新的新闻，网络言论更是在整体上具有超越任何传统媒体的尖锐性和自由度，所有这些，都为各级官员特别是高级官员了解社会真实民意提供了相对高效的渠道。可以说，每天上网浏览一下各大网站的新闻和评论，高级官员们就很容易了解本地区本部门的施政举措的真实社会反响，从而为行政决策提供重要的参考。”[①] 2008 年 10 月，清华大学媒介调查实验室的一项对 629 名地方党政县处级以上领导干部的调查问卷显示，有 21.47% 的领导干部上网的主要目的是了解社情民意，有 78.18% 的领导干部上网喜欢接触的内容是当地群众意见，而在领导干部了解信息的渠道中，互联网已经超过会议和电视，成为仅次于报纸的第二大渠道。[②]

尽管当前整个社会对网络在反映民意的方面的作用大为肯定，但对网络民意对政府回应的影响力也不能过分高估。2009 年初，工业和信息化部网站所公布的消息称，截至 2008 年，中央部委政府网站的普及率达到 96.1%，省市政府网站普及率达到 100%，地市级政府网站普及率达到 99.1% 。但与此几乎同时，2008 年 12 月，《中国青年报》一项对 1110 人的调查显示，85.6% 的人曾访问过政府网站，61.3% 的人对政府网站感到不满意，32.0% 的人感觉一般，仅有不到 7 % 的人表示满意。调查中，33.1% 的人认为政府网站需要加强网上互动交流，增强政府与公众的沟通。应该看到，一方面，政府掌握着对网络的管理权，由于网络民意对政府的监督功能日益明显，如各种网上通缉令，对一些政府官员私人情况的频频曝光和严厉声讨，现在已经有人呼吁对网络进行更加严格和规范的管理了。在现实中，有相当比例的网络公共事件发生后政府采取删帖、封锁信息、压制舆论等方式来应对。另一方面，政府愿不愿意尊重网络民意依然是政府自己的事，缺乏外在硬性的强力制约，在现实中，政府不尊重民意的决策和行为是常有之事。更为重要的是，对网络渠道的过度关注恰恰反映其他政府征询渠道的不畅通，对网络渠道的重视在现实中可能造成其他渠道的更加边缘化。[③] “全球互联网项目”通过比较各国资料发现，其他国家的多数受访者都不认为“通过使用互

① 《互联网成传递民意渠道 官员上网升级为执政能力》，http：//news. sina. com. cn/c/2005 - 02 - 02/00465739697. shtml。

② 裴智勇：《中国政坛新气象：近七成领导干部有“触网”经历》，《人民日报》2008 年 10 月 8 日。

③ 见 2004 年 4 月 26 日郭良在耶鲁大学法学院的演讲《中国互联网的发展及其对民意的影响》，http：//www. usc. cuhk. edu. hk/wk wzdetails. asp? id = 3329。

联网，人们对政府会有更多的发言权”，只有中国例外，60%以上的受访者同意这一说法。这并不能说明中国的网络渠道比其他国家更畅通、更主流，而只能说明中国的其他渠道比国外更不畅通、更边缘化。

二　征询民意的意义与“伪回应”

征询民意是主动回应的核心环节，是政府主动与公民进行的交流和沟通。如果说在被动回应过程中最重要的环节是政府对公民要求的反应的话，那么在主动回应过程中最重要的环节是政府对民意的主动征询，征询民意的过程也是挖掘公民潜在要求的过程。政府主动回应的主动性集中体现在政府对民意的重视和征求上。政府的主动回应行为必须是建立在征询民意的基础之上的。没有政府对民意的了解，就没有政府主动回应。没有民意做基础，政府主动回应就失去了对象和客体，就是一种伪回应。征询民意在当代中国主动回应中具有非常重要的意义。

中国的决策过程与西方存在重大区别。在西方，政府重大决策方案的拟订和提出环节的重要性远逊于对决策方案的表决和通过环节，因为在多元主义的政治环境下利益博弈主要集中在决策方案的表决和通过环节，各党派和利益集团都在议会这个民主制度舞台上进行博弈。如西方国家有所谓的“三读”表决程序，在形式表现为反复修改，其实质是利益博弈。

在当代中国，政府的重大决策都是由共产党主导的，决策正确与否与共产党的形象密切相关。一党执政的体制决定了共产党的形象不容有损，因此，共产党提出决策方案必须慎重，必须充分发扬民主作风。而且，一党执政的体制也要求共产党必须扮演社会利益总协调者的角色，不论在实质上还是名义上都必须代表人民的根本利益。这也要求共产党主导的政府决策必须尽可能地将社会各个方面的利益要求考虑进来。一党执政体制决定了中国的决策过程必须将利益博弈与利益协调的环节前置，简言之，就是利益博弈与利益协调的环节要在决策方案出台之前完成。在很大程度上，决策方案的制订过程实际上就是利益博弈和利益协调的过程。在中国，一旦决策方案出台，民意机关对其的表决通过就是水到渠成，几乎没有什么大的悬念。

的确，中国共产党具有极强的社会利益整合功能。在中国的政府决策最终出台前，不论是提出方案前的问题调研，还是方案公布后的征询民意，都是党通过走群众路线实现利益整合的表现，都是中国决策过程的核心内容。党和政府都非常重视征询民意。2008 年 12 月 18 日，中共中央总书记、国家主席、中央军委主席胡锦涛在“纪念党的十一届三中全会召开 30 周年大会”上的讲话中再次强调：坚持问政于民、问需于民、问计于民，既通过提出和贯彻正确的理论和路线方针政策带领人民前进，又从人民的实践创造和发展要求中获得前进动力。

在中国实际决策过程中，共产党走群众路线的过程实际上取代了西方那种多个利益集团相互博弈的过程，集中体现在决策中对征询民意的重视。中国的许多重大决策都是通过几上几下、反复协商、多次修改的结果，是集思广益的产物。这也可以从“十一五”规划的全过程中得到体现。在地方政府的决策过程中，征询民意往往也不是一次性的。如 2007 年上海市政府制定《上海市城市生活垃圾处理管理办法》，1 月市政府法制办将规章草案全文公开首次征求意见，并对草案的一些相关内容进行了修改和完善。9 月就修改后草案再次公开征求市民和有关单位意见，希望市民和各单位就本市生活垃圾源头减量、资源化再利用、开征生活垃圾处理费等重点内容提出意见和建议。①

需要指出的是，征询民意在中国政府主动回应中的这种特殊意义也决定了民意的被动性。上面已经提到，美国学者约翰·克莱顿·托马斯将公共决策中的公民参与分为以获取信息为目标的公民参与和以增进政策接受性为目标的公民参与。在这里，以增进政策接受性为目标的公民参与是指公民对政府决策有较大影响力，与政府分享决策权。在政府回应过程中，政府与公民的关系从公民角度看是公民参与，从政府角度看则是政府征询民意。因此。征询民意也可分为以获取信息为目标的征询民意和以增进政策接受性为目标的征询民意。显然，后一种征询民意对决策的影响力更大。在当代中国政府主动回应中，以获取信息为目标的征询民意占据主导地位。公民是受政府邀请来发表意见的，是被动的，公民对决策的影响力主要是由政府赋予的，而不是一种法定权利。

---

① 《上海：所有政府规章草案都将上网征求公众意见》，http：//news3. xinhuanet. com/newmedia/2007 - 09/11/content_ 6702896. htm。

正因为此，在现实中，政府往往可以将征询民意形式化，使政府回应成为“伪回应”。

在当代中国，由于政府与社会力量的强弱悬殊，政府主动回应的动力并不是主要来自社会和公众的压力，而主要来自政党的责任感和政府内部制度的动力。但同时，意识形态的承诺和一党执政体制又要求必须高度重视民意。因此，主动回应在形式上是一个完整的过程，但在实际运作中往往将征询民意的环节虚化。这样，主动回应事实上就失去了回应对象（公民）和回应客体（公民的要求)，就成为“伪主动回应”。

伪主动回应是指政府在名义上打着尊重民意、“问需于民”的旗号，有时做一些象征性的民意征询甚至虚构民意，做出所谓有利于人民根本利益和长远利益的决策。伪主动回应产生的原因在于民主制度的不完善。一是民主选举制度的不完善。政府官员只对上负责，不对下负责。这就造成许多政府官员做决策往往是为了向上级显示自己的政绩，以谋求自己的个人升迁及相关利益。二是民主决策制度不完善。集体决策制度往往流于形式，现实中更多的是领导个人说了算，尤其是一把手拍板。三是民主监督制度的不完善。人人监督弱、社会监督等外部监督弱，主要靠内部监督尤其是上级监督。

“伪主动回应”已经成为当代中国尤其是在地方和基层政府主动回应存在的一个主要问题。实践证明，这种“伪主动回应”不仅不能给民众带来像“及时雨”一样的期待利益，反而常常成为引发民众不满和反抗的导火索。现实中的许多“政绩工程”和异化服务①都是伪主动回应的表现。伪主动回应的主要特征是：第一，调研的象征性。在伪主动回应中，政府在确立决策事项和提出方案前后也会进行调查研究，但这些研究主要是象征性的，用来显示决策的慎重性和合法性，大多数调查研究实际

① 异化服务有三种形态：差别服务、强制服务、不对称服务。差别服务是指服务本来应是普遍的平等的，但事实上当服务具体落实到不同主体时却造成非同等享受的结果。在行政实践中，具体表现为服务行政中的差别对待。最突出的例子是我国城乡居民所享受的政府公共服务的不平等现象。强制服务是指政府的服务本来应该是由公众来决定的（要不要服务、要多少服务、服务的方式与效果)，但有的政府官员认为只要管好了就是服务好了，那么这种服务就可能演变成强制“服务”。不对称服务是指政府在不了解社会、企业和公众的想法、需求的情况下，按照自己的想法给公众提供服务，确定提供服务的方式。参见王艳《服务型政府的异化与转型——论建立新公共服务型政府》，《云南行政学院学报》2004 年第 4 期。

上都流于形式。第二，民意的虚构性。与调研的象征性相关，政府对民意的征询也往往流于形式，决策的民意基础是虚构的，在遭到反对的情况下政府还有可能用虚假民意来做挡箭牌。如山东济宁修建中华文化城的决定遭到社会上许多人的强烈反对，为了表示该决策的合民意性，当地政府进行了一次虚假的网络民意调查①。第三，决策的专断性。与前两个特征相关，伪主动回应在实质上就是少数领导的小圈子决策，决策的时间短、速度快。

应当看到，近年来中国政府也在努力克服“伪回应”问题。中央一再强调行政决策要民主化科学化，尤其是与公众利益密切相关的决策必须建立在真实的民意基础上。特别值得肯定的是，中国政府强调在法治的框架下通过行政决策的程序化来保证决策民主化。中共十八届四中全会通过的《关于全面推进依法治国若干重大问题的决定》明确提出，要“把公众参与、专家论证、风险评估、合法性审查、集体讨论决定确定为重大行政决策法定程序，确保决策制度科学、程序正当、过程公开、责任明确”。

第三节　政府的反馈与主动回应的替代效应

主动回应不仅要求政府主动了解民情和征询民意，而且还要求政府对公民反映的意见给予积极的反馈。政府反馈往往是反复多次的，直至决策最终完成。政府反馈的形式主要是两种：一是采纳公民提出的合理意见并据其对决策方案进行修改；二是对未采纳的公民意见做出合理的解释说明。《湖南省行政程序规定》对此有明确规定，在征询民意之后，政府“应当将公众对重大行政决策的意见和建议进行归类整理，对公众提出的合理意见应当采纳；未予采纳的，应当说明理由。公众意见及采纳情况应向社会公布”。

在当代中国主动回应过程中，尤其是一些重大决策过程中，政府征

① 《山东济宁中华文化城网络民意造假，一场被操控的网络民意调查》，http://news.xinhuanet.com/politics/2008-04/09/content_7944144.htm。

询民意和对民意的反馈都是反复多次的。通过反复的征询民意和对民意的反馈，尽可能地将社会上的各种利益要求都纳入到决策中来。实践也证明，改革开放以来，中国的重大决策尤其是在中央层面的决策基本上是符合民意、受民众拥护的。如2016年，温州一批20年产权的房屋土地产权到期，政府要求续费补证的新闻引发社会热议。按照《物权法》第149条规定，“住宅建设用地使用权期间届满的，自动续期”。但对于如何续期、需不需要缴纳土地出让金以及缴纳标准是多少并未明确。尽管我国大多数房屋的土地使用权是70年，距离届满限期还有很长时间，但中央还是主动发声，积极回应社会关切。2016年11月，中共中央、国务院出台《关于完善产权保护制度依法保护产权的意见》，明确提出“研究住宅建设用地等土地使用权到期后续期的法律安排，推动形成全社会对公民财产长久受保护的良好和稳定预期”。这种明确的政策导向是符合民意的，起到了稳定民心的积极作用。

一　主动回应的替代效应及其积极意义

美国学者唐文方在对中国城市市民的意见表达进行调查后发现，1987年，表达不满的比例和问题解决的比例之间呈现出线性递减的趋势，而到了1999年，取而代之的是一种U形关系，即存在不满的比例和问题解决的比例都很高，但表达不满的比例却很低。这种U形关系在物价政策、公共交通、居住环境以及市政建设等非工作方面的抱怨上体现得尤为突出。他认为，这种关系模式表明了两种相互冲突的趋势，即在中国城市里，在物质条件和政治回应性得到改善的同时，政治冷漠感却在逐渐增加。

同时，他的调查还表明，从1987年到1999年，人们在工作、物价政策、公共交通、居住环境以及市政建设等方面有不满的人的比例和表达不满的人的比例呈下降趋势，但得到回应和问题得到解决的比例在增加，这表明政府的回应性在增加。[①] 而这些方面恰恰是政府主动回应的主要领域。政治冷漠感的增加不是因为这些领域的政府回应性差，正是因为政

① 参见［美］唐文方（Tang，W. F.）《中国民意与公民社会》，中山大学出版社2008年版，第112—116页。

府回应性好，政治冷漠感才增加了。也就是说政府主动回应性的增加没有促进民众的参与，或者说政府主动回应与民众参与没有形成互动的关系。这表明，当代中国政府主动回应对公民参与有一种替代效应。

事实上，政府主动回应对公民参与有替代效应并不难理解。因为真正的政府主动回应是建立广泛和充分的民意基础之上，因而公民对政府做出的主动回应一般是比较满意的，当然也会有个别公民提出一些异议。但总体而言，一个能够经常主动回应公民要求的政府，可能会使公民的主动要求减少，也就是说，主动回应可能对公民参与会有一定的替代效应。

主动回应的替代效应有利于政治稳定。因为政府可以通过经常性的主动回应来监测环境和判断形势，了解社会是否处于稳定状态，通过预警避免政治冲突好政治动荡导致的政治体系不稳定。主动回应“实现了有序的政治沟通，使社会民众了解熟悉实际情况，缓解了参与要求不断增加和现有参与渠道不足之间的矛盾，不仅使直接摩擦因表达畅通而减少，而且增加了理解和宽容度，政治矛盾与冲突得以缓解，这种‘排气孔’和‘减压阀’作用弱化了公民向政治体系的施压程度”。[①]

二　主动回应的替代效应与“行政吸纳政治”模式

在当代中国，政府主动回应对公民参与的替代效应是比较明显的。这可以从“行政吸纳政治”模式来理解。所谓“行政吸纳政治”，是金耀基用来解释20世纪70年代以前香港的治理模式时创造的一种说法。金耀基指出：“‘行政吸纳政治’是指一个过程，在这个过程中，政府把社会中精英或精英集团所代表的政治力量，吸收进行政决策结构，因而获致某一层次的‘精英整合’，此一过程，赋予了统治权力以合法性，从而，一个松弛的、但整合的政治社会得以建立起来。”[②]“行政吸纳政治的一个主要途径是咨询，即几乎所有的政府部门，都设有咨询性的机构……这

① 景跃进、张小劲主编：《政治学原理》，中国人民大学出版社2006年版，第272—273页。

② 金耀基：《行政吸纳政治——香港的政治模式》，载《中国政治与文化》，牛津大学出版社1997年版，第27页。

些委员会的目的是使各个行政单位能广泛地经常地接触社会各界的人士及他们的意见，以使政府的决定尽可能地符合公众的意愿和利益……这个咨询性的制度设计，使政府对社会的意向有更敏锐的反应，因而常能化解许多潜在的冲突，同时，也使政府不至孤傲地脱离社会，形成一个闭锁的集团。”①

从香港的历史来看，港英政府是通过设立立法、行政二局的运行巧妙地回应社会发展带来的政治压力，并实现对香港社会精英和普通民众意愿的有序吸纳。从1850年起，立法局始有非官守议员的设立，任命香港英商大卫·渣甸和埃德加2人为立法局非官守议员；从1896年起，行政局始有非官守议员的设立，任命怡和洋行总经理艾温和大地产商遮打2人出任行政局非官守议员。两局非官守议员的设立，标志着殖民官僚与香港英商财团共治局面的形成。1880年后，港英政府政治制度权力体被迫由殖民官僚和香港英资财团垄断封闭的局面演化为向香港华人上层社会有限的开放。立法局华人非官守议员由1896年的1人增加到1929年的3人。行政局也于1926年首次设立了华人非官守议席。1967年后，港英政府政治制度权力体被迫由殖民官僚、英资财团垄断封闭的局面，演化为向香港华资财团和香港华人社会中间阶层的有限开放。立法、行政两局非官守议员中律师、教育家、医生、工程师、社会工作者等专业人士的比例不断增加。

后来康晓光提出“行政吸纳政治”也可以解释20世纪90年代以来的中国的政治稳定和政治发展。他认为，十多年来，政府通过行政吸纳的方式赢得了经济精英和知识精英的合作，从而获得了政治稳定。“行政吸纳政治”的本质是：政府主动、自觉地制定有利于社会精英的公共政策，以换取他们的政治支持。因此，“行政吸纳”有替代政治功能的含义。储建国针对胡锦涛、温家宝执政以来中国发生的新变化认为中国出现了“新行政吸纳政治”。如果说以前的行政吸纳过程过于倾向精英的利益而忽视了大众的利益的话，那么现在的行政体系以及施政过程则更加贴近老百姓，让决策过程更多地倾听来自弱势阶层的声音。新行政吸纳

① 金耀基：《行政吸纳政治——香港的政治模式》，载《中国政治与文化》，牛津大学出版社1997年版，第37页。

政治的“新”处就在于，行政体系不仅要吸纳精英，而且要吸纳平民。通过新的行政吸纳政治，现政府较为成功地缓和了精英和大众的矛盾，使政府角色变为精英和大众之上的仲裁者，赢得了大众的广泛政治支持。

不可否认，“行政吸纳政治”模式对当代中国政治有一定的解释力，其对政府主动回应的意义就在于揭示了政府主动回应对公民利益表达的替代效应。正是在这个意义上，可以认为，与被动回应相比，主动回应在当代中国处于优势地位，主动回应的理念更容易为中国政府所接受。主动回应强调政府主动关注民意，致力于发掘公民的潜在需求并做出积极回应，在一定程度上对政府被动回应的不足起到了弥补作用。这在公民意识淡薄、公民参与性不强的当代中国对构建政府与公民之间的和谐关系显然具有更为实际的重要价值。

三　主动回应的替代效应与“纵向民主”理论

实际上，已有学者注意到，所谓“行政吸纳政治”模式，也不是香港的专利。[①] 1967 年是香港“行政吸纳政治”的一个重要分水岭，此前主要是吸纳精英，此后才开始建立广泛的咨询委员会和各种群众组织，进行面向基层和草根的“行政吸纳政治”。这与当时的政治背景有关。就香港而言，1967 年发生了反英抗议运动；就全世界而言，反帝、反殖民运动风起云涌，“毛主席语录”随着中国革命和“文化大革命”风靡全世界。英国人为了维护在香港的殖民统治，把毛泽东强调的“军民鱼水情”看作是他们自己的政治格言，学习共产党的群众路线，以便从中找到共产党通过组织群众、发动群众的取胜秘密。因此，在这个意义上，“行政吸纳政治”与共产党的群众路线颇有渊源，可以说，中国的群众路线本身就有“行政吸纳政治”的功能。

群众路线强调党和政府要主动了解民意、主动回应民意，并实现自上而下和自下而上的良性互动。2009 年，在经过多年的对中国社会的组织考察与研究后，美国未来学家奈斯比特敏锐地发现，主动回应和行政吸纳政治是中国式民主道路的鲜明特色。他将中国政府自上而下的领导

① 强世功：《“行政吸纳政治”的反思——香江边上的思考之一》，《读书》2007 年第 9 期。

与中国人民自下而上的参与所形成的模式，称为“纵向民主”，以与以往西方走过的民主道路——“横向民主”模式相区别。他指出：“支撑中国新社会长治久安最重要、最微妙也是最关键的支柱就是自上而下与自下而上力量的平衡。这是中国稳定的关键，也是理解中国独特的政治理念的关键。”① 中国施行“纵向民主”有天然的优势，即中国共产党对于群众路线的高度重视。实际上，在奈斯比特看来，中国政府的主动回应的替代效应是积极的，可以避免社会无序参与和各种无谓的争斗；而且，“替代效应”一词并不准确，用“包容效应”可能更准确些。

“纵向民主”与“横向民主”有许多不同之处：前者强调秩序，后者强调自由；前者强调和谐，后者强调竞争；前者注重维护国家利益、全局利益与集体利益，而后者则侧重维护个人权益；前者倡导家国一体，家是最小国，国是千万家，而后者则认为家是家来国是国，国家与社会是分立的；前者认为政治统治合法性主要是通过被统治者的信任与认同获得的，后者认为选举是西方民主政治合法性的主要来源。纵向民主的结构更重要的是强调自上而下与自下而上的互动与平衡，而西方的民主化被认为是一个“双边进程”：一方面，限制和约束公共权力，达到“控制国家”的目的；另一方面，建立和健全社会约束机制，实现“规制社会”的目的②。

奈斯比特认为，中国“纵向民主”的优点是毋庸置疑的：不会因政治党派之间的争斗、政治作秀而浪费资源，而且符合中国人对于和谐稳定的追求。纵向民主模式不是急功近利的，不需要向特殊利益集团低头，也不需要担心选票、游说与幕后操作。只要存在任何可能会影响国家长期利益的因素，中国政府都会毫不犹豫采取行动。在遵循“议行合一”的制度构架的基础上，纵向民主可以克服政府官僚制重效率轻民主的弊端。

任何事物都是两面的，纵向民主运转的好，就可以发挥其优势，可

---

① ［美］约翰·奈斯比特、多丽丝·奈斯比特：《中国大趋势：新社会的八大支柱》，中华工商联合出版社2009年版，第39页。

② 梁素贞、杨东曙：《纵向民主：探析中国民主政治发展的新视角》，《中共福建省委党校学报》2012年第5期。

以通过自上而下的政治领导与自下而上的公民参与的互动，从而调动了两方面的积极性：一方面，通过政府的科学规划、合理安排实现了政策的连续性；另一面，有序的政治参与充分地调动了人民群众的主动性和创造性。但是，如果纵向民主运转不好，也会面临诸多的挑战，比如腐败、贫富差距导致的社会分化、群体性事件以及纵向信息流通不顺畅、利益表达渠道狭窄等问题。

因此，关键是要使具有中国特色的纵向民主上下畅通，在国家主导下政府与社会、市场要有健康的良性互动。这有两个重要方面：一是纵向民主上下运行必须有完善的制度化的通道；二是中产阶层必须发展成为民主政治建设的社会中坚力量，发展成为驱动社会转型的结构性力量。

“纵向民主”理论对中国民主的发展现状以及民主的发展趋向有一定的解释力，至少为我们提供了一种观察中国民主政治的视角，让我们对中国政府的主动回应及其替代效应有一种更为深刻和乐观的认识和见解。

当然，单纯以“纵向民主”来界定中国目前的民主制也肯定是不够全面的。有学者在比较“纵向民主”和“协商民主”后认为，中国目前实施的实际上是中国社会主义初级阶段的纵向协商民主制，即中国目前的民主制既具有一定的纵向特色，也具有一定的协商民主特色。中国目前的纵向协商民主还是很不完善的，它总体上还是以聚合民主、代议民主、精英民主为主，话语权的平等问题还有待进一步完善，还需要向审议民主、参与民主和大众民主方向发展①。

小　结

主动回应是当代中国党和政府一贯强调和坚持的政治主张。主动回应的重点不在于解决一些执行性的具体事务和公民提出的具体问题，而是从政府的责任意识出发，为整个社会和全体公民谋求长远利益。因此，与被动回应不同，主动回应更加注重重大决策层面。

---

① 朱元祥：《是走向纵向民主，还是走向协商民主？——约翰·奈斯比特的纵向民主论简评》，《南京理工大学学报》（社会科学版）2010 年第 10 期。

当代中国的政府过程主要不是以群众性的利益表达和综合作为动力，而是党政官员走群众路线的方式来综合民意为基础。单纯自发的群众性利益表达和综合在整个决策过程中的比重不大，更多的利益表达和综合是有权力精英和地方各级政府官员进行的，其中包容了相当大范围的社会公众的利益要求。[①] 因此，在中国政府回应过程中，公民个人的诉求渠道并不畅通，也往往得不到重视，强调政府主动回应是当代中国政府回应过程的一大特点。

从过程的阶段性来看，主要包括三个阶段：政府界定问题提出方案、政府公开信息征询民意、政府对民意反馈做出决策。在这三个阶段中，政府都是处于主体地位，每个阶段都体现了政府回应的主动性。

政府做出主动回应行为的动因主要有五个方面：执政党的动议、政府领导人的更换、由例行会议引发、由被动回应转变而来、由突发性事件和政府危机引发。政府界定问题提出方案需要民意基础，而其主要来自于政府常设社情民意反映制度和信息支持系统、政府调研以及权力精英的“内输入”。而“内输入”正是当代中国政府主动回应的一个重要特征。

政府主动回应过程的重点环节在于对民意的征询和了解，如果没有这一环节，回应就成为无根之木，无源之水。在这个意义上。政府主动回应实际上就是政府主动地问需于民、问计于民的过程。政府需要大力加强这个环节上的制度和机制建设。从当代中国的现状来看，政府不仅缺乏问需于民、问计于民的动力，而且缺乏相应的手段。尽管存在一些反映社情民意的渠道，但尚未规范化和制度化，人治的因素还比较多。“伪主动回应”已成为当代中国政府主动回应中的一个重要现象。

政府对民意的主动征询和积极反馈事实上起到了对公民利益表达和参与的替代效应。当代中国政府的主动回应的替代效在一定程度上可以用“行政吸纳政治”模式来解释。“行政吸纳政治”模式的启示是：主动回应的替代效应有利于中国的政治稳定，在公民参与性不强的当代中国对构建政府与公民和谐关系有着重要的现实意义。“纵向民主”理论对中国政府“主动回应的替代效应”持赞誉态度，其可能更愿意用“主动回

① 胡伟：《政府过程》，浙江人民出版社 1998 年版，第 208 页。

应的包容效应”来表达政府自上而下的领导与民众自下而上的参与之间的“鱼水关系”，认为这是中国实现长治久安的秘诀。

在当代中国政府主动回应的过程中，有两个政治主体值得特别关注。一是执政党中国共产党。中国共产党不仅是政府主动回应的主要发动机，而且在提出决策事项、制订决策方案方面发挥着主导性作用。在征询民意和对民意反馈过程中，中国共产党起着非常重要的利益表达和利益综合作用。不论在中央还是在地方层面，任何一个重大决策的利益表达和利益综合都是以共产党为轴心来完成的。政府与其他国家组织如人大、政协等实际上都成为党联系民众的一种渠道。这些渠道最终在执政党那里汇合。在这个意义上，政府主动回应实际上就是党的主动回应，政府主动回应是党回应社会和群众要求的一种表现形式。正是这样一种特点，也使得当代中国政府主动回应过程具有一些明显的优势，那就是能够集思广益、容易取得共识。

另外，政府领导人也值得关注。政府领导人也是政府主动回应的主要发动机之一。没有领导人的意愿，政府就会是保守的。在当代中国，正是因为领导的这种重要性，以及由于对政府部门领导人的约束机制不够健全，因此，政府主动回应常常成为领导人的表演舞台，表现出强烈的领导个人色彩。而且更重要的是，在这个过程中，领导人常常表现出严重的家长作风，专断独行，使得主动回应失去客体和对象，成为“伪回应”，使得决策失去民主性科学性，成为领导人个人的政绩工程。许多伪主动回应都是以领导人“当官要为民做主”和政府“为百姓办实事办好事”的名义做出的。

第六章

中国政府回应过程的基本特征和优化路径

当前，回应性已成为公共管理的核心价值追求之一。只要对西方政府改革的理论和实践稍加考察，就可以发现，努力在公共管理中对公民的要求给予及时有效的反应和回复，积极主动为公民提供更为个性化的服务，是贯穿西方行政改革的一条主线。在推进国家治理体系和治理能力现代化的今日中国，优化政府回应过程非常必要和迫切，应该成为人民满意的服务型政府建设的核心内容。针对以前政府回应的被动性、事后性、应急性、暗箱式、原子化、人格化等问题，国家治理现代化要求政府回应走向主动化、前瞻性、常态化、透明化、组织化、制度化。

正如本书第二章所指出的，中国学者对政府回应的理解是在价值与过程之间，即一方面对西方人理解的政府回应的价值内涵给予了充分肯定，另一方面又将政府回应理解为一种过程，并试图用政府回应理念来指导中国政府回应的实践过程。那么这种理解是否恰当呢？笔者以为，在运用任何外来的理念和理论来指导中国实践时，都应该认真地分析这些理念和理论的外国背景是什么？中国的现状又是怎样的？必须在这个前提下来探讨中国该怎么做。

第一节　中国政府回应过程的基本特征

要把握当代中国政府回应的特征，需要在与西方国家进行比较的基础上才容易做到。因为中国处于转型时期，所处社会背景异常复杂，与西方政府回应的背景有明显差别，这不仅影响着中国对政府回应的理解，而且深刻影响着中国政府回应过程的实践。

一　西方政府回应理论与实践的环境背景

西方政府回应理论的起源和发展历程表明，西方政府回应理论主要是在四个大背景下产生和发展起来的。

一是行政官僚制在发展过程日益暴露出自身弊病。西方的行政官僚制的实质是理性和法治。正因为此，西方官僚制强调规则、程序和专业化的重要性，坚决剔除人格化，严格限制行政人员的自由裁量权，以实现效率的最大化。随着时间的推移，烦冗的规章制度成为官僚制的包袱，官僚制政府变得僵化和缺乏应变能力。西方政府回应性理念就是针对官僚制的这种弊端而出现的。它主张解除加在行政机构和行政人员之上的过多约束，提倡目的导向和结果导向的行为方式，赋予行政人员更多的自由裁量权，以增强公共行政的灵活性和应变能力。

二是政治系统与行政系统的相对分离。官僚制政府从产生开始就是建立在政治与行政相分离的假设基础之上的。尽管后来这个假设备受批判，但不可否认的是，在西方现实中，政治系统和行政系统之间的确是相对分离的。从国家机构上看，议会和政府之间权力分立、相互制约；从人员上看，政治系统的人员来自于政党，由选举产生，而行政系统的人员是文官，由考试产生，奉行政治中立。因此，西方的政府回应概念主要就是指行政系统的回应性，与政治系统关系不大。也就是说，西方人对政府回应性的批评一般不会变成对整个政治体系的质疑。

三是发达的市场经济。市场经济在西方已有几百年的发展历史，已经相当成熟，因此，市场化才有可能被引入政府领域，成为西方政府改革的重要指导理念。市场化内在地要求政府要有应变能力和顾客导向意识，这些都成为政府回应理念的渊源。市场经济是自由经济，要求政府为企业提供良好的环境和服务，20 世纪 30 年代“大萧条”以来，市场的发展要求政府建立社会保障体系。“在很长一段时间里中，官僚主义的模式的确起过作用，但这不是因为它办事有效率，而是因为它解决了人民希望解决的基本问题。它为失业者和老年人提供了保障，它保障了社会稳定，这在经济大萧条以后是至关重要的。它提供了基本的公平感和平等感。它提供了工作。它在工业化时代提供了人民需要和期望的基本的、简朴的、千篇一律的服务，例如道路、高速公路、排水系统和学校。”[①]在社会保障体系建立后，市场经济的发展催生了公民对公共服务的多元化、个性化需求，这也是政府回应理念出现的重要原因。

四是公民社会的发展和成熟。市场经济的发展有利于公民社会的成长。市场经济以平等和自由竞争为原则，讲求法治。发达的市场经济使自由、平等、法治等理念在西方深入人心。市场经济还要求有限政府，为社会和个人留出自由空间。与发达的市场经济相联系，西方的公民社会也比较成熟。社会组织非常发达，利益集团形形色色，公民的权利意识、参与意识以及参与能力都较强，能够对政府施加强力监督和巨大影响力。政府回应理念的出现一方面固然与官僚制行政自身的弊端有莫大关系，但另一方面也离不开社会与公民的觉悟、抗议和争取。

二　当代中国政府回应所处的特殊环境

那么，与西方相比，中国政府回应又处在什么样的环境中呢？中国处在工业化的中后期，正在实现由传统农业社会向工业社会甚至是后工业社会的转型，中国政府回应所处的环境异常复杂，完全不同于现代西方政府回应的现实背景当代中国政府回应过程的环境特殊性，主要表现为：

第一，中国行政官僚制还在发展之中，中国行政官僚制在形式上也是以授权—分层、命令—服从为特征的等级制结构，但缺乏韦伯官僚制的理性和法治精神内核。因此中国行政官僚制带有鲜明的人治色彩，存在家长制作风，人情往往可以越过制度和规则，行政行为缺乏规范化。固然，当前中国政府也存在官僚主义、行动僵化、反应迟钝、效率低下等问题，但其原因与西方不同，西方是官僚制发展“过度”（主要是指过分强调形式理性），中国则是官僚制发展“不足”。换句话说，中国政府

① ［美］戴维·奥斯本、特德·盖布勒：《改革政府：企业精神如何改革着公营部门》，上海译文出版社2006年版，第12页。

回应性差不是因为受到严格的规章制度的过度束缚，而是长期以来人治影响下的有法不依、执法不严、违法不究和行政人员自由裁量权太大而又缺乏监督所致。

第二，中国政治和行政基本不分。中国历来缺乏政治结构和政治权力的分化，在现代意义上，立法权、行政权、司法权分立且相互制衡，但中国自古以来就是行政权统摄立法权和司法权。自1949年以来，中国共产党一党执政，对国家和社会实行全面领导，政党和行政机关的关系非常密切，党政不分、以党代政的现象一度非常明显。与共产党和行政机关相比，人民代表大会的地位和作用较弱，中国政治整体上呈现党政主导的特点。因此，政府回应在中国决不仅仅是行政机关的事情，而往往关系到执政党。政府回应性的好坏不仅影响公民与行政机关的关系，而且影响到共产党的执政合法性。

第三，中国的市场经济还不发达。不仅市场经济体制本身不完善，而且市场经济要求的法治也不健全，市场经济要求的有限政府和服务型政府还没有建立起来。政府的法治理念、服务理念还没有完全确立。政府职能还需进一步转变，政府对经济的干预较多，官商勾结、钱权交易等腐败现象大量存在。作为市场经济体制重要组成部分的社会保障体系还没有建成，民众需要的最基本的公共产品和公共服务还不能得到满足。因此，西方在公共服务领域的回应性问题在当代中国可能还为时尚早，中国政府回应的问题不是不能满足公民对公共服务多元化、个性化的要求，而是公民要享有基本公共服务的问题。甚至，中国的政府回应所涉及的问题还主要不是基本公共服务问题，更主要的是转型期所特有的种种问题，如土地问题、城市拆迁问题、农民进城务工问题，而这些主要涉及的是公民的一些基本权利。

第四，中国的公民社会还在形成过程中。中国自古以来就是国家控制社会，国家本位、政府本位、官本位的观念根深蒂固。在计划经济时代，国家完全吞没了社会，政府对社会的控制程度达到极点。改革开放以来，尤其是市场经济体制确立以来，国家和政府逐渐放松了对社会的控制，中国公民社会开始进入快速成长期。但由于受经济发展、政治体制和传统观念的影响，中国公民社会还比较弱小。主要表现为社会的组织化程度低，社会组织的独立性低[①]、公民的权利意识、参与意识、参与能力都比较弱。这决定了中国政府回应性的提高缺乏来自社会和公民的强大动力。中国政府回应问题不仅仅是提高行政机关自身回应能力的问题，而且还包括发展公民社会、提高公民参与能力的问题。

三　当代中国政府回应过程的基本特征和优化思路

前文已将当代中国政府回应过程分为被动回应和主动回应来分别加以考察，在理解中国政府回应所处的上述特定背景的前提下，可以发现当代中国政府回应过程呈现如下主要特征：

第一，动力不足。政府回应的动力主要来自两个方面：一是来自政府自身的动力，二是来自公民社会的压力。就政府自身而言，政府利益虽然是政府回应的一大动力，但往往造成不公和腐败，忽视弱势群体的利益诉求。政府内部制度尤其是科层制不健全，缺乏责任机制，领导指令成为主要动力来源. 行政文化虽然有意识形态的引导，但更多受到传统人治文化的影响。就公民和社会而言，公民由于自身素质和能力都较低，又缺乏利益表达渠道，而其所能借助的组织力量如社会团体非常弱小，因此往往不是政治冷漠就是采用极端化方式。政党在西方是利益表达的主要结构，本来是推动政府回应的重要力量，但中国政党与政府关系极为密切，弱化了其对政府的督促能力。公共舆论的压力作用由于受到政府的管制而削弱。新技术对政府回应的动力作用则是刚刚显现。

第二，人治色彩浓厚。在被动回应过程中，一方面，公民向政府提出要求时习惯于找熟人、托关系；另一方面，政府做出回应的质量和结果与行政人员的作为有密切关系，很大程度上取决于各级政府领导人和街头官僚的态度和素质。在主动回应过程中，决策事项的确定和方案的提出往往是权力精英“内输入”的产物，征询民意时领导也常常采取亲自下访的方式，“伪主动回应”在许多情况下是领导个人意志的产物。不

---

① 中国社会组织发展缓慢的原因包括外在环境的约束与自身策略的选择两个方面，即受制于国家选择性放权、合法性支持不足、制度化参与渠道匮乏等诸多因素，一些社会组织采取弱自主性、自我限制、自我规避等“去政治化”策略。参见邓亦林、郭文亮《中国特色社会组织政治参与的现实困境与图景表达》，《求实》2016 年第 7 期。

论是在被动回应过程还是主动回应过程，相关制度不健全，程序不规范，其作用往往不及某些个人因素。

第三，共产党起着核心作用。在党政主导的政治体制下，当代中国的利益表达渠道单一，基本上仍然是单通道的利益表达制度。表面看来中国公民利益表达渠道很多，但实际上只有中国共产党的利益表达渠道具有决定性意义。在被动回应中，许多公民都是直接向共产党组织提出要求，党的重视是政府回应民众的核心动因。主动回应的主要表现形式是决策，而政府决策权多掌握在党的手中，因此共产党在主动回应中的核心地位非常明显。

第四，政府占有主导权。政府回应本应是政府与公民之间的平等互动，但由于中国强政府弱社会的现状，实际上政府在互动中占有主导地位。在被动回应过程中，政府主导权主要体现在公民获得政府回应难，而政府拒绝回应公民的例子比比皆是，公民却对政府的不作为感到无可奈何。在主动回应中，政府对民意的征询和采纳与否在很大程度上取决于政府的意愿，公民对决策的影响力较弱。

基于当代中国政府回应的特殊背景和现状特征，笔者认为要用来自西方的政治回应理念和理论指导中国政府回应的实践，在未来应当坚持如下发展方向：

第一，坚持约束政府权力与强化政府责任并举。理性官僚制的一大特征就是权责一致，西方强调政府回应实际上是在权责一致下的情况下讨论强化责任的问题，责任大就需要权力大，所以有解制授权的举措，但中国不然，政府权大责小，强化责任的同时必须限制权力，这样才能使权责趋于一致，才能达到增进政府回应性的目的。否则，一味强调政府回应很可能成为政府扩张权力的口实。完善官僚制与增进政府回应性在当代中国并不矛盾，政府回应不佳的主要原因恰恰是行政人员的自由裁量权过大且缺乏监督，完善官僚制、加强依法行政、规范政府行为实际上就是增进中国政府回应性的有效途径。

第二，坚持将推进政府回应的制度化和加强行政伦理建设并举。一方面，中国政府回应过程中的一大问题就是回应的制度化不足。今后要大力建立制度化、规范化、程序化、公开、透明、公正的利益表达机制和决策参与机制，要使领导接待日、市长电话和电子信箱等联系群众的措施制度化。另一方面，人治的因素将长期存在，在健全制度的同时必须注重党政领导干部和公务员的自身修养，加强行政伦理建设，使人的作用和制度的作用有效配合。

第三，通过完善共产党与人民的沟通机制来带动政府回应。在中国政府回应过程中，共产党起着核心作用。公民与政府的互动往往会引发公民与共产党的互动，公民对政府回应的不满往往会引起对共产党的不满。这表明，共产党与政府的关系要比其与公民的关系密切。从理论上讲，共产党与人民的关系是中国最为重要的政治关系，政府是共产党带领人民发展生产力、最终实现共产主义的工具。因此，共产党应该与政府适当分开，而贴近人民，加强与人民群众的联系并使之制度化，完善与人民的沟通机制。鉴于共产党对政府的领导地位，共产党与人民的良好沟通将会对政府回应起到很大的示范带动作用。

第四，培育公民社会，提升公民在政府回应过程中的地位。从理论上讲，政府回应不仅体现了公民对政府的期待，也包含了对公民对政府的监督，这样才能实现公民与政府的平等与良性互动。在当代中国政府回应过程中，公民与政府的地位相差悬殊，一方面是因为政府拥有强制性权力，另一方面因为公民社会比较孱弱，公民缺乏组织化手段，难以对政府施加有效影响。因此，未来需要进一步鼓励各类社会组织的发展，加强公民文化建设，培养公民的参与能力。

上述这四个方向实际上是当代中国政府回应过程优化的基本原则。从本质上讲，当代中国政府回应过程优化的核心要义就是提升当代中国政府的公众回应性。要实现这一目标，需要遵循两种基本路径：一是体制性优化路径，即从改革政府体制乃至政治体制的角度来增进政府的回应性；二是主体性优化路径，即从提升政府回应过程中的各参与主体的素质的角度来增进政府的回应性。下面两节分别对这两条路径进行具体阐述。

第二节 中国政府回应过程的体制性优化：以协商民主为主线

从体制改革方面来实现当代中国政府回应过程的优化，实际上涉及诸多内容。比如政府的结构调整，包括横向的和纵向的。横向的结构调整最典型的就是大部门制改革，这些年来是一直在推进的，2008 年、2013 年中央政府进行了两轮大部制改革，在地方上也有很有特色的改革，如广东顺德。纵向的结构调整就是扁平化，这些年来很多学者一直在呼吁减少政府结构的行政层级，中央也在鼓励开展省直管县的改革试点。再比如一些更具体的体制——行政审批体制改革。十八大以来新一届中央政府以前所未有的力度推进“简政放权、放管结合、优化服务”，试图通过以行政审批体制改革为抓手建设人民满意的服务型政府。截至 2014 年底，新一届政府，就已先后取消和下放 7 批共 632 项行政审批等事项，在数量上已经达到改革前行政审批项目总数的 1/3。还比如政府购买公共服务制度。国内外的人们都认为，让市场力量与社会力量参与公共服务的供给，可以满足人民群众多元化的公共服务需求，能够为人民群众提供充足、优质的公共服务。2012 年以来中央加快了推进政府购买公共服务的改革步伐，各地也进行了积极尝试。

毫无疑问，这些体制改革都对提升政府回应性有重要作用，而且学界多有论述。笔者认为，未来对中国政府回应过程优化起到关键性、提纲挈领性的体制改革当属协商民主制度化。协商民主强调国家与社会的互动、政府与公民的互动，与政府回应有异曲同工之妙。而且协商民主制度的推进，对政府回应的环境、主体、动力、方式等各个方面都将产生深远的影响。因此，本节对其他体制改革不再详述，只着重讨论协商民主制度化对提升政府回应性的作用。

一 协商民主对提升政府回应性的价值

协商民主是 20 世纪后期在全球兴起的一种新的民主理论和实践形式，是在自由民主的危机和对代议制民主的批判的基础上兴起的。自由民主过度强调个人自由和个人利益，导致了社会责任的缺失。而代议制民主排斥普通民众的直接参与，认为公民是冷漠的、容易感情用事和被煽动的，直接民主可能会导致民主的暴政。精英主义的代议制民主在发展中逐渐成为少数人所操纵，背离了人民主权的基本价值。为此，呼唤公民精神、主张公民参与的协商民主应运而生。

协商民主与政府回应一样，既是一种理论，又是一种实践；既表现为一种价值和理念，又表现为一种机制和过程。二者在理论上、在倡导的价值理念上有许多契合之处，在实践上、在运作的机制和过程上相互嵌套、相互促进。在科恩看来，协商民主是保证政府回应性的一种非常重要制度框架。他认为，根据协商的观点，民主不仅是一种政治形式，它更多的是通过提供有利于参与、交往和表达的条件来促进平等公民自由讨论的一种社会和制度条件框架，以及通过建立确保政治权力以定期的竞争性选举、公开性和司法监督等形式来实现回应性和责任性的框架，将行使公共权力的授权与这种讨论联系起来。①

（一）理论上的契合性

1980年，约瑟夫·比塞特所著《协商民主：共和政府的多数原则》一文，首次在学术意义上使用“协商民主”概念。20世纪80年代后期，曼宁和科恩各自从政治合法性的角度论述协商民主。其后，西方协商民主理论不断发展，大体可分为三个阶段：（1）第一代协商民主理论。代表人物罗尔斯和哈贝马斯，对民主协商的规范性要素和理想条件做出了关键性论证。罗尔斯在《正义论》和《政治自由主义》中集中论述了公共理性，为协商民主奠定了重要的理论基础。哈贝马斯发表《在事实与规范之间》《包容他者》，阐述了协商民主的哲学基础——主体间思想，并对协商民主的内容和意义做了深入分析。（2）第二代协商民主理论。代表人物主要有约瑟夫·毕塞特、詹姆斯·博曼、艾米·古特曼和丹尼斯·汤普森等，他们融合了哈贝马斯和罗尔斯的理论观点和“社会复杂性”的实践要求，集中论证协商民主的价值，并开始注重协商民主的制度化，积极探讨指导协商民主实践的特征和原则问题。（3）第三代协商民主理论。代表人物包括瓦尔特·巴伯、罗伯特·巴特莱特与艾温·欧佛林、约翰·帕金森等，他们着重思考协商民主的制度类型方面“实质性的细节说明”，开始构思具有现实性、可行的协商民主制度。

作为一种理论范式，协商民主指的是：“在政治共同体中，自由与平等的公民，通过公共协商而赋予立法、决策以正当性，同时经由协商民主达到理性立法、参与政治和公民自治的理想”②。可见，协商民主的特

① Gordon Wood. The Radicalism of the American Revolution, New York: Knopf, 1993.

② 陈家刚：《当代西方协商民主理论的主要内容》，《学习时报》2004年1月5日。

质反映了民主的核心价值理念。协商民主理论所主张的合法、协商、平等、参与等这些核心的理念和价值观，与政府回应的理念和价值取向有很多契合之处，对政府回应具有重要的启示意义。具体表现在以下六个方面。

1. 平等参与

公民与政府之间的平等对话一直是民主理想的核心，平等是理解协商民主的基本要素之一。“作为一种决策形式，‘协商民主’要求在其中容纳每个受决策影响的公民，实现平等参与的实质性政治平等以及决策方法和确定议程上的平等，自由、公开地进行信息交流，以及赋予理解问题和其他观点的充分理由。”① 协商民主是建立在广大公民的理性参与的基础上的，它保证了尽可能广泛的、平等的自由的公民参与和对话，自由、平等的参与，增强公民平等参与的意识。当然，协商民主需要的平等是具体的、相对复杂的。不仅体现在参与协商审议的公民的权利平等上，更体现在参与公民的机会平等上。“参与协商过程需要机会平等，即平等获得政治影响力的机会；还需要资源平等，在于确保个人同意其他人提出观点确实不是强制性的；而如果要提出具有说服力的观点，协商参与者还需要具有平等的说服能力。”②

良好的政府回应也必须以公民与政府的平等协商为前提。在政府回应过程中，应强调通过公共管理措施使各利益相关方平等地深入地讨论审议。因为平等协商能够形成一种互惠和关系建构的背景，促进政府官员重新评价自己的公共政策。它不仅提供了公民与政府官员可以在日常活动和统治决策过程而不仅仅是出现危机和僵局时合作的途径，而且还会转变公民和官员参与政治实践的方式。③ 公民和政府作为协商对话的参与者，其平等地位有助于打破长期存在的政策僵局，并有助于促进相关政策的变革。这种横向而非垂直的、自上而下的制度能获得更好的结果，

---

① 陈家刚：《协商民主引论》，《马克思主义与现实》2004 年第 3 期。

② 陈家刚：《协商民主：概念、要素与价值》，《中共天津市委党校学报》2005 年第 3 期。

③ Martha L. McCoy, Patrick L. Scully. Delib - erative Dialogue to Expand Civic Engagement: What Kind of Talk Does Democracy Need? [J]. National Civic Review, Vol. 91, No. 2, Summer, 2002. 转引自陈家刚《协商民主：概念、要素与价值》，《中共天津市委党校学报》2005 年第 3 期。

并促进更为广泛的公民参与和更为有效的政府回应。

2. 包容异见

协商民主理论和政府回应理论产生有着共同的社会背景。即当代社会分化加剧，社会主体日益多元化，利益追求呈现出多元的取向；个人、政党、组织等对社会、经济、政治和文化等不同利益的要求导致社会分歧也逐渐扩大；多元文化社会要求政治体制、运作机制对于解决分歧做出明确回应。

协商民主理论认为，利益相关者的偏好与决策结果存在某些正式联系，其中每个人的偏好都同样重要。讨论、对话、审议的过程允许人们表达不同的偏好，在讨论与协商中实现偏好转换，以奠定实现合法决策、理性立法的基础。因此，协商民主尊重各种不同的利益，承认多元社会的多元利益冲突、分歧。在公众讨论共同问题和冲突的过程中，各种利益能够自由表达并得以充分考虑，听取弱者的声音，保证那些最弱势的群体利益最大化。

可见，“协商民主”理论强调公共协商中的包容性，认为在多元化的社会中，少数派与多数派、强势群体与弱势群体是平等的，他们不仅在公共决策制定的程序上，而且在公共决策形成的讨论审议过程中也享有同等的参与权，少数派的意愿和诉求并不因为他们的弱小而被忽略。从决策的角度来看，协商民主要求容纳每个受决策影响的公民。政府回应理论也强调重视公民的多样化、个性化需求，政府不应歧视那些批评政府的公民意见。

3. 理性对话

理性是协商民主的核心特征。所谓理性就是行动者所做出的行为都是经过深思熟虑而不是轻率鲁莽。对于协商民主而言，讲求理性是其基本要求。“协商主体在提出、支持或反对某一个观点时，都要陈述其理由。而且在申述理由为自己的观点辩护时，不是依赖社会经济资源或政治权力所产生的非对称性。他们在给出理由的同时，希望那些理由（而不是诸如权力）将决定其观点的命运。”[①] 在协商的过程中，通过理性的

① 参见杰拉德·F. 高斯《理性、正当性与共识》，载［美］詹姆斯·博曼，威廉·雷吉编《协商民主：论理性与政治》，陈家刚等译，中央编译出版社 2006 年版，第 151 页。

检视，可以将草率的不合理的站不住脚的观点排除出去，参与者在可获得最安全、最具备说服力的信息的基础上修改自己的建议，并接受对其意见的批判性审视，还要用最具说服力的理由对其他人的建议做出回应，人们会在与他人的讨论中不断调整自己对问题的看法，进而实现偏好的转换①。

因此，公共协商不仅仅是谈话，更是建设性的交流，诚实地传递思想，注意倾听并理解他人。作为特定社会政治过程的参与者，他们能够在互动过程中根据他人的立场而改变自己的判断、偏好和观点，这种互动依靠说服而不是强制和控制，协商的结果是各种偏好之间的分歧减少，偏好转化并达成共识。通过面对面的讨论，参与者会认真地提出并对竞争性观点做出反应，从而能够就公共问题的解决做出深思熟虑的判断②。

政府回应也迫切需要被视为一种带有特定目标的对话，它要通过对话性机制来解决问题或消除冲突。在协商对话过程中，要对各种观点和建议做出回应，这种回应有赖于对其他人知识和规范性判断的一张相当程度的信任，同时做出的回应涉及对相关的建议和观念的保证和承诺。对话新机制是政府回应的基础，要形成具有更具包容性的规范和框架的对话机制。通过一系列的机制，理性能够变得普遍地令人信服。

4. 社会责任

参与本身就是一种责任。对于协商民主和政府回应而言，参与既是其核心之一，也是其外在表现。广泛的参与存在于政治社会生活的各个领域，既影响着政府决策，也直接作用于公共事务治理。在协商民主和政府回应的理论框架下，参与并不仅仅是一般性的参与，而是提倡公众性的公共参与。协商民主理论和政府回应理论都认为，公民有责任维护并促进公共利益，参与协商过程的公民承担着一系列的特定责任：（1）

---

① 韩冬梅：《西方协商民主理论研究》，中国社会科学出版社 2008 年版，第 46 页。

② 民主理论家杨认为，“协商民主的一个主要优点在于，它致力于使理性在政治中凌驾于权力之上。政策之所以应该被采纳，不应该是因为最有影响力的利益取得了胜利，而应该是因为公民或其代表在倾听和审视相关的理由之后，共同认可该政策的正当性。” Iris M. Young. Communication and the Other: Beyond Deliberative Democracy ［A］. S. Benhabib. Democracy and Difference: Contesting the Boundaries of the Political Princeton ［C］. NJ: Princeton University Press, 2000. 转引自陈家刚《多元主义、公民社会与理性：协商民主要素分析》，《天津行政学院学报》2008 年第 7 期。

提供理由说服协商过程中所有其他参与者的责任；（2）对其他作为理由和观点的理由与观点做出回应的责任；（3）根据协商过程提出的观点和理由修正各种建议以实现共同接受的建议的责任。参与协商的公民对社会公共利益和其他利益方公民代表的质疑及协商结果应承担相应责任。政府回应理论则更认为，政府对公民诉求的回应是一种责任。

协商民主理论认为，公共协商参与者的社会责任感应体现为对公共利益的维护上。公共协商的主要目标不是狭隘地追求个人利益，而是鼓励公开和改变各种利益，以维护公共利益。协商过程中的对话和讨论趋向于使参与者的偏好转向公共利益。协商过程的参与者应当对公共利益具有强烈的敏感性，愿意为了公共利益而适度牺牲个人利益。政府回应理论也致力于追求公共利益最大化，希望政府和公民能够坚持公共利益导向，使政府的回应要体现多数人的意愿，更是体现公共利益的理性决策。

5. 程序公平

程序性是协商民主理论关注的重点。正是程序性的特征把当代的协商民主与古典的协商民主和共和主义的协商民主区别开来。协商民主的程序性主要体现在以下三个原则上。一是自由平等原则，也可表述为非专制原则。这是民主的最低限制。非专制原则主要通过权力分立和法律保障来实现，必须应用到协商的结果而且必须贯穿于协商全过程，使决策更可能基于广泛信服的理性而不是基于权力的不对称。二是互惠和责任原则。互惠就是排除狭隘的宗派观点，责任就是论点要经得起他人的审查。三是公开性原则。指整个程序是公众知悉的，协商过程是公开的；参与者支持某项政策的理由和偏好是公开的；立法或政策建议的形成过程是公开的。协商民主的程序性实际上反映的是对协商的基本的规范性要求与限制。这些规范性条件不但使得一个话语公共空间成为可能，而且也指明了公共空间的内在特征，即协商是如何通过辩论、商讨和说服的条件和方法得到最好的促进的。[①]

政府回应是否公平合理有效，实际上非常迫切需要一系列的程序来保障。在这种程序中，政府回应过程的参与者都是彼此平等的，他们根

① 参见韩冬梅《西方协商民主理论研究》，中国社会科学出版社 2008 年版，第 47—50 页。

据协商讨论的结果进行合作；协商程序还具有广泛的包容性，弱势的民众可以合理地期望其能够以前所未有的方式影响未来的结果。“协商过程的政治合法性不仅仅出于多数的意愿，而且还基于集体的理性反思结果，这种反思是通过在政治上平等参与，尊重所有公民道德和实践关怀的政策确定活动而完成的。”[①] 只有通过公平的程序才能保障广泛的公民参与政府回应过程，保障公共政策有直接利害关系的公民不被排除在外，保障公民的意见而在执行的过程中不被忽视和遭到抵制。

6. 共识结果

达成某种程度的共识是协商民主的一个必然要求。因为公共协商是一种多元的而非集体的或个体性的主体的合作性的活动，它的目标是那些有着不同的视角和利益的人们一起来解决某个问题，这是一个必须以对问题的一致理解为起点的过程。协商民主也为共识的达成提供了可能性和现实性。要达成共识需要三个条件：一是个体公民必须愿意修正他们的公共利益观念；二是这些修正必须是对他人提出的理由的回应；三是公民必须公开承诺按照这种修正的公共利益观念行事。[②] 这种共识是有合法性的，“公共协商结果的政治合法性不仅基于考虑所有人的需求和利益，而且还建立在利用公开审视过的理性指导协商这一事实基础之上”[③]。这种集体的批判反思和达成共识的过程预设协商参与者都会超越自身观点的局限而理解他人的观点、需求和利益。共识结果是通过相互理解和妥协的过程达到一致，而不是将自己的观点强加给别人。

政府回应也应建立在官民互动并达成共识的基础上。因为真正的公共行政需要在讨论和决策中把公开性、平等和包容性最大化，所有政策协商的参与者都有确定问题、争论证据和形成议程的同等机会，协商过程能够包容各种不同的利益、立场和价值，协商能够使讨论和决策过程

① JorgeM. Valadez. DeliberativeDemocracy, PoliticalLegitimacy, and Self - Democracyin Multicultural Societies [M]. USA West viewPress, 2001. 32.

② 参见亨利·S. 理查德森《民主的目的》，载［美］詹姆斯·博曼，威廉·雷吉编《协商民主：论理性与政治》，陈家刚等译，中央编译出版社 2006 年版，第 281 页。

③ John Kekes. Pluralism and the Value of Life [A]. Ellen F. Paul, Fred D. Miller, Jr., & Jeffrey Paul. Cultural Plural - ism and Moral Knowledge [C]. Cambridge: Cambridge University Press, 1994.

中的社会知识最大化。这种建立在共识基础上的政府回应才能同时有合法性和有效性，正如亚里士多德所言，“如果许多人共同议事，人人贡献一分意见和一分思虑；集合于一个会场的群众就要像一个具有许多手足、许多耳目的异人一样，它还具有许多性格、许多聪明”①。

（二）实践上的促进性

在西方，协商民主不仅仅是一种理论和政治理想，也是一种实践形式和制度形态。② 经过几十年的实验和实践，尽管协商民主目前还处于萌芽状态，没有成为主导形态，但已发展出了诸多制度形式。主要有协商式民意调查、公民会议、公民论坛、公民调停、创制权与全民公决；公民小组、愿景工作坊、公民陪审团、审慎思辨（避免民意调查受商业及政治利益操纵，强调受访者经相互讨论辩驳再决定选项）、学习圈、城镇会议、国家议题论坛。这些形式对发展我国协商民主、完善政府回应的制度设计和操作方式有着非常有益的启示。

在我国，从国家制度层面到基层治理领域，存在着丰富的协商政治实践。协商民主已成为中国社会主义民主政治的特色所在，中国共产党党内民主有协商，人民代表大会有协商，中国共产党领导的多党合作有协商，在实践中涌现出了多种协商形式，使协商民主成为一种具有实践深度、广度的常态性民主机制。例如政治协商制度、立法听证、民主恳谈、网络论坛等。这些制度形式不同程度地反映了协商民主的特征。

协商民主作为社会主义的一种重要民主形式在中共中央文件中首次提出，主要标志是2006年中共中央颁布的《关于加强人民政协工作的意见》正式提出了“选举”和“协商”是“我国社会主义民主的两种重要形式”的重要论断。2007年11月，《中国政党制度白皮书》第一次提出了协商民主的概念，指出：“选举民主与协商民主相结合是中国特色社会主义民主的一大特点”，“选举民主与协商民主相结合，拓展了社会主义民主的深度和广度”。2012年中共十八大报告明确指出：“社会主义协商

① 亚里士多德：《政治学》，吴寿彭译，商务印书馆1996年版，第143页。

② 陈家刚认为，作为一种实践形式，协商民主指的是自由平等的公民基于权利和理性，在一种由民主宪法规范的权力相互制约的政治共同体中，通过对话、讨论、辩论等形式，形成合法决策的民主形式。参见陈家刚《协商民主研究在东西方的兴起与发展》，《毛泽东邓小平理论研究》2008年第7期。

民主是我国人民民主的重要形式，要完善协商民主制度和工作机制。推进协商民主广泛、多层、制度化发展。”把“协商民主”明确写入党的代表大会报告，这在党的历史上是第一次；把“协商民主制度化”建设作为中国特色社会主义政治发展的一项重要课题，是一个重大的理论创新。2015 年 2 月，中共中央印发了《关于加强社会主义协商民主建设的意见》。《意见》明确了社会主义协商民主的本质属性和基本内涵，阐述了加强社会主义协商民主建设的重要意义、指导思想、基本原则和渠道程序，对新形势下开展政党协商、人大协商、政府协商、政协协商、人民团体协商、基层协商、社会组织协商等做出全面部署，是指导社会主义协商民主建设的纲领性文件。

中共十八大以来，中央已经从深化政治体制改革的高度，把协商民主从政治协商拓展到国家治理和社会治理的各个层面、各个领域，提出了推进协商民主广泛多层制度化发展的重大战略任务。公共行政领域的协商民主是整个国家协商民主的极为重要的组成部分。这要求各级政府在面对民众提出的诸多诉求时，要善于运用协商民主的理念和方式去做出有效回应。这就需要建立健全相应的、能够推动协商民主有效嵌入各个决策制定和实施过程的实现机制和保障机制。而以完善社情民意反映制度、构建官民良性沟通互动机制、推动公民有序政治参与为主要内容的民意表达与回应机制建设，深刻体现了协商民主的内在要求，是推动协商民主制度化发展的一个重要切入点。

在前文对当代中国政府回应过程的描述中，可以发现存在七种典型的不良表现：(1) 选择性回应，即政府出于自利的考虑，往往对公民的诉求有选择性地加以回应，看人看事看时间。(2) 被动式回应，即政府在面对公民的诉求时往往表现出冷漠、消极、被动，回应的及时性、主动性、积极性不够。(3) 单方性回应，即在政府回应过程中，要么是公民一方诉求强烈，政府不积极；要么是政府一头热，而公民反应冷淡，互动性不足。(4) 随意性回应，即由于政府和公民双方不能理性对话、缺乏良性互动，导致政府的回应不科学不合理甚至不合法。(5) 作秀式回应。即由于缺乏真正的民意基础和有效的民主监督，有些政府做出的回应看似不错，实则纯属作秀。(6) 暗箱式回应，即政府在回应公民的诉求时，在提供一些信息时，存在暗箱操作和“躲猫猫”现象，缺乏透明度。(7) 人格化回应。即由于制度缺失和程序失范，政府的回应无规矩，往往受到政府回应的具体执行者的个人因素的极大影响。如何有效应对当代中国政府回应过程中存在的这些问题？协商民主理论的引入为我们提供了可资借鉴的理论成果和经验设计。具体而言，与上述七个问题相对应，协商民主对当代中国政府回应过程的优化有以下七个方面的积极作用。

第一，以公共利益为导向，矫正选择性回应。

协商民主是在对自由民主过度强调个人利益的反动，注重公共利益。“协商民主是一种具有巨大潜能的民主治理形式，它能够有效回应文化间对话和多元文化社会认知的某些核心问题。它尤其强调对于公共利益的责任、促进政治话语的相互理解、辨别所有政治意愿，以及支持那些重视所有人需求与利益的具有集体约束力的政策。”① 因此，协商民主可以有效克服政府的自利性，使政府真正回归公共性，让政府的回应能够超越各类人群和各种诉求的差异，以公共利益为导向，矫正选择性回应，做到普惠性回应。

第二，主动征询社情民意，矫正被动式回应。

政府的回应之所以消极被动，其根本原因是公民缺乏对政府的强有力的监督制约。协商民主在选举民主实现了选民对执政者的监督和制约的基础上进一步强调，公民对政府的监督制约不应仅仅局限在几年一次的大选中，而是应当贯彻在政府公共管理的各个环节之中。因此，“协商民主”非常强调公共政策的民众基础，否则政府无法面对日益强大的公民社会。政府必须放弃原来的高高在上、排斥公民参与的姿态，在制定和执行公共政策的时候，要积极主动地听取民众的呼声、想方设法地吸纳社情民意。

第三，鼓励民众广泛参与，矫正单方性回应。

“协商民主”理论认为公民有义务有责任参与公共管理与公共决策，这有助于培养公民对社会公共利益的责任感，协商民主能够使人们看到，政治共同体的每个人都是更大社会的一部分，承担责任有利于促进共同体的繁荣。协商民主还有助于在社会中形成良好公共精神，能够培养出

---

① 陈家刚：《协商民主引论》，《马克思主义与现实》2004 年第 3 期。

健康民主所必需的公民美德，如政治共同体成员之间的相互理解、相互尊重，尊重他人的需求和道德利益，妥协和节制个人需要等①，这种公共精神对民主政治的持续发展会起到积极的促进作用②，也有利于增强政府回应过程的互动性和合作性，从而克服单方性回应现象。

第四，引导民众理性沟通，矫正随意性回应。

"协商民主"理论强调理性协商，"协商过程中发挥作用的是合理的观点，而不是情绪化的诉求"③，希望通过对利益偏好的合理选择审议达成关于公共利益广泛共识，也尽可能地减少权力或经济实力差异所造成的偏差。"协商民主"也注重促进公民有组织地参与公共管理过程，一方面可以有效克服公民个体零散地参与公共决策所形成的单薄无助感，可以形成团体力量，增强与政府博弈的能力；另一方面也可以通过公民组织过滤到那些非理性、不合理的个人诉求，实现对个体分散的公众诉求的有效整合，与政府理性沟通、建设性对话，从而减少政府回应的随意性。

第五，保障民众平等参与，矫正作秀式回应。

"协商民主"重视为公民平等参与公共管理和公共决策提供机会，鼓励公民和利益相关人直接参与到公共管理和公共决策的过程中去，并且强调通过充分讨论审议达成共识，"作为一种立法和决策的治理形式，'协商民主'是一个反映多元价值和偏好，鼓励参与和对话，促进共识形成的过程"④，也就是说，政府决策之前和决策之中要与民众直接接触、反复协商，充分尊重民意，真正将决策建立在与民众达成的共识之上。这就可以减少代议制下代表性被扭曲、受托人忠诚度削弱所引起的利益损害，也可以有效防范政府假借民意而做出作秀式回应。

第六，规范制度程序环节，矫正人格化回应。

---

① 美国学者哈珀曾经指出，具有美德的公民应具有四个方面的特性：一是能够对那些促进公民一般利益和特殊利益的公共政策，以及和宪法相一致的公共政策进行判断；二是信念；三是能够承担起个人的道德责任；四是操守，包含容忍和宽容。参见 Hart, D. K. The Virture Citizen, the Honorable Bureaucrat and Public Administration, Public Administration Review, Mar, 1984, 44。

② 陈家刚：《协商民主与政治协商》，《学习与探索》2007 年第 2 期。

③ 陈家刚：《协商民主：概念、要素与价值》，《中共天津市委党校学报》2005 年第 3 期。

④ 同上。

协商民主非常重视制度和程序，因为民主本身只能以程序性的方式加以确定，满足理想程序是协商民主理论得以建立的必要条件。正如乔舒亚·科恩所说的那样，“合理的多元主义会导致程序民主概念。按照这种定义，源于合法性的民主谱系只能通过集体决策的程序以及与公平过程相关的价值来体现，如公开性，提出替代性选择的平等机会，以及对这些替代进行全面公正地审视”[①]。当前的政府回应更多的是一种概念性制度，而缺少程序性制度的保障和实施，因而表现出较强的人格化色彩。注重制度化、规则化、程序化协商民主正好可以矫正这一问题。

第七，保障过程公开透明，矫正暗箱式回应。

公开性是协商民主区别于投票民主的匿名程序性的重要特征。“协商民主”理论要求审议协商过程必须公开化，“通过使支持政策的各种理由公开化，人民就能够对这些政策的前提和含义提出疑问”[②]，同时，协商程序依靠公开的理性争论作为遏制权力的方式，并因此保证参与者得到平等对待。从而能够实行民主立法民主决策，控制行政权力的非民主取向并规范、构建现代公共行政模式，增加公共决策的合法性，导向良性的政府治理和优化的公共管理。可见，公开的协商可以有效减少政府回应的暗箱操作现象。

二　协商民主制度化的基层实践：以余杭、彭州两地为例

基层民主是社会主义民主的基石，也是民主形式创新的试验田，积极推进基层协商民主是我国社会主义协商民主多层发展的重要内容之一，努力探索丰富多样的有效的基层协商民主制度形式，具有十分重大的意义。在中央对协商民主做出重大战略部署的大背景下，浙江省杭州市余杭区和四川省成都市彭州市几乎是同时在全国率先开展了基层协商民主制度化建设试验，余杭在全国首先建立了街道民主协商议事会议制度，而彭州则在全国首创了镇社会协商对话制度。将两地的制度创新实践进行比较分析，可以更清楚地洞悉我国基层协商民主发展的方向、问题和路径。

---

① 杜英歌、娄成武：《西方协商民主理论述评》，《国家行政学院学报》2010 年第 5 期。

② 陈家刚：《协商民主引论》，《马克思主义与现实》2004 年第 3 期。

（一）余杭、彭州两地基层协商民主制度创新的缘起与历程

1. 浙江省杭州市余杭区推行街道协商议事会议制度的基本情况

余杭经济发达，有基层治理制度创新的传统。曾首创我国农村基层创造的一种话语监督形式——“双述双评”。该区综合指数居全国百强县的第 20 位，但经济增长、农民增收的同时，这个地区曾一度出现百姓与基层干部互不认同、日渐疏远的尴尬局面。鉴于此，2003 年，余杭区实行了“成绩村民评、报酬村民定”的“双述双评”工作制度。所谓“双述双评”，就是指村干部既向镇党委述职又向群众述职，既接受组织评价又接受群众评价。“双述双评”自试点开始，经过反复实践、完善提高，逐步形成了一整套操作性较强、评议科学合理的方法、步骤。《杭州市余杭区农村基层民主政治建设评价体系》提出，“村务村民理、村官村民选、村情村民知、村策村民定、村事村民管”，村民自治的五条经验得到全国的推广。“双述双评”工作制度，拉近了村干部与村民的距离，使村民真正成了村里有话语权、决策权的主人。2003 年余杭区被命名为“全国村民自治模范区”，2006 年 2 月又被命名为全省唯一的“全国村务公开民主管理示范单位”，2007 年 5 月被民政部命名为“全国农村社区建设实验区”。

余杭区探索实行街道民主协商议事会议制度的最初想法来源于余杭区委一位主要领导。该领导有丰富的基层工作经验和理论创新思维。他发现，在城市化、城镇化快速推进的背景下，各地撤乡镇变街道的工作力度不断加大，街道成了区级派出机构，乡镇一级原有的党代会、人代会已随之消失，基层党员群众参与街道各项事务的途径和渠道变少，甚至出现了“断层”。但基层党员群众民主参与街道各项事务的需求没有改变，如何保障党员群众知情权、参与权、表达权和监督权，成为街道面临的一大难题。在十八大要求推进基层协商民主的精神指引下，他大胆设想，积极谋划在街道层面建立民主协商会议制度，以弥补街道没有党代会和人代会这一制度设计上的缺陷。

2012 年底党的十八大胜利闭幕后不久，杭州余杭区就开始探索开展街道协商议事会议制度。2013 年 1 月 4 日，中共杭州市余杭区委组织部和杭州市余杭区人大常委会办公室联合发布了《关于试行街道协商议事会议制度的实施意见》，决定在仓前街道、南苑街道开展试点工作。1 月

11 日，仓前街道成立了由街道党工委书记葛建伟任组长的仓前街道协商议事会议工作领导小组，并向辖区各党组织、群团组织下发了《关于做好街道协商议事会议代表推选工作的通知》，就议事代表的名额分配、资格比例、产生方式作了具体规定，要求各单位在 1 月 23 日完成代表推选工作。1 月 18 日，仓前街道正式公布实施《仓前街道协商议事会议制度（试行）》。1 月 20 日，仓前街道制定实施《仓前街道协商议事会议代表活动制度》。1 月 30 日，仓前街道协商议事会议第一次代表会议召开。3 月 20 日，制订了《仓前街道 2013 年度协商议事会议工作计划》。5 月 20 日，出台《仓前街道协商议事会议代表建议意见处理办法（试行）》。通过半年试点工作的实践证明，民主协商议事会议制度有效保障了党员群众的知情权、参与权、表达权和监督权，有效提高了街道决策与群众意愿的对接度和同步性。2013 年 6 月 24 日，在总结仓前街道等试点经验的基础上，中共杭州市余杭区委发布了《关于全面试行街道民主协商议事会议制度的实施意见》，在全区范围内推行街道民主协商议事会议制度，明确民主协商议事会议代表的构成与职权、会议三大运行规则和八项基本工作制度，及时对该项工作的推进做了统一的要求部署。该制度全面试行后，有关各街道党的建设和经济社会发展全局的重大事项决策、重要干部任免、重要项目安排、大额度资金的使用，都将通过召开民主协商议事会议广泛倾听民意，深入汲取民智，推进街道科学发展。

在快速城镇化的转型期，各种社会公共事务纠纷特别突出，集体经济和市场经济的矛盾也不可调和，余杭区仓前街道试行的民主协商议事会议制度很好地顺应了社会变革，符合乡镇行政建制改变中社会治理结构、治理机制变化的要求。民主协商议事会议承担了原本党代会、人代会的民主职能，保证了街道辖区内政治分配的平稳转型；有利于保障普通党员群众的知情权、参与权、表达权和监督权，进一步扩大了基层社会的民主参与和社会自治的范畴，同时，议事会成员也更具社会代表性，议事内容更加丰富，更加贴近民生，是对街道一级民主制度建设的重大创新。

2. 四川成都彭州市社会协商对话制度探索的基本情况

彭州社会协商对话制度的探索缘起于当地主要官员与学者的共识。彭州市积极探索健全基层协商民主制度，多层次构建社会协商对话制度和渠道的实践，主要基于三方面的理性思考。① 一是新中国成立以来，中国社会主义协商民主制度的实践，主要表现为政治协商制度的实践。协商制度的设计延伸到区县为止，县以下的协商缺乏制度设计。二是改革开放以来，中国共产党在长期实践以精英协商为主体的政治协商制度的基础上，已经对构建国家、地方与基层多层次的，以广大基层民众为主体的协商民主制度有过深刻的理性思考。党的十三大与十八大就先后明确提出，在继续完善政治协商制度的基础上，积极构建"社会协商对话制度"，"推进协商民主广泛、多层、制度化发展"，"积极开展基层民主协商"。三是改革开放以来，中国经历了由计划经济到商品经济再到市场经济体制的演变，在根本利益一致的大前提下，逐步出现了利益群体多元化，社会矛盾复杂化，利益诉求多样化的社会发展新格局与新趋势。中国广大基层民众及众多的各利益群体，在社会决策与社会治理上有着较为强烈的开展社会协商对话的新期盼与新要求。

为贯彻党的十八大关于健全社会主义协商民主制度的精神，2013 年 3 月 20 日，在中共彭州市委统战部积极建言与推动下，形成了《中共彭州市委关于构建社会协商对话制度意见》的征求意见稿，随之征求了有关专家学者的意见。在此基础上，2013 年 4 月 12 日，中共彭州市委正式形成了《中共彭州市委关于构建社会协商对话制度的意见》。为了使市委的试行意见能够迅速具体地贯彻落实，4 月 17 日，中共彭州市委统战部制订了《关于构建社会协商对话制度试点工作的实施方案》，决定在通济、九尺、葛仙山三个镇和天彭镇东大街社区立即开展构建社会协商对话制度的试点工作，积极探索构建镇、村（社区）协商的组织、主体、渠道、方式与程序。4 月 28 日，中共彭州市通济镇委员会制订了《关于构建社会协商制度的实施方案》，对该镇构建基层协商民主制度、渠道的目的意义、机构组建、人员结构与推选程序、选举工作步骤、协商程序与职责，以及协商结果追踪等镇协商会运行的六个方面进行了微观性的制度设计。5 月 31 日，在具体制定了《彭州市通济镇社会协商会议章程（草案）》《通济镇社会协商会成员学习制度》《通济镇社会协商会会议制度》《通

① 黄国华：《关于彭州市创新探索基层协商民主制度与渠道的调研报告》，四川政协网，2014－5－10，http：//www.sczx.gov.cn/system/20131030/000051031.htm，2013－10－30。

济镇社会协商会工作制度》《通济镇社会协商会议议题办理制度》一系列镇议事会及其协商议事制度与规则的条件下，通济镇社会协商会成立大会召开，由此正式拉开了彭州市构建基层协商民主制度与渠道的序幕。尽管彭州的制度设计初衷是建立整个基层全覆盖的县（市、区）、镇、村（社区）三级社会协商对话制度与渠道，但实际上县级层面并未开展试验、而村级层面主要依托于原来的村议事会制度，因此，彭州基层协商民主制度创新的核心在于镇协商会的创立与运作。

2013 年 6 月底，彭州市社会协商对话试点工作全面完成。市委统战部对试点工作进行了全面总结，编制了《彭州市社会协商对话工作手册》。2013 年 9 月 22 日，彭州市委办公室印发了《构建镇、村（社区）社会协商对话制度的实施方案》的通知，决定在全市镇、村两级全面开展构建社会协商对话制度工作，并要求各镇加强工作统筹，在 12 月 31 日前成立镇协商会，并召开第一次协商会议。截至 2013 年 12 月底，全市 20 个镇成立了镇社会协商会并召开了第一次镇协商大会。

彭州市探索构建基层协商民主制度与渠道的实践，是对各地具有基层协商民主性质的实践探索的总结与反思，尤其是对基层协商民主实践探索，缺乏多层次广泛协商制度、渠道建构不足的反思。因此，彭州市构建基层社会协商对话制度与渠道具有非常重要的创新性。一是在全国率先明确以构建基层社会协商对话制度与渠道的形式开展实践探索；二是在全国率先明确构建基层全覆盖的镇村两级协商对话制度与渠道；三是在全国率先加强协商民主制度的顶层设计构建了基层完整的三层制度设计，开展构建社会协商对话制度探索的县、镇、村三级工作平台与渠道。

（二）余杭、彭州两地基层协商民主制度设计之比较

余杭的街道民主协商议事会议制度是指在街道党工委的领导下，街道民主协商议事会议代表按照民主协商运行规则和相关工作制度，讨论商议发展事项、参与民主管理、落实工作监督的制度。彭州的镇社会协商对话会制度，是彭州探索构建县、镇、村（社区）三级全覆盖基层的社会协商对话制度的关键组成部分。它是在镇党委的领导下，按照有关议事规则和程序要求，讨论协商涉及群众切身利益的全镇性重大事项的平台与渠道。可以从以下七个方面来比较两地制度设计的异同（如表 6—

1 所示）。

表 6—1 余杭、彭州的协商民主制度比较分析

制度要素＼地区	余杭	彭州
协商会功能	代行以前的党代会、人代会功能	社会对话平台
协商会代表构成	以党员为主体，比例不少于 70%，辖区单位、流动党员、外来人员、妇女、非中共党员的代表须占一定比例	群众推荐产生的代表不低于 60%，一般群众身份的要占多数，镇机关干部不超 2 名，村社干部不超过 25%，尽量减少与党代表、人大代表的交叉
代表的权利义务	4 项权利和 4 项义务比较均衡	强调职责和纪律
议题范围	工作报告	重大公共事项
议事程序	听取报告、现场质询和党政工作评价监督	分组协商讨论、票决达成共识
协商结果运用	跟踪办理议事代表的相对分散的意见建议	分类处理协商会议集体达成的共识

1. 协商会的功能定位

余杭、彭州两地对镇街协商会的职能定位有相同之处，即将其定位为协商议事机构，没有决策权。但在职能范围和侧重上有差异。余杭街道民主协商议事会实际上代行了与乡镇党代会、人代会类似的听取审议党委工作报告和政府工作报告的职能，同时，街道人大工委、政协联络工委的协商议事职能也被整合到街道民主协商议事会议中。而彭州镇社会协商对话会侧重强调其作为联系群众、沟通社会、凝聚共识的对话平台与渠道的职能。一是制订社会协商工作计划，安排部署社会协商工作，征求、收集涉及“群众切身利益和群众关心的重大事项”的议题，听取成员意见，决策前、执行中进行协商；二是做好上情下达、下情上报的对话沟通，监督协商达成共识事项的执行情况，对存在问题提出整改意见建议；三是收集汇总社会协商对话会形成的共识，做好广泛宣传、解释工作。

2. 协商会的结构设计

余杭、彭州两地协商会的结构有相似之处。比如，都建立了作为对

本地协商民主开展工作实行组织实施和有力保障的领导小组及其下设机构，其实际上同时承担了类似地方政协办公室的协调与日常办事职能。而这些机构和成员都是兼职性的，都是由分管党群统战工作的副书记作为负责人或召集人主抓协商会工作，都是由镇街党政办具体操作。再如，协商会都有分组。如余杭仓前街道协商议事会成员 60 人，按照“行业相通、地域相邻、人员适中、便于组织开展活动”的原则，分设了五个代表活动小组。而彭州磁峰镇分设了产业发展组、社会管理组、矛盾调处组三个协商小组。

二者的不同之处主要在于代表（成员）比例结构。由于余杭的街道协商会事实上代行党代会、人代会职能，整合了政协联络工委的职能，因此，区级及以上的“两代表一委员”在街道协商会代表占很大比例。如仓前街道直接规定，驻本街道的上级两代表一委员是街道协商会当然代表，可不经推荐直接确定为议事代表。同时强调代表的中共党员身份，明确议事代表以党员为主体，比例不少于 70%。仓前街道协商会还强调议事代表构成的广泛性和代表性，明确要求辖区单位、流动党员、外来人员、妇女、非中共党员的代表占有一定比例。彭州则主要强调代表的民主性和草根性，要求总数为 20—60 人的镇协商会成员通过群众推荐方式产生的协商会代表占多数，比例不低于 60%，而且其中一般群众身份的也要占多数，镇机关干部不超过 2 名，村（社区）干部不超过 25%，同时尽量减少镇协商会成员与党代表、人大代表的交叉。由此也可见，余杭、彭州两地镇街协商会的这种结构差异与它们的功能差异是基本吻合的。经群众推荐产生的不低于 60%，其中镇机关干部不超过 2 名，村（社区）干部不超过 25%。

3. 协商会代表的产生方式

关于协商会代表的产生方式，余杭采用民主推荐与组织审批相结合的方式，即由街道党工委根据实际确定名额分配方案，各基层党组织和辖区内重点企事业单位按照分配名额、条件、结构等要求，根据多数党员群众的意见，提出议事代表人选，经所在党组织审查同意后，报街道党工委审查批准。而彭州采取个体自荐、群众推荐、组织推荐三种方式分摊代表比例的办法。彭州尽管强调群众推荐方式的优先性（群众推荐产生的比例不低于 60%），但同时高规格明确设置镇协商会成员资格审查机构（由镇党委分管统战工作的副书记任组长），事实上强化了镇党委政府对代表资格审查的作用。

4. 协商会代表的权利和义务

关于协商会代表的权利和义务，余杭、彭州两地的差异是比较明显的。

余杭街道议事代表有知情权、参与权、建议权和监督权：（1）知悉街道工作报告和重大事项内容；（2）商议街道经济建设、政治建设、社会建设、文化建设、生态文明建设和党的建设等重大问题，提出意见和建议；（3）参与监督街道各项工作开展和街道各级干部作风；（4）对街道重大决定、决议和重点工作的执行情况进行询问。同时，议事代表也要履行四项以下义务：（1）要按时参加民主协商议事会议和议事代表各项活动；（2）加强与党员群众的联系，自觉开展走访联系、调查研究、结对帮扶等工作；（3）及时听取和收集党员群众的意见建议；做好上级政策和街道重大事项的宣传、解释工作；（4）认真落实和完成街道民主协商议事工作领导小组交办的其他任务。

彭州镇协商会成员的权利主要是建议权，可自由发表意见建议。其责任和义务较重。职责包括：（1）认真学习党和国家的方针政策和社会协商对话会相关知识，了解和把握镇党委政府的中心工作，提高协商议事能力；（2）遵守国家宪法和法律法规、文明守法、公道正派，维护社会公平公正；（3）树立大局意识，发挥模范带头作用；热心社会事业，关心群众，积极参与公共服务和社会管理，主动配合镇、村（社区）做好各类协商事务；（4）加强与村（居）民代表和农户的密切联系，广泛征求群众意见建议，收集整理议题上报协商会；（5）认真准备协商会议议题，积极发表意见；（6）在群众中广泛宣传和解释协商会形成的共识，扩大影响；（7）对协商讨论达成的共识实施跟踪了解、监督检查，并对存在的问题提出整改意见建议；（8）围绕全镇群众关心的重大问题，与政府进行沟通对话，积极为党委政府工作的开展提出建议。

此外，彭州还制定镇协商会成员管理制度，包括六条内容：（1）认真履职，积极参加培训学习、视察、专题调研等各项活动；（2）建立社会协商对话会成员定期联系群众制度，收集意见建议形成议题，并加强上级有关方针政策和协商事务的宣传；（3）遵守会议纪律，按时出席镇协商会议；遇有特殊情况，必须请假并说明原因；对严重违规违纪、不履行职责、不遵守会议纪律、无故缺席会议两次以上的，取消其成员资格；（4）镇协商会领导小组每年对协商会成员进行考评，对不认真履行职责、不遵守会议纪律、无故缺席会议的协商会成员，由召集人进行警示谈话，提出改进意见；（5）每年开展一次评选优秀成员表彰活动，激励先进，营造民主协商的良好氛围；（6）遵纪守法，不得借助社会协商对话会谋取私利。

可见，余杭街道协商会代表的权利义务比较均衡，而彭州似乎更突出强调镇协商会成员的责任和义务。这与代表来源有重要关系。余杭的议事代表主要是党员和干部，自觉参与意识和协商议事能力较强，而彭州的协商会成员主要是普通群众代表，参与意识和协商议事能力都较差。为了保证镇协商会顺利举行，加强对协商会成员的管理约束是很自然的事情。

5. 协商会的议题范围

由于功能定位不同，二者的议题范围有差异。余杭街道协商会的议题涵盖了乡镇党代会、人代会的议题，主要是讨论固定议题：涉及街道党工委、办事处、人大工委工作报告的制定和讨论；街道发展战略和规划的制定和调整；街道重大项目建设和推进；年度民生实事工程的提出和建设情况；街道财政预决算的制定和实施；街道重大事项的办理公开；街道各级队伍建设和工作效能情况；议事代表意见建议及群众关注的重大信访问题和办理情况等。而在彭州，镇协商会的议题分两类：一是每次协商会前审查确定的议题，都是涉及本镇范围内的群众切身利益和群众关心的事项；二是固定议题，主要包括传达上级党委政府的决策部署和工作安排和镇近期工作重点、通报上次会议协商事项的办理情况、议题审查小组通报本次议题审查情况三项议题。但固定议题用时不超过会议时间的1/3。这表明彭州镇协商会的主要议题是涉及本镇范围内的群众切身利益和群众关心的具体事项。

6. 协商议事会的议事程序

余杭、彭州镇街协商会一般都是每年召开两次，余杭称为年中和年度会议，这与其审议工作报告的职能有关。如遇特殊情况或需及时协商的议题，可适时召开。余杭明确赋予议事代表召开临时性民主协商议事会议的权利，1/5以上议事代表可联名提出。

由于功能定位差异，余杭重视发挥议事代表类似人大代表的职能，设置质询程序和党政工作评价监督程序。余杭街道议事会推行“代表询问制”“代表发言制”“开放式监督评价”，由议事代表就党员群众普遍关心关注的问题进行现场询问，进行主题交流发言，对街道工作情况进行阶梯式评价，变以往“对人评价”为“对事评价”。会议期间，议事代表可口头议事，也可书面议事。对议事代表在会议现场通过询问等方式提出的问题，可当场答复的，原则上当场答复。对议事代表提出的书面意见建议或难以当场答复的问题，原则上3个月内须以书面形式向议事代表进行反馈，如遇特殊情况，可适当延长。

而彭州的程序偏重于保证协商会前议题的收集与筛选，以及会中共识的形成。彭州规定镇协商会议题可由镇党委政府相关办（所）、村（社区）党组织、村（居）委会、镇协商会成员提出，也可通过网上收集涉及本镇群众切身利益的事项作为议题，但同时成立以镇党委分管统战工作的副书记为组长的议题审查组对议题进行初步审查和筛选。彭州的议题审查程序有利于确保镇党委政府在议题设置上的主导权，但也给了镇党委政府在确定协商议题上避重就轻的可能性。为了保证协商会达成共识，彭州设置了会议表决机制，采取无记名投票表决方式产生会议结果（议题获得应到会成员2/3以上的赞成票即可通过）。

7. 协商会的结果应用

余杭、彭州两地都非常重视协商会的结果运用。但由于议事机制不同，余杭街道协商会的结果运用重在跟踪办理议事代表的相对分散的意见建议，而彭州镇协商会的结果运用主要是分类处理协商会议集体达成的共识。

余杭要求开展对议事代表意见建议办理情况的跟踪评估，每年由街道民主协商议事工作领导小组确定2—3条重点意见建议，对落实办理情况进行评估。开展对推行街道民主协商议事会议制度年度绩效评估，由街道党工委组织实施，邀请上级部门领导、区级及以上“两代表一委员”代表、普通党员群众代表组成评估工作小组，对推行民主协商议事会议制度的绩效进行评估，并及时做好改进和提升工作。

而彭州要求会议主持人对协商形成的共识，从以下四个方面进行归纳：（1）涉及面广、反应较大，需报市委、市政府的重点意见建议；

(2) 作为党委、政府决策参考的意见建议；(3) 条件不成熟暂不能实施需做好解释工作的意见建议。(4) 违背广大群众切身利益，坚决不予采纳并需进行正面引导教育的意见建议。对归纳形成的共识进行最后表决，以求得协商的实效性，避免议而不决。会议形成的共识和意见建议采纳情况要以书面形式（镇、村公开栏张贴）告知协商会成员，对未采纳的意见建议，可在下一次协商会议上陈述理由，做好解释工作。

三　积极稳妥推进协商民主制度化，优化政府回应过程

党的十八大报告关于发展协商民主的部署为我国基层协商民主制度化实践探索提供了广阔空间。余杭、彭州两地的基层协商民主制度创新尽管时间不长，但都填补了国内协商民主制度的一些空白，取得了较好的制度绩效和社会反响，对进一步推进我国协商民主制度化、优化政府回应过程有许多有益的启示。

（一）发展协商民主要做到理论与实践相结合、符合上级要求与适应地方需求相结合、党政主导与社会自治相结合，以增强政府回应动力

第一，坚持理论与实践相结合。一方面，要用理论指导实践。中国共产党有协商民主的光荣传统，中国古代也有协商民主的历史因子，国外有协商民主的比较系统成熟的理论，我们要博览古今，吸收人类文明的一切有益成果为我所用，以指导中国特色社会主义协商民主的伟大实践。彭州市委的、领导颇有这种眼界和气度，学以致用，自觉用协商民主的理论来开展社会协商对话制度的构建。虚心向学者请教，精心谋划制度设计和实施，促成了协商民主的有效实践。另一方面，用实践检验和修正理论。西方的协商民主理论在很大程度上是一种理想状态。将其运用来指导中国协商民主实践，必须适应中国的实际情况，接受中国实践的检验。彭州在探索实践中曾请来国外专家设计协商程序和方法，但这种程序和方法太过繁琐，不便于中国普通百姓掌握和操作。最后在实践中只采纳其精神，而将其简化。

第二，坚持符合上级要求与适应本地需求相结合。

发展协商民主首先要正确把握和符合中央和上级的有关精神要求。余杭、彭州对中央十八大报告传递的关于发展协商民主的精神信息非常敏感，主要领导认识到位，决定在十八大精神指引下开展地方创新。彭

州的主要领导还深刻领会了四川省 2013 年推进依法行政的工作安排和严格依法行政的规定的精神实质，将开展社会协商对话制度构建的探索纳入对省上相关规定的具体贯彻落实的范围，从而确保政府协商民主制度创新具有充分的上位依据。发展协商民主还必须着眼于满足本地的制度需求，有利于促进本地经济发展和社会和谐。余杭和彭州的基层协商民主制度创新都不是空穴来风，而是有现实针对性的。余杭通过实行街道民主协商议事会议制度试图解决城镇化快速推进过程中社会矛盾多发、民众利益表达意愿日趋强烈与乡镇变街道导致的原有利益沟通渠道如党代会、人代会被取消和减少之间的矛盾。2007 年以来成都全域推行的以村级议事会为核心的新治理机制让彭州地方党委政府尝到了协商民主的甜头，尤其是在 2008 年四川汶川大地震救灾与重建过程中。今天彭州的社会协商对话制度实际上是对新型村级治理机制的完善与扩展。

第三，坚持党政主导和社会自治相结合。

在中国现行体制下，发展协商民主必须坚持党政主导。但既然协商是在党委、政府主导的权力结构下进行，主导方维护其权威性与谋求协商过程的可控性的动机与行为就很可能危及协商的真实性。具体表现为协商过程中刻意安排领导座位高高在上，或拉开领导与群众的距离；群众害怕得罪领导或遭遇报复，曲意逢迎；或是主导方偏听偏信，避重就轻，协商小问题，回避大问题。某些协商过程的操纵痕迹明显，具体表现是内定议题或方案，暗中安排提问题的人，事先不发放材料，压缩群众消化信息和参与讨论的时间等。这些问题在余杭和彭州的探索实践中也是客观存在，因为协商民主的发展肯定是不平衡的，有些地方搞得好些，有些地方就相对差些。对于这些问题的解决，一要依靠健全制度和程序，二要特别注意培育社会自治，培育协商主体，利用社会力量来评价监督协商民主的制度绩效。只有壮大社会自治力量，培育成熟有力的协商主体，才能确保协商民主的真实有效。余杭和彭州在实践中都比较重视对广大群众的宣传教育、对协商代表能力的培训，发挥他们的监督作用。

只有在坚持上述三个相结合的基础上，协商民主制度化才能获得源源不断的生命力，从而为中国政府回应提供持久的强大动力。

（二）发展协商民主要坚持科学设计制度和提升主体能力“两手抓、两手都要硬”，以培育政府回应主体

要切实解决目前各地协商民主实践中普遍存在的协商形式单一、协商内容偏窄、协商程序不规范、不按程序办的问题，避免出现以情况通报代替政治协商、以个别征求意见代替组织形式进行的假民主协商现象，必须坚持制度科学设计和协商主体能力提升“两手抓、两手都要硬”。

首先，必须科学设计制度，要用科学研究工具和方法来实现。近年来，西方协商民主研究已经超越“理论表述”阶段而进入了“理论应用”阶段，出现了许多对协商民主进行实证研究的成果，并设计出了一些比较合理、科学的研究模型。如国外学者马克·斯廷伯根和尤戈·斯坦纳所设计的用来测量协商质量的“商谈质量指数”（Discourse Quality Index，DQI）①，以一种经验的方式来确定高质量的协商政治所需要的前提条件和它对于政策结果的重要性。实践证明其可靠性很高。相信通过积极运用科学工具对我国的协商民主制度实践进行研究，一定有助于改进我国的协商民主制度和程序。

其次，必须提升主体能力。由于受几千年的封建专制思想传统、计划经济时代以来形成的管制型政府体制的影响以及现行政协体制缺乏对基层协商主体的明确界定等这些方面的原因，我国协商民主的主体发育存在先天不足。鉴于此，我们应创造更多条件，积极培育协商民主的社会主体，从制度上确保有一批固定数量的民主协商人员长期或专门从事社会的重大事情的民主协商。同时要大力倡导公民参与意识，改革政府的群众工作方法，变社会成员被动政治参与为主动政治参与。余杭和彭州两地的基层协商民主制度在设计的科学性方面还有待进一步改进，而它们对协商会代表能力培训的重视值得肯定。只有从制度设计和主体能力两个方面同时着力，才能确保协商主体平等参与、确保协商民主公平公正。

要在发展协商民主的过程中通过制度建设和主体建设的互动，使政府回应的相关主体尤其是政府、公民都能拥有平等协商、理性对话的意

① 杨立峰：《“商谈质量指数”述评——一种研究中国基层协商民主的实证方法》，《黑河学刊》2013 年第 6 期。

识和能力。

（三）发展协商民主必须着重加强制度化、规范化、程序化建设，以优化政府回应方式

十八届三中全会指出，要加快推进社会主义民主政治制度化、规范化、程序化。这同样适用于指导协商民主的发展。

第一，加强协商民主的制度化。当代政治发展研究表明，制度化的参与有助于社会的稳定，而制度化参与的缺少则常常是导致社会不安宁的重要原因。正因如此，能不能使协商民主走向制度化是关系到国家安定与否的重要问题。而余杭、彭州的探索正是对转型期基层社会矛盾复杂多发的制度回应。加强制度建设也是我们总结以往各地协商民主探索实践的经验教训后得出的重要结论。由于大多数协商形式缺乏法定地位，角色模糊，因而有的地方的协商形式因领导人的去留或意见而存废，或者协商的内容与程度遭随意改变。发展社会主义协商民主，必须始终坚持在制度建设上下功夫，着重从源头上、制度上解决问题，从法律和制度上保证协商民主活动的顺利开展和长效化。

第二，加强协商民主的规范化。民主本身，就是与规范联系在一起的。领导、服务等，也都是与规范联系在一起的。有规范，就有可以遵循的规矩；没有规范，办事情就可能很盲目，决策上的失误就难免发生。所以，发展协商民主的一个重要内容，就是把各方面的制度、准则、程序、要求等规范起来，尽量减少随意、无序现象。余杭、彭州以试点先行，逐步提高协商民主制度的规范性，规范了议题制度、参加人员、协商程序、监督机制等制度。余杭、彭州两地都对参加协商人员的条件、产生方式、结构作了具体规定，对协商的启动、时间、议程安排、会议机制、结果运用形成刚性规范。这启示各地各单位要结合实际情况规范协商民主的基本原则、基本内容、基本形式等，使之为广大干部群众所了解和遵守，从而避免把协商民主作为一项临时性的应变措施，在根本上保证协商民主真正发挥其应有的功能。

第三，加强协商民主的程序化。协商民主的程序化，不仅是协商效率提高的保证，也是协商结果公正的必要条件。因此，协商民主如何开展和进行，必须按照一定的程序设计才能确保协商民主制度的严肃性、规范的有效性。同时。只有做到程序公正合法才能赢得群众的信任和支

持。余杭、彭州两地的基层协商民主之所以能够迅速发展起来，与各基层单位设计一套严格的协商程序有着密切关系。他们通过法定程序对协商主体的确定、协商议题的提出、协商议题的公告、协商会议的举行、协商结果的实施和监督等内容作出明确的规定，确保基层协商民主有章可循、有法可依和有序进行。所以，建立和完善协商民主的程序，是社会主义协商民主建设的一项重要内容。制度化、规范化、程序化，三位一体，抓紧抓好，协商民主水平才能日益提高。

要把协商民主的制度化、规范化、程序化成果运用到政府回应过程中，着力改变以往政府回应方式的随意性、粗暴性、封闭性，从而优化中国政府回应过程。

（四）发展协商民主要处理好存量改革和增量改革的关系，以营造良好政治环境

彭州试行镇社会协商对话制度之初，曾面临诸多质疑，如有人提出“人大有协商机制，政协也有协商机制，村和社区还有自治组织议事会，有必要再成立镇级协商会再搞一套程序出来吗?”这其中道出了一个很重要的问题，即发展协商民主要处理好存量改革和增量改革的关系。我国改革一直采取的是“增量改革优先，以增量改革带动和激活存量改革”的模式，实践证明是成功的。对于基层协商民主的发展，原来的人大制度并没有很好地发挥其协商功能，如何激活其应有的协商及其他功能?还是要靠增量改革。

温岭的民主恳谈制度已推进到参与式预算，广受社会关注。它就是一种增量式、渐进式的民主，在推进当中始终坚持从实际出发，充分尊重群众意愿，为社会主义民主发展不断释放出新的空间，显示了社会主义政治制度优越性。它探索出了一条积极促进公民有序政治参与的新路径，为公民自由、广泛、直接、真切地参与社会公共事务决策、管理和监督提供了新的渠道。同时它也是一所很好的民主学校，通过实打实、技术性的民主操练，公民的民主意识、民主文化、民主习惯都有了很大提高和改善，为人民民主和基层协商民主的发展打下了扎实基础。温岭通过将民主恳谈引入人大对政府年度预算的讨论中，创设了恳谈结果作为预算修正案加以运用的先例，成功激活了人大的民主预算功能。

彭州的镇协商会的确是在镇人大之外另设一套机构，这与温岭的民

主恳谈有很大不同。这实际上是由于两地的制度定位不同，温岭的协商民主的定位是比较宽泛的，既有基层协商，又有人大协商、也有政府协商，还有社会组织协商；而彭州发展协商民主的定位是很明确的，即政府协商和基层协商，主要是政府和社会的对话机制。这就与人大协商划清了界限。因此，到目前为止，彭州镇协商会也没有将讨论政府年度预算纳入协商议题范围。彭州建立镇协商会作为增量改革能否带动和激活镇人代会这一存量的改革呢？值得我们深思。或许这种带动和激活作用是直接的，因为镇协商会也可能作为一个很好的民主训练场，培养当地的公民意识和民主文化、民主习惯，最终促成镇人大的存量改革。

发展协商民主既要注重创新和增量改革，又要注重继承和盘活存量，要寻求多方支持、利用多方资源，要以新带旧，共同发力，营造改革共识，为中国政府回应创造一个支持改革的、发展民主的良好政治环境。

最后，需要强调的是，就中国的协商民主实践而言，目前已呈现出党内协商民主、政治协商、立法协商、行政协商和社会协商等多种协商形态，从中央文件对协商民主的分类来看，包括政党协商、人大协商、政府协商、政协协商、人民团体协商、基层协商、社会组织协商七种形态。其中，行政协商与政府协商是同一种形态，主要建立在政府与公民的协商之间，它是“各级公民政府与相关公民之间围绕公共事务、公共政策、公共问题或社会矛盾进行的治理协商”[①]。在治理语境下，行政协商是公民参与公共事务治理的体现，它现实地体现为公民参与政府决策过程、对政府的政策执行进行监督和对政府的治理绩效进行评估和反馈。从现代国家治理的角度看，行政协商或政府协商在公共行政领域具有广阔的发展前景。它不仅契合政府职能转变、改变行政权力冷峻面孔的现实需求，而且满足人们对尊重和理解的渴望。在协商民主的诸形态中，它对政府回应过程的重塑具有最直接的影响。实际上，余杭、彭州两地的协商民主既属于基层协商的范畴，也属于行政协商的范畴。它们的实践表明，行政协商的发展，将直接推动政府与公民的良性互动，从而优

① 朱虹、孙信：《社会主义协商民主制度研究——2013 年全国社会主义学院系统理论研讨会暨中央社会主义学院中国政党制度研究中心第十一届年会会议综述》，《中央社会主义学院学报》2013 年第 5 期。

化政府回应过程。因此，在积极稳妥推进协商民主制度化、优化中国政府回应过程的实践中，应当将发展行政协商放在更加突出的位置，着力完善行政协商的程序性机制。首先，要构建制度化的行政协商平台，保证公民的知情权和参与权。要进一步健全民情恳谈会、第三方评估、居民论坛、公开听证会、多边对话、网络论坛等行政协商平台。在关乎公民的切身利益的政策出台前，建立起听证性的行政协商机制；在关系公共利益的重大民生决策之前之中，建立起公众咨询监督性质的行政协商机制。其次，要建立健全行政协商的多元对话议事规则体系，保证协商的操作性和有效性。充分利用已有制度优势，借助专家学者的力量进行合理的行政协商流程设计；积极开展广泛调研，总结各地协商实践中的有效做法，适时上升为可操作的制度方式，并及时加以推广。

第三节　中国政府回应过程的主体性优化:以街头官僚为重点

应当看到，参与当代中国政府回应过程的主体也是很多的，包括执政党、政府、社会组织、公众等。就党政组织而言，又可细分为领导干部、领导班子、一般综合管理类公务员、行政执法人员、临聘人员等。因此，从主体建设的角度来优化当代中国政府回应过程，实际上也涉及诸多内容。比如，政府主要领导人的回应意识和回应能力建设。众所周知，各级政府主要领导人的素质对中国政府回应性有着极为重要的影响，如温家宝总理为农民工讨薪的事情。但实际上，政府主要领导人离普通公众的距离是比较远的，他们没有那么多的精力去接触民众，也不可能亲自去接听“领导热线”、查看“领导信箱”。政府领导人影响政府回应性的最好方式应该是完善相关制度、健全相关机制、做出正确决策。

本节内容只聚焦于一个重点主体，即与老百姓接触最密切的“街头官僚”。这样做的理由是：街头官僚的形象对老百姓心中的政府形象最接近，街头官僚与老百姓的关系好坏是评价政府回应性的最重要的指标之一；同时，国外对街头官僚的研究已很深入，为我们研究中国问题提供了有力的理论支持。

一 公共管理中的街头官僚理论

后来，学者们又从不同角度对李普斯基街头官僚理论进行了修正与发展。具体而言，街头官僚理论包括以下内容：

（一）关于街头官僚的概念

根据街头官僚理论的先驱李普斯基的观点，典型的街头官僚包括警察、公立学校的教师、社会工作者、公共福利机构的工作人员、收税员等。[①] 直观地说，街头官僚就是那些在街头巷尾执勤或巡逻的执法者，或是那些走街串户上门服务的基层官僚。这些也是让人直接联想到的街头官僚的形象。然而，事实上，除了小部分基层官僚承担有户外执勤、街头巡逻或上门服务等性质的任务外，大部分街头官僚是在办公楼或办公室里与公民打交道的。因此，街头官僚中的"街头""绝不是某种确定的坐标体系，而是积极活动的身体面向任务的情境定位。"[②] "街头"不是一种对工作环境的直观描述，而是对街头官僚与公民直接打交道时的工作界面的一种高度抽象，是定义街头官僚的一种空间的隐喻。基于工作界面的特点，可以将其分为两种典型的空间类型，一种是相对固定的办公场所，可以称为"窗口空间"；一种是流动的或不定型的空间，可以称为"街头空间"。[③] 因此，街头官僚实际上还包括"窗口官僚"。窗口是建筑物的一部分，是一个面向外部的固定装置。人们通常用"窗口单位"来比喻那些面向公众、与公众打交道的机构或部门。政府中的窗口是街头官僚的工作区域，是他们与公民交往互动的场所。窗口是人为设计的空间，政府根据职能和业务需要，为其指定功能和用途，具体的窗口空间包括各级政府部门中的行政（审批）服务中心、市民服务中心、边检口岸、接待室，以及公民前来办理具体事务的办公室等。公民在这里或是接受检查，缴纳税费等，或是办理各种手续和各类证件，进行业务和信息咨询等。

---

① Lipsky. M. Street - level Bureaucracy. New York: Bus - sell Sage Foundation, 1980: 5.

② ［英］安东尼·吉登斯：《社会的构成：结构化理论大纲》，李康等译，三联书店 1998 年版，第 139 页。

③ 韩志明：《街头官僚及其行动的空间辩证法——对街头官僚概念与理论命题的重构》，《经济社会体制比较》2011 年第 3 期。

（二）关于街头官僚的特征

在人格特征上，大多数的街头官僚研究者都和李普斯基一样，认为街头官僚在技术上、认知上和道德上是消极的，他们会运用手中自由裁量权来管理其工作环境，从而其工作变得容易和安全。也就是说，街头官僚会利用他们的自由裁量权来为他们自己的利益而不是公民的利益服务。在组织特征上，街头官僚处于公务员金字塔的最底层，权力小、地位低、只有上级没有下级，数量庞大，占政府机关的绝大部分。在工作特征上，相对于政府中的高级公务员而言，街头官僚是政府机关中的苦力，他们处于政策过程的末端，是在现场执行国家的法律法规和规章制度；与政府机关中从事内部行政的政府公务员不同，街头官僚工作的一个核心特征就是直接与公民打交道，其工作通常直接构成政府机关的产出；街头官僚的工作环境是混乱无序的，充满了挑战、风险和不确定性。在执行法律法规和规章制度的过程中，由于其工作难以程序化和指标化，涉及的是人而不是物，所以街头官僚拥有一定的自由裁量权，其经验、技能、专长及价值观等对于做好工作具有重要的意义。

（三）关于街头官僚的地位

一方面，街头官僚有很风光的地位。街头官僚虽处于政策执行的末梢环节，但他们的行为并不仅仅是执行，而是决策。这些决策主要是关于某项规则或法律是否应该应用，在某种特定的情况下，这些规则或法律应该如何解释等。在当街头官僚做出与公民利益相关的决策时，他们的自由裁量权就会得到充分的应用。正如李普斯基指出的那样，“和大多数组织中的低层职员不同，街头官僚在决定他们的机构供给的利益和惩罚的性质、数量和质量时拥有相当大的自由裁量权。”① 在这个意义上他继而认为，街头官僚是决策者，并在决定“社会的具体物品和服务的配置”过程中，发挥着政治作用。街头官僚不仅在政府雇员中占有较大的比重，而且由于现代福利国家的建立，他们还控制和管理着许多公共资金，他们的决策将会直接影响许多公民的生活福利。一言之，街头官僚

① Lipsky. M. Street - level Bureaucracy ［M］. New York：Bus - sell Sage Foundation，1980：13.

直接地决定着对于公民的惩罚（如警察的决定）和奖励（如福利机构接受福利申请的决策），他们在现代社会中占有非常重要的地位。相对于“高层官僚”，处于低层的“街头官僚”他们的效用是最直接的，因为他们是服务于第一线的，他们的目的就是直接清除各种危害、纠纷和其他各种各样的违法行为，保障公民的利益。但实际上现实中的“街头官僚”却似乎不是很明确他们的目的，有部分人经常凭借其所拥有的自由裁量权肆意横行，极易败坏公务员在社会形象。

但另一方面，李普斯基认为街头官僚是“被疏离的”，因为街头官僚的工作只是“产品的一个部分”，对“后果没有控制能力”。事实上，街头官僚不仅对工作环境、工作任务等缺乏控制，而且也缺乏充分的自主性，是一种“两头不讨好”的夹缝工作状态。在某种意义上，街头官僚还可以说是公务员队伍中被忽略或被冷落的“弱势群体”。在等级森严的政府体系中，他们甚至无法充分主宰自己的命运，并且通常是政府机构改革或权力斗争的“牺牲品”。此外，随着法治建设的进步和公民维权意识的增强，日益将街头官僚逼近到规章制度的夹缝中的同时，也引发对他们官僚主义和形式主义的广泛批评。

（四）关于街头官僚的行动逻辑

街头官僚特殊的角色、地位及工作性质，使得他们表现出某些典型的行动逻辑。作为一般性的描述，这些独特的行动逻辑主要可以概括为激励不足、规则依赖、选择执行和一线弃权四个方面。[①] 街头官僚往往做出对民众不利的行为。这种行为不是偶然的，而是有其逻辑的。在关于街头官僚与民众的互动方面，街头官僚理论指出了街头官僚之所以慢待顾客的条件。该理论认为，这包括街头官僚机构的自主性和顾客的自主性不足两个方面。这又分为两种情况：一是街头官僚机构的顾客不是自愿的顾客，是被执行公共权力的街头官僚强迫成为他们的顾客的，如警察处罚某一公民；二是在强制性不存在的条件下，街头官僚为顾客提供服务。即使在第二种情况下，顾客的“非自愿性”仍然存在，因为街头官僚机构提供的服务或福利是公民在其他地方无法获得的，换句话说就是政府的街头官僚机构垄断了该种服务或利益的供给。这样，资源的紧

① 韩志明：《街头官僚的行动逻辑与责任控制》，《公共管理学报》2008 年第 1 期。

张与需求的弹性结合在一起，再加上街头官僚机构顾客的非自愿性所导致的对监督与约束的冷漠，使街头官僚可以比较随意的对待他们的顾客，包括忽略他们的需要、滥用职权、不尊重下层贫穷的公民等。因此，可以认为，街头官僚和顾客之间的关系主要还是取决于街头官僚的偏好和优先选择，因而是他们之间的关系是不均衡的。这就意味着街头官僚和顾客之间必然充满了冲突，因此在很多情况下，街头官僚就成为公众批评和抱怨的对象。①

（五）关于对街头官僚的控制

西方街头官僚的控制理论给出管理的、法律的、政治的和道德的四种途径及相应的控制工具。管理的基本途径是重新定义组织目标，变革组织结构，再造组织流程，实现操作流程的程序化、标准化和一致化，约束街头官僚可以运用的各种资源和手段，最终提高街头官僚的执行效率和行动效能。其典型措施如清晰地阐明组织目标、制定工作手册或操作说明书、建立科学的绩效评估体系。法律的基本途径主张倾向于削减或限制街头官僚的自由裁量权，将其行动限定在严格执行法律规则的范围内，具体工具包括依法行政、法律责任和司法救济等。政治的途径集中体现在一些基本的政治主张上，如公民参与、公民权、回应性、透明度、善治和问责等。与以上三种外部控制途径不同，道德途径是一种内部控制，试图通过训练或职业性社会化过程来培养和强化街头官僚的职业价值观和职业水平，其目标在于培养一种内部控制以保证公共组织中的符合道德规范的行为。

实际上，关于街头官僚的理论可以依据公共行政的三种范式来进行分类总结（见表6—2）。

第一种范式可称为行政管制型范式，它是建立在传统公共行政理论尤其是理性官僚制理论的基础之上的。政府与公民的关系是一种管制关系，公民是被管理者。在传统公共行政那里，行政官僚应该是中立的、有效率的公共意志的执行者。官僚制理论在理解中立和效率的同时，因为强调下级对上级的忠实和服从，所以不大适应街头官僚拥有自由裁量

① 叶娟丽、马骏：《公共行政中的街头官僚理论》，《武汉大学学报》（社会科学版）2003年第9期。

权的现实。按照官僚制理论，包括街头官僚在内的各级官员都必须严格按照制度和规则执行上级的命令。传统公共行政认为公共管理是需要专业人才和专业技能的，大众的参与只会带来主观的偏见和外来的无理要求。

第二种范式可称为市场服务型范式，这种范式以新公共管理主义为理论基础。新公共管理理论强调顾客导向，这里的顾客就是指社会公众，政府的政策产出和服务提供必须以公众的需要为基础，在这个过程中，街头官僚作为与“顾客”直接相接触的群体，其角色必须接受相应的转变和确定。作为政策执行者，其处理问题的能力不能依赖科层等级结构的约束，而要充分利用他们手中的自由裁量权来推进政策执行。作为决策参与者，拥有自由裁量权且又直接与公民接触交流的街头官僚在增加政策回应性方面有独特优势。作为公共服务者，街头官僚由于对某些政府服务的垄断以及自身偏好等原因，往往会忽视顾客需要，成为公众批评和抱怨的对象，因此必须对街头官僚的行为进行规范。新公共管理认为运用市场化的手段和企业管理方法可以做到这一点。它的核心理念是将政府和公民的关系界定为一种商家和顾客的交易关系，政府和官僚应该像企业和企业家那样以顾客为上帝因而有改善产品和服务的不竭动力。

第三种范式可称为民主治理型范式，这种范式主要以新公共服务理论为依据。新公共服务是建立在对新公共管理的批判和超越基础之上的。它认为政府与公民的关系是一种服务关系，实现了以政府为中心向以公民为中心的真正转变。街头官僚的行为与鼓励公民参与、促进公民权、服务于公共利益和重视人的价值等紧密联系。这意味着街头官僚要积极回应依靠自身信息、技术和诚信优势通过与公民之间善意的对话交流和教导所引领出的公民理性意志和利益。

表6—2　　街头官僚的类型

	行政管制型街头官僚	市场服务型街头官僚	民主治理型街头官僚
理论基础	官僚制理论	新公共管理理论	新公共服务理论
价值取向	价值中立、效率	顾客导向、效率	责任、公共利益

续表

	行政管制型街头官僚	市场服务型街头官僚	民主治理型街头官僚
动力	政治权威与控制	竞争与激励	行政伦理
对象	当事人	顾客	主人
回应性的实现机制	通过民选官员间接回应	市场机制、企业化、分权	协商、对话、公民参与
公民的地位	被管理者	消费者	公共服务的所有者和参与者
街头官僚的角色	专家	企业家	公共服务者

二　街头官僚与基层政府回应性

街头官僚是我国政府回应过程中的重要主体，他们的行为对基层政府的回应性有直接影响，甚至成为许多官民矛盾的直接导火索。

（一）街头官僚是政府回应过程中的重要主体

如前所述，政府回应既是一种价值形态，也是一种过程形态。作为价值形态，“政府回应意味着政府对公众接纳政策和公众提出诉求要做出及时的反应，并采取积极措施来解决问题。一般公众大多赞成或喜好政府具有回应、弹性、一致、稳定、廉洁、负责等特性，政府必须快速地了解公众的需求，不仅包括回应公众事前的表达需求，更应洞悉先机，以前瞻性的行为来研究和解决问题。政府回应强调及时与主动，政府应该是‘第一时间’‘第一地点’地出现在现场，定期主动地向公众征询意见、解释政策和回答问题。”① 作为过程形态，政府回应就是指政府在公共管理中对公众的需求和所提出的问题做出反应和回复的过程，更简单地讲，就是政府与公众的互动过程。

按照回应的主体和方式，政府回应可分为三种类型：执法式政府回应、立法式政府回应、前瞻式回应。分别相对应的主体是基层公务员、中层公务员和高层公务员。② “执法式政府回应”是针对社会和公民已有

① ［美］格罗弗·斯塔林：《公共部门管理》，陈宪等译，上海译文出版社 2003 年版，第 132 页。

② 祁光华：《基于政府回应的公务员能力模型》，《中国行政管理》2008 年第 5 期。

的需求，在已有相应法律法规情况下，政府和公务员依法采取具体行政行为进行回复和反应的过程，执法式政府回应的主体主要是基层政府和基层公务员。

按照回应的形态和层次，政府回应还可分为四种类型：职能性回应、诉求式回应、责任性回应、前瞻性回应。① 其中，职能性回应的客体是在非常明确的政府基本职能范围内的公民询问和申请，如身份证办理、计划生育有关证件的办理、各种许可证、牌照的办理以及社会保障金和救济物品的申请等。职能性回应涉及的事情非常琐碎，但却是公民与政府打交道最为频繁的领域，其主体也主要是基层一线公务人员。在诉求式回应的情境中，街头官僚也往往在基层政府漠视甚至压制民众诉求方面充当了排头兵。

按照回应的动力源和客体，政府回应有“被动回应”和“主动回应”之分，被动回应的动力更多地来自外在的要求和压力，主动回应的动力则主要源自政府内在的意愿和自觉。被动回应的客体是公民明确表达出来的要求，主动回应的客体是公民潜在的要求。大体而言，职能性回应和诉求式回应属于被动回应，责任性回应和前瞻性回应属于主动回应。看起来，街头官僚与政府被动回应过程关系更为直接一些，但实际上，在政府主动回应过程关系也十分紧密，如民意的了解和传递很多时候还是要通过基层的政府工作人员来完成。

总之，政府回应的实质关涉政府与民众的关系，是政府和公民关系的核心环节。政府与公民的关系好坏，主要取决于政府能否对公民的需求和意见做出积极有效的反应和回复。在政府回应过程中，主体是很多的，街头官僚无疑是其中非常重要的一个。

（二）街头官僚对政府回应性的影响

现实中的街头官僚，工作在第一线，直接面对广大公民，是政府工作人员中和公民互动最为频繁、最为密切的群体，其工作态度、办事作风、个人喜好、执法能力，直接关乎政府的威信，他们不光是政府形象的塑造者，更是政府能否赢得人民支持的关键。由于街头官僚与公民互动的频繁与密切，使得街头官僚俨然成为抽象的政府在民间世俗的代表，

① 李伟权：《政府回应论》，中国社会科学出版社 2005 年版，第 63 页。

街头官僚的行为失范就意味着政府的失范。现实中，由于街头官僚的素质和行为引发的政府回应问题主要包括以下三个方面：

1. 职能性回应中的作风问题

职能性回应是最常见的政府回应。在职能性政府回应中，公民直接接触的都是政府执行第一线的工作人员即“街头官僚”，他们的责任感和工作作风对职能性政府回应的结果以及公民的反馈起着决定性的作用。

现实中，街头官僚在职能性政府回应方面的主要问题是寻租、官僚主义作风和不作为。多年来，群众反映的“门难进、脸难看、事难办”就是当代中国职能性政府回应问题的生动写照。2015 年 5 月 6 日李克强在国务院常务会议上，痛斥某些政府办事机构。他费解地发问：老百姓办个事儿咋就这么难？政府给老百姓办事为啥要设这么多道“障碍”？“我看到有家媒体报道，一个公民要出国旅游，需要填写‘紧急联系人’，他写了他母亲的名字，结果有关部门要求他提供材料，证明‘你妈是你妈’！”总理话音刚落，会场顿时笑声一片。“这怎么证明呢？简直是天大的笑话！”李克强说，“这些办事机构到底是出于对老百姓负责的态度，还是在故意给老百姓设置障碍？”① 设置障碍的背后，很可能有人借开具种种“证明”之机，给权力寻租，从中滋生腐败。

执法式回应是职能性回应中的特殊一类，因为使用执法权而备受关注。执法式回应中的主要问题是寻租和粗暴执法。如部分城管人员在对个人利益的积极追求下除了会利用手中的行政执法权通过罚款、扣执照，或者随心所欲“耍权力”，为个人谋取金钱利益外，在执法方式和手段方面也当然地选择了野蛮或暴力执法。正因为此，目前在老百姓眼中，凡是身穿制服、开着公车、手里拿着罚单、吃着公家饭而又经常向他们开具税单、罚单的，抑或是强行收缴他们赖以谋生的工具的政府里的人就是街头官僚。官僚这个在传统组织理论里原本很中性的词，但现实中街头官僚在民众眼里如同跳蚤一般，他们骚扰民众，与民争利，许多群众直言不讳地叫城管为“土匪”，当看见执法者的身影或标志出现在附近时，占道摊位者都会推着自己的小车子狂跑。人们早已忘了“城管”的原有之意——“城市保姆”，依法履行着对市政环卫、园林绿化、工商行

① 《李克强痛斥“证明你妈是你妈”》，http：//news. qq. com/a/20150507/009821. htm。

政、道路交通等方面进行综合管理和行政执法的职责，是城市秩序、城市环境的维护者，其工作本应受到广大市民的尊重和支持。

2. 诉求式回应中的打压报复问题

诉求式回应是指民众遇到自身无法解决的问题或者自身利益受侵害时向政府及其工作人员提出请求解决或帮助。但现实中常见的情况是：一些基层政府出于“政绩”需要或地区、部门、个人利益考虑，不惜采取欺上瞒下、堵塞言路等手段，压制社情民意，使得群众利益诉求意愿难以实现，弱势群体的呼声无法及时反映到上级政府那里。于是，一些群众为了自身的权益，容易采取过激过火行为，甚至纠结起来通过越级群访等形式发泄不满情绪，酿成了重大群体性事件。

如在甘肃陇南“11·17”事件发生前，许多拆迁户由于担心行政中心拆迁后影响到个人生计问题，曾多次到政府部门询问相关事宜和反映问题，由于政府的长期不作为，民众的怨气日益积累，矛盾也逐步激化，最终酿成冲突性的群体事件。

尤其在公民向政府提出的要求损害政府利益的情况下，基层政府还往往会采取这样一种策略：将民众“刁民、暴民”化，对其进行打压。现实中将上访者送入精神病院的情况屡有发生也就不难理解了。

街头官僚在基层政府漠视甚至压制民众诉求方面充当了排头兵。有些基层干部作风简单粗暴，导致矛盾激化升级。目前有些基层政府存在的违法乱纪、执法不公、官僚主义现象，集中反映出一些干部漠视群众利益、听不进群众意见、高高在上当官做老爷的衙门作风，已经引发了群众的对立情绪。另外，在处理一些社会矛盾和利益纠纷时，有些基层政府过度依赖于采取强制措施，甚至随意动用警力，采用暴力手段平息人民内部矛盾，这不仅不利于缓解和消除矛盾，反而不断制造矛盾，加剧了基层政府与民众之间的紧张关系。这种用专政手段来对待人民群众，尽管从表面上看事件是平息了，但怨气却不断积累，不满情绪在潜滋暗长，可能为日后引发更大规模的冲突埋下了隐患。这也是群体性事件中警察往往成为被攻击对象的原因。警察有时是被迫打压民众要求，但有时则是由于自身素质问题。有人曾总结警察在群体性事件现场处置中存在如下问题：在群体性事件现场处置的形成阶段，民警不愿意与群众对话；在群体性事件现场处置的对峙阶段，民警不懂得与群众对话；在群体性事件现场处置的激化阶段，民警不敢与群众对话；在群体性事件处置各个阶段中，民警不善于与群众对话。[①]

3. 主动回应中的形式主义

被动回应是政府回应的基本形态，但现代责任政府不应局限于对民众提出的要求做出被动的回应，更应该主动出击去了解和满足民众的需要，甚至应该根据社会发展趋势领先于民众的觉悟做出前瞻性回应。在当代中国，由于政府与社会力量的强弱悬殊，政府主动回应的动力并不是主要来自社会和公众的压力，而主要来自政府各级干部的责任感和政府内部制度的动力。由于社会公众力量的孱弱和对政府缺乏有效监督，主动回应往往在形式上是一个完整的过程，实质上则将民意认知和民意征询的环节虚化。这样，主动回应事实上就失去了回应对象（公民）和回应客体（公民的要求），就成为“伪主动回应”。

“伪主动回应”是指政府在名义上打着尊重民意、“问需于民”的旗号，有时做一些象征性的民意征询甚至虚构民意，做出所谓有利于人民根本利益和长远利益的决策。在现实政治生态中，在一些当权者的操纵下，民意却成了谋取部门利益、集团利益的“遮羞布”，成了愚弄公众和制造政绩的道具。“伪主动回应”已经成为当代中国尤其是在地方和基层政府主动回应存在的一个主要问题。实践证明，这种“伪主动回应”不仅不能给民众带来像“及时雨”一样的期待利益，反而常常成为引发民众不满和反抗的导火索。

现实中的许多“民心工程”和异化服务（包括差别服务、强制服务、不对称服务）都是伪主动回应的表现。基层开展的许多听民意、解民忧、暖民心活动往往流于形式。有人曾总结了民意失真的六大症状：(1)“只说好，不说差”。现实生活中，各种评比、创建活动似乎成为一些地方和部门的“主业”。把评比或创建作为推动工作的抓手，本无可厚非，但当评比或创建多到几乎成为“公害”时，其背后的民意基础就会异化。(2)“疯狂的满意率”。工作做得好不好，通过群众满意率测评进行检查，本来是件好事情，也是值得倡导的做法，然而，许多满意率测评在实际

① 张翘楚：《关于民警在群体性事件现场“软处置”存在主要问题的剖析》，《四川警察学院学报》2011 年第 3 期。

执行中变了味道。现实情况正说明了这一点，如一些领域从测评上看，“满意率”较高，但实际上却存在很多问题，群众的实际感受与测评的结果差距很大，群众对此意见极大。(3)“看不懂的公示”。公示，被作为搜集民意的一个常用手段加以运用。公示的过程就是公众知情的过程，也是接受评头论足的过程。但事实上，一些地方在事项公示上走过场、瞎糊弄，许多公示让百姓云里雾里，根本看不懂，也就无法提不同意见，结果“公示”期一过，公示事项就成了所谓群众支持的事项。(4)“没有结果的征求意见”。征求意见是观察民意的一个渠道，比如立法征求意见，一些法律条款就是在征求意见过程进行了修改，群众的意见得到了很好吸收。类似的征求意见，群众是欢迎的。但是，也出现了一些无效的征求意见行为，形式轰轰烈烈，结果却无影无踪。(5)“不对称的听证”。听证，是平衡各方利益、获取民意的重要途径。一项涉及公共利益的政策出台前，通过听证让各方充分表达意见，减少政策出台后的执行摩擦，是大有好处的。现在，听证也越来越多地走进立法、决策等活动中。但需要指出的是，当前不少听证会存在参加人员不对称、获取信息不对称、左右结果不对称等问题，所以听证会在民意搜集上往往是“形式大于内容”①。

街头官僚作为政府的一线工作人员，大多时候是“虚假民意”的直接制造者。尽管有时是服从上级而为，但许多时候尤其是关系到自身利益的时候则是主动为之，蒙骗领导。如涉及自身服务满意度考评、自身工作公开承诺等。

三　完善街头官僚管理机制，优化政府回应过程

如上所述，街头官僚的作为与基层政府的回应性密切相关，可以认为，完善街头官僚的管理机制是优化政府回应过程的一项重要途径。为了在公众中树立良好的形象，争取公众的支持和理解，从更深一层次说，为了维护社会利益和促进社会发展，增强政府统治的合法性，不能忽视街头官僚的存在，不能不对街头官僚不断地遭受指责、诟病及至谩骂做

① 郭奔胜、黄豁、代群：《盘点“民意失真”六大症状以假民意推“官意”》，《半月谈》2009 年第 16 期。

出积极的反应，并采取有效措施认真研究和改进对街头官僚的管理机制。

从国内外的相关理论和实践来看，街头官僚的管理机制有四种：法治、民主、道德和技术。法治机制主要着眼于约束或规范街头官僚的自由裁量权，民主机制主要侧重于引入公民和社会力量对街头官僚工作的参与和监督，道德机制强调行政职业伦理的内在控制的终极作用，技术机制重视现代信息技术对街头官僚工作方式的改变以及由此带来的监控作用。

（一）法治监控机制是增进回应性的基础

当代西方行政改革强调政府的回应性实际上是在权责一致下的情况下讨论强化责任的问题，责任大就需要权力大，所以有解制授权的举措，但中国不然，政府权大责小，强化责任的同时必须限制权力，这样才能使权责趋于一致，才能达到增进政府回应性的目的。否则，一味强调政府回应很可能成为政府扩张权力的口实。在当代中国完善理性官僚制与增进政府回应性并不矛盾，政府回应不佳的主要原因恰恰是行政人员的自由裁量权过大且缺乏监督，完善理性科层制、加强依法行政、规范政府行为实际上就是增进中国政府回应性的基础工程。

1. 制定法律规则，约束规范行为

对街头官僚的管理，首先是确保他们执行上级命令和防止滥用自由裁量权。所以必须制定各种法律规则来加强对街头官僚的控制。从国外的实践来看，对官僚机构的控制主要借助于法律手段，强调官僚机构的行动必须具有合法性。各国议会致力于制定各种约束行政机构行为的标准和原则，例如认真准备、公平参与、公正原则、比例性原则等。为了确保街头官僚作为实际的政策制定者在制定和实施某种政策时是可靠的，管理者一般都倾向于减少街头官僚的自由裁量权和约束其可运用的各种手段。他们制定了各种各样的工作手册，尽可能充分、完整地覆盖在政策制定与执行中将会出现的各种情况。与此相关联，国外普遍推行政府流程再造，以顾客导向为核心，以提供“一站式”公众服务为目标，以建立“服务链”为纽带。以前瞻的企业经营精神，引入现代企业业务流程再造，使用其核心管理理念和管理方法，对政府部门原有的流程进行再造。这既能够使僵化封闭的传统官僚制行政体制表现出弹性和活力，为公众提供更加快捷流畅的服务，让公众感到方便和满意，也可以规范

和优化街头官僚的行为。

在我国有关行政管理的法律、法规和规章中，行政自由裁量权的规范很多，但大都显得过于宽泛，无一定的标准可循。例如，在基层工商部门的执法中，按《城乡个体工商户管理暂行条例》及其《实行细则》的规定，“无照经营”可处以 5000 元以下的罚款。如以一元作为起点，5000 元作为上限，其相去为 5000 倍，给予基层执法人员相当大的自由裁量空间，因此就留下了被滥用的隐患。我国有关的行政程序规范还很不完备，相关补救措施滞后，造成行政机关在行政程序上拥有很大的自由度，行政机关及其公务员办事拖拉、互相推诿的现象还比较严重，特别是赋予权利或解释义务的自由裁量行为，更容易出现不当程序和方式。这包括：严重失当的步骤，如必经步骤的省略、颠倒或者随意增加步骤等；采用不合理的方式；毫无理由的故意拖延，或因疏忽等造成拖延到了严重不合理的程度。因此，要通过法律界定街头官僚自由裁量权的边界，对于每一种应当运用自由裁量权的行政行为，应明确其主要的种类和幅度，尽力把过量的“弹性”条款和“模糊”概念具体化、明确化、细致化，规范优化其工作流程，从而使自由裁量权受到一定程度的约束。

2. 注重内部管理，加强责任监督

西方国家完善的理性科层制强调等级制和权责法定，这使行政权力内部存在制衡，不在标准的决策程序范围内部的决策一般不授予街头官僚，而是由更高层的官员来评估，或者要求街头官僚在采取行动之前先获得上级的批准。此外，政策管制也是一种制约街头官僚自由裁量权的方法。同时，为了使得街头官僚的可靠性能够被有效地进行监督，管理者希望街头官僚能详细说明他们的目标，并对街头官僚机构及其工作人员的绩效进行科学考评，并希望通过这种考评来实施某种奖惩，从而引导街头官僚修正他们将来的行为。

对我国而言，在街头官僚的管理上监控不力与激励不足这两个问题都很突出。必须实施科学考评、合理激励、有效问责。不能以单一的完成执法工作的数量多少作为主要的评估考核指标，而应当将执法管理质量、公众满意程度的高低作为主要衡量指标。对于不文明执法情节严重造成不良社会影响的应坚决追究当事人的责任。在科学考评基础上，应当积极建立合理的工作激励机制。不仅可以将文明执法情况考核与工资、奖金等物质奖励挂钩，还应当加大对优秀文明执法人员的精神奖励，给予其适当的荣誉，如评优、评先、职位升迁等，借以提高执法人员的积极性。

3. 畅通救济渠道，强化司法监督

对街头官僚的法治监控机制的非常重要的一个内容是司法监督。在国外，司法部门在制约街头官僚的自由裁量权及其滥用方面发挥着极其重要的作用。首先，独立的司法部门为公民提供了一个对街头官僚提出诉讼的渠道；其次，司法对行政自由裁量权进行有效控制，法院对严重滥用职权、行政处罚显失公正等行政行为可以宣布无效、撤销或变更，直至追究具体基层公务员的相应法律责任；最后，作为准司法行为的行政复议也可对自由裁量权进行监督而预防腐败，对具体行政行为的合法性和合理性进行审查，还可以针对街头官僚在行政管理中的违法行为、不当或显失公平行为直接行使变更权，制止或纠正其违法及不当行为。

在我国，对街头官僚的司法监督比较薄弱。尤其是行政复议效率和潜力远未充分发挥。有关部门的相关调研显示，在美国、韩国、日本等国，行政复议的数量远远超过行政诉讼案件。行政复议案件与行政诉讼的案件比例在美国是24:1，在日本大约为8:1，在韩国约为7:1，而我国几乎为1:1。一方面，乡镇政府和县级政府部门收到的行政复议申请占全部的52.17%；另一方面，基层政府的行政复议力量薄弱、能力低下，目前全国县级政府有近2/3没有专职的行政复议工作人员。今后，必须进一步改进行政复议与行政诉讼，加强其在监督街头官僚行为方面的作用。

（二）民主参与机制是增进回应性的本质

政府回应的本质是政府与公民的关系，是政府对公民意见和需要的尊重，是民主行政的表现。因此，民主参与机制是政府回应机制的核心内容。公民参与可以分为低度参与和高度参与。现代公民低度参与形式主要有关键公众接触、公民调查、回应公民投诉、执法听证等；公民高度参与形式有公民会议、自愿组织、决策听证、公民陪审等。现实公共管理中，政府要以多种形式的参与制增强对民主要求的回应。街头官僚的工作特征决定了他们与民众之间的互动的存在，而民众对于他们工作的反馈既可以对他们形成监督，也能够给他们带来动力。

1. 完善服务承诺制，提高服务质量

在西方政府改革中，为了增进回应性，推行服务承诺制是一项重要且有效的措施。服务承诺制主要针对那些具有一定的垄断性质的公共部门和公共服务行业。承诺的内容主要包括服务内容、服务标准、服务程序和时限、违诺责任等。确定承诺范围，公布承诺内容只是第一步，最关键的是建立和完善践诺机制，保证承诺能够得到落实。践诺机制是由外部监督机制、内部管理机制和技术保障等构成的一系列的制度安排。在英国，践诺机制主要包括以下几个方面：第一，组织保障，成立专门领导小组，由首相亲自督促实施；第二，政府协调与指导，政府对各种各样的公民宪章进行总体协调和宏观技术指导。第三，外部监督。通过违诺机制作为顾客的民众对公共服务部门投诉，这是公众监督的主要方式。除公众的直接监督外，英国非常重视大众媒体和社会舆论的监督作用。第四，内部监察。在实行服务承诺制的部门里设立监察机构，接受投诉。服务承诺制坚持以顾客第一为导向，不仅提高了公共服务质量，而且提高了公民的满意度。在我国，自1994年山东烟台首推服务承诺制以来，服务承诺制已在全国逐步推广，但无论是在承诺服务的依据、标准还是程序、追责机制方面，都有进一步完善的必要。

2. 实行群众评议制度，加强社会监督

20世纪90年代以来，我国一些地方政府陆续开展了群众评议政府工作的活动，如1996年深圳市发起“企业最满意的政府部门”评选活动、2001年以来南京“万人评议机关”活动，取得了较好的效果。实行群众评议制度，首先，政府应该建立范围广泛的政务公开机制，如可以通过新闻发布会、公开听证制度，建立各种咨询委员会等形式不断扩大政务公开范围，完善公众的利益表达机制，建立容易操作的程序使公民的知情权得到法律的保障。其次，创设科学的程序和方法保障让群众来评议，真正做到“满意不满意群众来评说”。最后，要把评议工作的评议结果运用好，通过公开的机制，增强评议工作的压力传导机制。

对街头官僚的工作实行群众评议，有利于加强公众和社会力量的参与和监督，有利于控制街头官僚的不当违法行为。目前在城管执法过程中普遍存在的一个现象就是违反执法程序。“通过告知、证据、说明、陈述、听证等城管执法程序规范，来控制行政权力的行使过程，乃是城管执法实践已证明的一条正确路径。”①

3. 实行分权授权，引入竞争机制

实行公共服务的市场化和社会化，将许多以前由政府单独提供的公共服务的所有权和管理权交给市场和社会组织。为此可采取的主要措施包括通过竞争性投标签订合同的方式，把一些公共服务承包出去；对某些提供公共服务的公营部门进行公司化改造，按市场方式运作，或者放松规制，让民营部门直接参与公共服务的供给。分权不仅提高了政府的工作效率和公共服务的质量，而且有利于增加官员接触民众与获取信息的机会，使政府更加贴近民众，改善政府与公民的关系。

实行授权，可以采取自我管理的工作团队的方式来组织实施。具体来说，就是对同一部门的基层执法类公务员根据人数分为几个相同的自我管理团队，团队与团队之间的权责、工作任务、工作难度都是一致的。在实际工作中，团队之间既可以形成竞争关系以提高工作绩效，团队内部还可以因为自我管理形成较高的满意度。此外，不同的团队之间以及相同的团队内部都可以因为竞争的存在而互相监督。

通过分权和授权，在政府管理中注入一些市场的因素，引入竞争机制，可以使政府体制更加灵活，政府工作效率更高。“在竞争的市场条件下，顾客可以自由选择商品和服务，而他们的选择就是对商品和服务提供者绩效的最好评判。”② 这样迫使街头官僚竭力改善工作和提高服务的质量、效率。

（三）道德内控机制是增进回应性的灵魂

人的理性是有限度的，对于控制复杂而丰富的人类行为而言，法律法规、规章制度都只是不完备的解决方案。正式规则很难对街头官僚行动的所有细节都做出预先规定，对其进行全面的、精确的指导和监控也是不可能的。政府回应性的高低与政府工作人员的思想观念、信仰觉悟、道德品质、工作作风有非常密切的关系，尤其是在职能性政府回应的过程中，由于与公民直接打交道的政府一线公务员的形象事实上就代表了公民眼中的政府形象，因此，这些一线行政人员的表现直接反映了政府

① 孟庆英：《城管行政综合执法制度的若干思考》，《理论探索》2006 年第 2 期。

② 于军：《英国地方行政改革述评》，国家行政学院出版社 1999 年版，第 123 页。

的回应性程度。实践证明，凡是行政人员精神风貌和工作作风较好的地方和部门，其回应性也较高，反之亦然。

道德机制可以看成是填补正式规则残缺的一种策略选择。实际上，在任何社会中，负责任的公共行政都离不开发达的公共精神和良好的行政伦理的滋养。不仅个体的伦理自觉可以弥补外在监督资源的匮乏和不足，而且良好的伦理品格是个人道德行为的终极性资源。通过开发伦理道德资源，激发街头官僚的道德自觉性和伦理自主性，实施内部控制，就是必要且可行的

在中国，人治的因素将长期存在。要增进政府回应性，必须在健全制度的同时重视行政伦理建设。尤其是要提高街头官僚的职业化水平，通过训练或职业性社会化过程来培养和强化公务员的职业价值观和职业水平，培养一种内部控制机制，即“由一系列公务员自己内心的价值观和伦理准则组成的，而且它们想要在缺乏规则和监督机制的情况下，鼓励从事合乎道德规范的行为。”① 如果街头官僚能有这样的内控机制，那么他们就可能在外在监控缺位的条件下，依照道德律令的要求，自觉遵守法制规范，秉持公共精神做出合乎公共利益的负责任行为。

（四）技术监控机制是增进回应性的保障

在社会高速运转和公共管理日益复杂化的今天，应当积极利用科学现代化的方法，如信息化、数字化管理来监控街头官僚，以提高其工作效率和管理质量，让公众满意。

1. 用信息化和数字化手段监控街头官僚

首先，可以利用信息技术将法律、行政的定性管理方法加以量化并将其存储在计算机网络系统中，需要时再及时调出系统方便直接使用。其次，利用信息化技术建立网络交流平台可以满足公众对公共管理法律法规的知情需要，便于群众的监督。最后，可以利用一些部门如公安与环保部门已有的监控系统，借助网络传输，实现实时监控，达到在控制室内实现远程管理的水平。监控系统不仅可以进行调查取证，使公共管理由静态向动态转变，提高管理效率，同时还可以监督街头官僚。

① ［美］特里·L. 库珀：《行政伦理学：实现行政责任的途径》，中国人民大学出版社 2001 年版，第 123 页。

2. 通过电子化政府建设改进对公民的回应性。电子政府是现代化行政管理的主要回应载体。电子化政府是指政府有效地利用现代信息和通信技术，透过不同的信息服务设施（如电话、网络、公用电脑站等），在其更方便的时间、地点及方式下，对政府机关、企业、社会组织和民众提供自动化的信息及其他服务，从而建立一个有回应力、有效率、负责任的、具有更高服务品质的政府。借助网络技术的信息传递功能、处理功能，提供开放的信息平台，及时发布政府信息，使利益相关人能快捷地了解政策目标、变动趋势等，并以无限度的接口为公众表达意愿提供渠道，通过网络平台表达诉求、评议政府工作、对政府工作提出建议等，改进政府对公民的应答方式，实现政府与公众之间没有中介环节的沟通。

总之，在建设服务型政府和人民满意的政府的今天，必须将解决官民矛盾、提高政府尤其是基层政府的回应性摆在重要位置。而基层政府的回应性及民众的满意度又与基层一线公务人员即“街头官僚”的行为密切相关。如何规范街头官僚的行为、使之尽可能符合公共利益，需要一系列的机制来保障。这些机制是优化政府回应过程的重要举措。

小　结

作为政治过程的政府回应在中西方面临的背景有很大差异。与现代西方政府回应的现实背景——政治与行政的相对分离、发达的市场经济、健全的民主法治、成熟的公民社会——可以说是完全不同，中国政府回应所处的社会背景是：中国的理性官僚制还在建立中、政治与行政基本不分、市场经济体制还不健全、公民社会还在发展中。这在很大程度决定了当代中国政府回应过程的动力不足，也塑造了政府强势、人治色彩浓厚、共产党起核心作用等基本特征。同时，也决定了优化中国政府回应过程的特别重要的意义。即与西方不同，鉴于党政结合紧密和政府在国家政治体系中的主导地位，优化当代中国政府回应过程的意义绝不仅仅在于公共管理中的公民满意，而是直接关涉整个当代中国政治体系的公民认同的政治合法性问题。

优化中国政府过程实际上是一个多主体、多层次、多维度的系统工程，涉及价值观念、组织结构、体制机制、技术工具、外部环境等多种因素。但其中最关键的因素是回应渠道和回应主体的建设。因此，优化中国政府回应过程的基本路径可以锁定为两条：一是旨在增加和畅通回应渠道的体制改革，二是旨在提高回应主体素质能力的主体建设。

在体制改革中，最重要的是协商民主制度建设。协商民主制度化是中国的一项政治战略部署，有利于增加和畅通中国政府回应渠道。协商民主理论与政府回应理论在平等参与、包容异见、理性对话、社会责任、程序公平、共识结果等诸多方面有契合之处，协商民主的理论与实践对优化中国政府回应过程有诸多有益启示和促进作用，不仅可以矫正选择性回应、被动式回应、单方性回应、随意性回应、作秀式回应、人格化回应、暗箱式回应等中国政府回应过程中的各种不良表现，而且将为中国政府回应提供良好政治环境、注入强大回应动力、培育合格回应主体、养成互动回应方式。

在主体建设中，最重要的是“街头官僚”管理。数量众多的政府基层一线的公务人员，代表着公民身边的政府形象，其不当及违法行为已成为引发社会矛盾的重要导火索，严重影响了政府的回应性。规范这些人员的行为对于提高基层政府的回应性、变动政民关系、维护国家长治久安具有重大意义。构建相应的管理机制是政府回应主体建设的重要内容。街头官僚理论为思考解决这个问题提供了很好的分析视角。在街头官僚视角下，构建旨在实现依法行政的法律监控机制、旨在实现公民主导的民主参与机制、旨在强调行政伦理建设的道德内控机制、旨在实现便捷服务和官民互动的技术保障机制是优化政府回应过程的重要举措。

结　语

政府回应是随着全球范围的政府改革潮流而凸显的一种公共行政价值。其基本含义是：公共管理者要对公民和社会的要求做出积极有效的反应和答复。政府回应的本质在于，寻求政府与公民之间的新的关系模式，目的在于实现政府和公民对公共事务的共同治理。在当今的全球化时代，作为一种公共行政价值，政府回应为中国学者所接受，并对中国的政府改革实践产生了重大影响。在建设法治政府、责任政府、服务政府的今天，许多学者又提出了建设回应型政府的理念和建议，国家包括中央政府和地方政府的许多改革措施如承诺制、公示制、政务公开制度、听证制度、协商制度等似乎也与政府回应的价值要求不谋而合。那么，究竟应该如何认识政府回应对中国政治发展和政府改革的意义呢？这就需要对政府回应做一个中国式的理解。这是本书写作的目的所在。

一　研究总结

（一）关于"政府回应"的概念的中国式理解

作为一种价值理念，政府回应首先来自西方的民主实践和公共管理实践，同时也是系统的政府管理理论和行政理念的逻辑延伸。自20世纪80年代以来，西方一些国家在政府改革中提出了增进政府的责任性、回应性和效率的目标，政府回应逐渐成为各国政府和学术界所共同关注的热门话题。21世纪初，政府回应性的价值理念为中国学者所接受，但与此同时，中国学者也将政府回应作为一个政治过程来理解，以期用西方的政府回应理念指导中国的政治回应实践。中国学者普遍认为，作为政治过程，政府回应就是在公共管理过程中，政府对公民的要求做出反应和答复的过程，本质上是公民与政府的互动过程。

（二）关于中国政府回应过程的理论基础

政治系统理论、人民主权理论、治理理论和群众路线理论是中国政府回应过程研究的主要理论基础。一个完整的政府回应过程，由回应主体、回应对象、回应客体、回应渠道和回应反馈五部分组成。对中国政府回应过程而言，回应主体是狭义政府即行政机关，回应对象是个体性的公民，回应客体是公民的要求，既包括明确表达出来的要求，也包括潜在的要求。根据回应客体和动力源的不同，可以将政府回应过程分为被动回应和主动回应。

（三）关于中国政府回应过程的环境影响

根据政治系统论，政府回应是政府系统与环境的互动。因此，当代中国政府回应的环境对政府回应过程有重要影响。政治文化传统、市场化改革、政治体制和意识形态以及全球化的国际环境既给政府回应提供了有力的支持，同时也带来一些不利影响，在很大程度塑造了当代中国政府回应过程的基本特征。

（四）关于中国政府回应过程的动力

当代中国政府回应的动力主要来自两个方面：一是来自政府自身的动力，二是来自政府外部的压力。就政府自身而言，政府利益虽然是政府回应的一大动力，但往往造成不公和腐败，忽视弱势群体的利益诉求；政府内部制度尤其是科层制不健全，缺乏责任机制，领导指令成为主要动力来源；行政文化虽然有意识形态的引导，但同时深受传统人治文化的影响。就外部动力而言，中国共产党与政府关系极为密切，弱化了其对政府的督促能力；公共舆论的压力作用由于受到政府的管制而削弱；新信息技术对政府回应的动力作用则是刚劲初现。

（五）关于中国政府被动回应过程的描述与解释

被动回应是政府回应的基本形式。就当代中国政府被动回应过程来看，公民向政府提出的要求往往是政府侵犯其利益的结果，公民接近政府的渠道并不畅通。直接性利益表达是中国公民提出要求的主要方式。不仅如此，即使公民的要求到达政府，也常常遇到“体制性迟钝”，这是造成群体性事件的根本原因。这种“体制性迟钝”凸显了人治因素在政府被动回应过程中的重要性。由于政府回应的不及时、不公正、不合理，往往引发更多而且升级化的公民诉求，这就是被动回应的示范效应。

（六）关于中国政府主动回应过程的描述与解释

主动回应是中国意识形态和群众路线的要求，因此中国政府非常重视主动回应。政府界定问题提出方案的民意基础主要来自党政权力精英的“内输入”。政府主动回应过程的重点环节在于对民意的征询和了解，从现状来看，尽管存在一些征询民意的渠道，但尚未规范化和制度化，人治的因素还较多。“伪主动回应”是当代中国地方政府主动回应中的一个值得注意的现象。而真正的政府主动吸纳民意能够起到对公民参与的替代效应。

（七）关于中国政府回应过程的特征与优化路径

基于中国政府回应的特殊环境和动力不足、政府强势、人治色彩浓厚、共产党起核心作用等基本特征，未来要增进中国政府回应性应坚持三个基本方向：坚持约束政府权力与强化政府责任并举；坚持将推进政府回应的制度化和加强行政伦理建设并举；坚持通过完善共产党与人民的沟通机制来带动政府回应。未来要优化中国政府回应过程应遵循两条基本路径：体制改革与主体建设，重点是推进协商民主制度化和规范“街头官僚”行为。

二 研究推论

（一）在中国现行体制下，由于一党长期执政、党政高度一体化、行政主导，政府回应问题比国外更为突出，提高政府回应性也极为迫切。政府回应的意义绝不仅仅在于公共管理中的公民满意，而且是直接关涉整个当代中国政治体系的公民认同的政治合法性问题。因此，在当下中国深刻的结构变迁和社会风险的特殊呈现的背景下，政府回应问题将作为国家治理现代化的核心议题之一而得到学术界及党和政府的持续高度关注。

（二）当代中国政府回应面临的最突出的问题是意识形态的高调与政府的现实行为之间存在脱节现象。一方面，意识形态对政府回应性有极高的要求，政府要全心全意为人民服务，想人民群众之所想、急人民群众之所急，问需于民、问计于民、问政于民、问效于民；另一方面，在现实生活中，政府回应的表现常为人所诟病。要么是权力任性的不回应，要么是扭曲的回应形式，如为难性的回应、姿态性的回应、操纵性的回应屡见不鲜。这不仅影响政府的回应性，更是影响政府公信力，是中国可能陷入“塔西佗陷阱”的最大推手。

（三）解决当代中国政府回应问题、优化政府回应过程的根本出路在于推进政府回应的制度化。从制度分析的角度看，意识形态、制度安排、行为规范是政府回应制度的三要素。提供制度价值的意识形态与微观层面的行为规范要保持一致，关键在于中观层面的制度安排是否到位和有效。被动回应过程中的“体制性迟钝”和“社会维稳怪圈”现象、主动回应过程中的“伪回应”现象以及各种人治现象都与政府回应制度化缺失密切相关。要抓住明晰政府回应的职能与权限、明确回应主体、优化政府回应流程、健全回应问责制等重点环节，不断推进中国政府回应的制度化、规范化、程序化。

（四）观察当代中国政府回应过程，可以为我们确定政治制度的性质提供一个新的视角。长期以来西方人用“极权主义”“威权主义”“非民主政体”的标签来贴在中国政治上。但实际上，经过 30 多年的改革发展，中国政府回应过程的及时性、透明性、互动性在不断增加，尽管还未能尽如人意。许多学者认为，中国政治的逻辑已经发生了根本性的变化。越来越多的人认定，中国正走在一条与西方不同的民主道路上。在这个意义上可以讲，研究与优化中国政府回应过程有助于增强对中国特色社会主义的道路自信、理论自信、制度自信、文化自信。

三　研究展望

本书的创新之处主要体现在三个方面：第一，在对国内外政府回应理论进行梳理的基础上，对政府回应做了一个中国式的理解，明确提出将政府回应作为一个政治过程来研究，基于政治系统论构建了研究中国政府回应的基本理论框架。第二，运用政府系统分析工具对改革开放以来中国政府回应过程的具体机制和特征作了鲜活的描述、分析与预测，为理解中国政府回应的现状和提出进一步改进建议奠定坚实的现实基础。第三，在对当代中国政府回应过程的现状和特征有一个比较准确把握的基础上，对中国政府回应过程的优化提出了关键性的可行对策。

当然，由于国内政府回应的研究不论在理论方面还是实践方面都处于起步阶段，再加上笔者能力有限，本书的不足之处也是显而易见的。一是在研究内容上面对中国政府回应过程这一现实的动态复杂对象，还不够深入细致。比如中央政府和地方政府的表现差异性及其机理、互联网大数据对政府回应过程的影响及其机制等；二是在研究对象上，以公民个人为分析单元，没有太多关注组织。但是在实践中，社会组织在蓬勃发展，民间草根组织的作用在政府回应过程中的作用越来越大。如果有可能在未来的研究中，对公民的各种组织的行为机制，及其与政府回应效果之间的关系进行更加深入的研究，结果可能会很有意义。三是在研究方法上，对中国政府回应过程这样一个描述性研究，缺乏更多的实证研究，缺乏更多的尤其是通过实地调查取得的第一手材料。因此，本书的研究只能是一个初步的尝试，还需要今后进一步深入。

在十八届三中全会提出全面深化改革、推进国家治理体系和治理能力现代化的战略部署以来，政府回应研究因其与治理的特殊关系必将得到深入拓展。在国家治理现代化的大背景下，政府回应研究使命光荣伟大。以下列举未来政府回应研究需要进一步关注的十大研究课题，希望更多的学界同人参加到政府回应研究中来。

1. 国家治理与政府回应的关系研究
2. 执政党建设与政府回应过程研究
3. 协商民主发展与政府回应过程研究
4. 社会组织发展与政府回应过程研究
5. 法治建设与政府回应过程研究
6. 互联网大数据与政府回应过程研究
7. 国家治理现代化与政府回应制度机制研究
8. 国家治理现代化与政府回应能力研究
9. 中外政府回应过程比较研究
10. 政府回应过程与中国道路研究

参考文献

著作：

李伟权：《政府回应论》，中国社会科学出版社 2005 年版。

［美］戴维·奥斯本、特德·盖布勒：《改革政府：企业精神如何改革着公营部门》，上海译文出版社 2006 年版。

［美］弗雷德里克森：《新公共行政》，丁煌、方兴译，中国人民大学出版社 2011 年版。

［美］拉塞尔·M. 林登：《无缝隙政府》，汪大海等译，中国人民大学出版社 2002 年版。

张贤明：《论政治责任：民主理论的一个视角》，吉林大学出版社 2000 年版。

俞可平：《权利政治与公益政治》，社会科学文献出版社 2000 年版。

俞可平：《增量民主与善治》，社会科学文献出版社 2005 年版。

卢坤建、苗月霞：《回应型政府建设的理论与实践》，中山大学出版社 2011 年版。

刘力锐：《基于网络政治动员态势的政府回应机制研究》，东北大学出版社 2012 年版。

朱丽峰：《网络民意与政府回应问题研究》，中国社会科学出版社 2013 年版。

原丁：《服务型政府回应力研究》，中央编译出版社 2013 年版。

钟俊生：《中国失地农民民意表达与政府回应研究》，沈阳出版社 2013 年版。

肖唐镖主编：《维权表达与政府回应》，学林出版社 2012 年版。

燕继荣：《现代政治分析原理》，高等教育出版社 2004 年版。

［美］戴维·伊斯顿：《政治生活的系统分析》，王浦劬译，华夏出版社 1999 年版。

张康之：《寻找公共行政的伦理视角》，中国人民大学出版社 2002 年版。

［美］查尔斯·J. 福克斯、休·T. 米勒：《后现代公共行政》，楚艳红等译，中国人民大学出版社 2002 年版。

彭和平编：《国外公共行政理论精选》，中央党校出版社 1997 年版。

［美］乔治·弗雷德里克森：《公共行政的精神》，张成福译，中国人民大学出版社 2003 年版。

［美］珍妮特·V. 登哈特、罗伯特·B. 登哈特：《新公共服务：服务，而不是掌舵》，丁煌译，中国人民大学出版社 2004 年版。

［美］戴维·奥斯本、彼德·普拉斯特里克：《摒弃官僚制——政府再造的五项战略》，中国人民大学出版社 2002 年版。

［美］麦克尔·巴泽雷：《突破官僚制——政府管理的新愿景》，中国人民大学出版社 2002 年版。

［美］理查德·C. 博克斯：《公民治理——引领 21 世纪的美国社区》，中国人民大学出版社 2005 年版。

［德］马克斯·韦伯：《经济与社会》（下卷），林荣远译，商务印书馆 1998 年版。

［美］格罗弗·斯塔林：《公共部门管理》，陈宪等译，上海译文出版社 2003 年版。

俞可平主编：《治理与善治》，社会科学文献出版社 2000 年版。

毛泽东：《关于领导方法的若干问题》，《毛泽东选集》第 3 卷，人民出版社 1966 年版。

［美］詹姆斯·汤森、布兰特利·沃马克：《中国政治》，顾速、董方译，江苏人民出版社 2004 年版。

［美］唐文方（Tang，W. F.）：《中国民意与公民社会》，中山大学出版社 2008 年版。

周桂钿主编：《中国传统政治哲学》，河北人民出版社 2001 年版。

北京师范大学经济与资源管理研究所：《2005 中国市场经济发展报告》，中国商务出版社 2005 年版。

北京师范大学经济与资源管理研究所：《2010 中国市场经济发展报告》，北京师范大学出版社 2010 年版。

阿马蒂亚·森：《以自由看待发展》，任赜、于真译，中国人民大学出版社 2002 年版。

陆学艺：《当代中国社会各阶层研究报告》，社会科学文献出版社 2002 年版。

王名、刘国翰、何建宇：《中国社团改革》，社会科学文献出版社 2001 年版。

李建新、任强、吴琼、孔涛编著：《中国民生发展报告（2015）》，北京大学出版社 2015 年版。

陈红太：《中国政府体系与政治——概念、总结与探索》，河南人民出版社 2005 年版。

赵宝煦主编：《民主政治与地方人大》，陕西人民出版社 1990 年版。

段华明编著：《突发事件应对能力提升》，广东省出版集团、广东人民出版社 2007 年版。

《邓小平文选》第 2 卷，人民出版社 1994 年版。

《马克思恩格斯选集》第 3 卷，人民出版社 1995 版。

［英］戴维·赫尔德：《全球大变革——全球化时代的政治、经济、文化》，杨雪冬译，社会科学文献出版社 2001 年版。

陈振明主编：《政府再造——西方“新公共管理运动”述评》，中国人民大学出版社 2003 年版。

刘炳香：《西方国家政府管理新变革》，中共中央党校出版社 2003 年版。

［美］B. 盖伊·彼得斯：《政府未来的治理模式》，吴爱明、夏宏图译，中国人民大学出版社 2001 年版。

刘靖华：《政府创新》，中国社会科学出版社 2002 年版。

于军：《英国地方行政改革述评》，国家行政学院出版社 1999 年版。

威廉·N. 邓恩：《公共政策分析导论》，中国人民大学出版社 2002 年版。

［意］乔瓦尼·萨托利：《政党与政党制度》，雷飞龙译，台北：韦伯文化事业出版社 2000 年版。

景跃进、张小劲：《政治学原理》，中国人民大学出版社 2006 年版。

景跃进、陈明明、肖滨：《当代中国政府与政治》，中国人民大学出版社

2016 年版。

金太军主编：《政治学新编》，华东师范大学出版社 2006 年版。

［英］史蒂文·拉克斯：《尴尬的接近权——网络社会的敏感话题》，禹建强等译，新华出版社 2004 年版。

［美］约翰·克莱顿·托马斯：《公共决策中的公民参与》，孙柏英译，中国人民大学出版社 2005 年版。

陈振明：《公共管理学》，中国人民大学出版社 2003 年版。

涂晓芳：《政府利益论——从转轨时期地方政府的视角》，北京大学出版社、北京航空航天大学出版社 2008 年版。

谢岳：《当代中国政治沟通》，上海人民出版社 2006 年版。

中国政法大学法治政府研究院编：《中国法治政府发展报告（2015）》，社会科学文献出版社 2015 年版。

魏礼群、汪玉凯主编：《中国行政体制改革报告（2016）》，社会科学文献出版社 2016 年版。

［美］D. B. 杜鲁门：《政治过程：政治利益与公共舆论》，陈尧译，天津人民出版社 2005 年版。

［美］阿尔蒙德：《比较政治学：体系、过程和政策》，上海译文出版社 1987 年版。

吴国光主编：《九七效应》，香港：太平洋世纪研究所，1997 年。

孙立平：《转型与断裂——改革以来中国社会结构的变迁》，清华大学出版社 2004 年版。

［美］多丽斯·A. 格拉伯：《沟通的力量——公共组织信息管理》，张熹珂译，复旦大学出版社 2007 年版。

应星：《大河移民上访的故事》，三联书店 2001 年版。

［美］托马斯·戴伊：《理解公共政策》，孙彩红译，北京大学出版社 2008 年版。

胡伟：《政府过程》，浙江人民出版社 1998 年版。

［美］约翰·W. 金登：《议程、备选方案与公共政策》，中国人民大学出版社 2004 年版。

董必武：《我们的财政任务与群众路线》，《董必武选集》，人民出版社 1985 年版。

邓小平：《关于修改党的章程的报告》，《邓小平选文选（1938—1965）》，人民出版社 1989 年版。

金耀基：《行政吸纳政治——香港的政治模式》，《中国政治与文化》，牛津大学出版社 1997 年版。

［美］约翰·奈斯比特，多丽丝·奈斯比特：《中国大趋势：新社会的八大支柱》，中华工商联合出版社 2009 年版。

［美］詹姆斯·博曼、威廉·雷吉编：《协商民主：论理性与政治》，陈家刚等译，中央编译出版社 2006 年版。

韩冬梅：《西方协商民主理论研究》，中国社会科学出版社 2008 年版。

亚里士多德：《政治学》，吴寿彭译，商务印书馆 1996 年版。

［英］安东尼·吉登斯：《社会的构成：结构化理论大纲》，李康等译，北京三联书店 1998 年版。

［美］特里·L. 库珀：《行政伦理学：实现行政责任的途径》，张秀琴译，中国人民大学出版社 2001 年版。

期刊论文：

陈新：《微博论政与政府回应模式变革》，《上海行政学院学报》2012 年第 1 期。

［美］阿伦·罗森鲍姆：《比较视野中的分权：建立有效的、民主的地方治理的一些经验》，《上海行政学院学报》2004 年第 3 期。

莫汉·考尔：《增进政府的责任性、回应性和效率》，《国家行政学院学报》2000 年第 5 期。

燕继荣：《治民·治政·治党——中国政治发展战略解析》，《北京行政学院学报》2006 年第 1 期。

宋全喜：《中国行政体制改革的理论定位》，《理论与研究》2000 年第 5 期。

［以］埃瑞·维戈达：《从回应到协作：治理、公民与未来的公共行政》，孙晓莉摘译，《国家行政学院学报》2003 年第 5 期。

张成福：《责任政府论》，《中国人民大学学报》2000 年第 2 期。

何祖坤：《关注政府回应》，《中国行政管理》2000 年第 7 期。

黄小勇：《行政的正义——兼对“回应性”概念的阐释》，《中国行政管理》2000 年第 12 期。
陈水秘：《政府回应的理论分析及启迪》，《地方政府管理》2000 年第 11 期。
王巍：《论“政府回应”的内涵和主导模式转型》，《探索》2005 年第 1 期。
戚功：《论“回应”范式》，《社会科学研究》2006 年第 4 期。
唐晓阳：《建设和谐社会必须提高政府的回应能力》，《广东行政学院学报》2006 年第 4 期。
娄成武、顾爱华：《行政回应的哲学解读》，《中国行政管理》2006 年第 9 期。
袁国玲：《当前政府回应问题探析》，《中共银川市委党校学报》2007 年第 4 期。
徐智晨：《论政府回应的理论依据、现状以及改进思路》，《理论界》2008 年第 7 期。
梁莹：《政策过程中的基层回应机制研究——基于实证层面的探析》，《理论探讨》2007 年第 6 期。
李和中、高娟：《从区域治理的差异性看我国政府回应性的构建——基于我国东中西部的实证比较》，《新视野》2010 年第 1 期。
吴志军：《政府回应的短缺——转型期中国政府形象建设面临的主要问题》，《中山大学研究生学刊》（社会科学版）2001 年第 4 期。
祁光华：《基于政府回应的公务员能力模型》，《中国行政管理》2008 年第 5 期。
马得勇、孙梦欣的《新媒体时代政府公信力的决定因素——透明性、回应性抑或公关技巧?》，《公共管理学报》2014 年第 1 期。
翁士洪、顾丽梅：《网络参与下的政府决策回应模式》，《中国行政管理》2012 年第 8 期。
李放、韩志明：《政府回应中的紧张性及其解析——以网络公共事件为视角的分析》，《东北师大学报》（哲学社会科学版）2014 年第 1 期。
文宏、黄之玦：《网络反腐事件中的政府回应及其影响因素——基于 170 个网络反腐案例的实证分析》，《公共管理学报》2016 年第 1 期。
程浩、黄卫平、汪永成：《中国社会利益集团研究》，《战略与管理》2003

年第 4 期。

弗朗索瓦—格扎维尔·梅理安:《治理问题与现代福利国家》,《国际社会科学杂志(中文版)》1999 年第 1 期。

谭亦玲:《小议政府回应性及其有效性》,《青年思想家》2004 年第 1 期。

陈永鸿:《人民主权理论的演进及其启示》,《武汉大学学报(哲学社会科学版)》2007 年第 3 期。

格利·斯托克:《作为理论的治理》,《国际社会科学(中文版)》1999 年第 2 期。

李伟权:《"互动决策":政府公共决策回应机制建设》,《探索》2002 年第 3 期。

王巍:《公众回应性:服务行政的核心特征——服务型政府回应机制的流程与制度设计》,《行政论坛》2004 年第 9 期。

齐卫平、陈朋:《现代国家治理与协商民主的耦合及其共进发展》,《华东师范大学学报(哲学社会科学版)》2014 年第 4 期。

陈红太:《全面深化改革需要关注的八个问题》,《中国特色社会主义研究》2015 年第 5 期。

曾国安:《20 世纪 70 年代末以来中国居民收入差距的演变趋势、现状评价与调节政策选择》,《经济评论》2002 年第 5 期。

任晓莉:《我国居民收入分配差距问题研究的评析》,《中州学刊》2004 年第 9 期。

熊文才:《中国失业的现状、原因与对策分析》,《科技与管理》2002 年第 4 期。

李景鹏:《当代中国社会利益结构的变化与政治发展》,《天津社会科学》1994 年第 3 期。

陈红太:《中国民主政治建设的基本共识和民主现代化的实现》,《中国特色社会主义研究》2009 年第 1 期。

徐荣:《习近平人民主体思想探析——学习习近平总书记系列重要讲话精神》,《学术论坛》2015 年第 3 期。

周毅之:《全球化进程中的国家主权原则和公民与政府的合作关系》,《政治学研究》2001 年第 3 期。

王本刚、马海群:《开放政府理论分析框架:概念、政策与治理》,《情报资料工作》2015 年第 6 期。
张成福：《开放政府论》，《中国人民大学学报》2014 年第 3 期。
沙勇忠、赵润娣：《美国开放政府计划背景下的公众参与——进展、问题及启示》，《南京社会科学》2015 年第 11 期。
骆毅、王国华：《“开放政府”理论与实践对中国的启示——基于社会协同治理机制创新的研究视角》，《江汉学术》2016 年第 2 期。
唐斯斯、刘叶婷：《全球数据开放视野下的微观察》，《中国外资》2014 年第 5 期。
李景鹏：《中国现阶段社会团体状况分析》，《唯实》1999 年第 Z1 期。
[加] 马克·沃伦：《中国式“治理驱动型民主”》，《瞭望东方周刊》2010 年第 33 期。
马凌：《公共管理与公众舆论》，《公共管理学报》2006 年第 4 期。
谢岳：《公共舆论：美国民主的社会基础》，《江苏社会科学》2002 年第 4 期。
张涛甫、童兵：《当代中国新闻舆论监督的动力分析》，《现代传播》2007 年第 3 期。
王书成：《论人大监督与舆论监督的互动》，《人大研究》2007 年第 1 期。
陈新：《话语共识与官民互动：互联网时代政府回应方式的政治学思考》，《湖北社会科学》2013 年第 10 期。
钱刚：《信息网络技术对公共行政的影响》，《辽宁经济职业技术学院学报》2003 年第 3 期。
张劲松、丁希：《论短信政治时代的政府回应力重塑——以厦门“海沧 PX 项目”事件为重点》，《探索》2008 年第 4 期。
闵大洪：《中国网络媒体的生态环境》，《新闻实践》2001 年第 4 期。
董新宇、苏竣：《电子政务与政府流程再造——兼谈新公共管理》，《公共管理学报》2004 年第 11 期。
刘庆龙、孙志强、侯跃英：《电子政务与政府职能转变》，《中国行政管理》2004 年第 8 期。
金太军、张劲松：《政府的自利性及其控制》，《江海学刊》2002 年第 2 期。
萧功秦：《“软政权”与分利集团化：中国现代化的两重陷阱》，《战略与管理》1994 年第 1 期；

萧功秦：《中国现代化转型中的地方庇荫网政治》，《社会科学》2004 年第 12 期；

萧功秦：《中国转型期地方庇荫网形成的制度因素》，《文史哲》2005 年第 3 期。

李瑜青等：《政府透明度的法律规制研究》，《政府法制研究》2015 年第 6 期。

李芸：《行政理论视角下的行政文化建设》，《内蒙古农业大学学报（社会科学版）》2007 年第 6 期。

郭劲光、尹云龙、马子竣：《层次化视角下我国行政文化的构成性分析与问题研究》，《理论界》2015 年第 12 期。

郭聪华：《传统行政文化的针砭与解弊》，《厦门特区党校学报》2004 年第 6 期。

陈映芳：《贫困群体利益表达渠道调查》，《战略与管理》2003 年第 6 期。

孟天广、李锋：《网络空间的政治互动：公民诉求与政府回应性——基于全国性网络问政平台的大数据分析》，《清华大学学报》（哲学社会科学版）2015 年第 3 期。

应星：《草根动员与农民群体利益的表达机制》，《社会学研究》2007 年第 2 期。

韩平、董珏：《网民政治参与和政府回应性研究》，《理论界》2010 年第 2 期。

吴毅：《“权力—利益的结构之网”与农民群体性利益的表达困境》，《社会学研究》2007 年第 5 期。

于建嵘：《当代中国农民的以法抗争——关于农民维权活动的一个解释框架》，《社会学研究》2004 年第 2 期。

于建嵘、裴宜理：《中国的政治传统与发展》，《南风窗》2008 年第 20 期。

黄豁：《“体制性迟钝”的风险》，《瞭望新闻周刊》2007 年第 24 期。

郝宇青：《当前中国“体制性迟钝”原因剖析》，《探索与争鸣》2008 年第 3 期。

黄豁：《群众“不明真相”是官员失职》，《共产党员》2008 年第 1 期。

张桂林：《透视群体性事件中的民意沟通缺失现象》，《半月谈》2008 年第 23 期。

程瑛：《干部人事制度改革升温》，《瞭望东方周刊》2004 年第 50 期。

叶娟丽、马骏：《公共行政中的街头官僚理论》，《武汉大学学报》（社会科学版）2003 年第 9 期。

方付建、汪娟：《突发网络舆情危机事件政府回应研究——基于案例的分析》，《北京理工大学学报》（社会科学版）2012 年第 3 期。

许鑫：《网络公共事件政府回应的现状、问题与策略——基于 2007—2014 年 102 个案例的实证分析》，《情报杂志》2016 年第 7 期。

孙立平：《“不稳定幻象”与维稳怪圈》，《人民论坛》2010 年 7 月上。

唐皇凤：《“中国式”维稳：困境与超越》，《武汉大学学报》（哲学社会科学版）2012 年第 9 期。

于建嵘：《压力维稳的政治学分析——中国社会刚性稳定的运行机制》，《战略与管理》2010 年第 4 期。

陈发桂：《基层维稳的行动逻辑：从体制化运行到社会化运行》，《理论与改革》2011 年第 6 期。

徐勇：《走向新民本主义——中国改革发展的路向及转变》，《探索与争鸣》2003 年第 9 期。

王绍光：《中国公共政策议程设置的模式》，《中国社会科学》2006 年第 5 期。

彭宗超、薛 澜：《政策制定中的公众参与——以中国价格决策听证制度为例》，《国家行政学院学报》2000 年第 5 期。

李荣华：《听证程序与行政决策民主化》，《中国行政管理》1999 年第 8 期。

杨雪非：《与民共治：一种城市治理机制创新——以广州公众咨询监督委员会为例》，《广东开放大学学报》2015 年第 3 期。

王艳：《服务型政府的异化与转型——论建立新公共服务型政府》，《云南行政学院学报》2004 年第 4 期。

强世功：《“行政吸纳政治”的反思——香江边上的思考之一》，《读书》2007 年第 9 期。

梁素贞，杨东曙：《纵向民主：探析中国民主政治发展的新视角》，《中共福建省委党校学报》2012 年第 5 期。

朱元祥:《是走向纵向民主，还是走向协商民主? ——约翰·奈斯比特的纵向民主论简评》,《南京理工大学学报》(社会科学版) 2010 年第 10 期。

邓亦林、郭文亮:《中国特色社会组织政治参与的现实困境与图景表达》,《求实》2016 年第 7 期。

陈家刚:《协商民主引论》,《马克思主义与现实》2004 年第 3 期。

陈家刚:《协商民主: 概念、要素与价值》,《中共天津市委党校学报》2005 年第 3 期。

陈家刚:《协商民主研究在东西方的兴起与发展》,《毛泽东邓小平理论研究》2008 年第 7 期。

陈家刚:《协商民主与政治协商》,《学习与探索》2007 年第 2 期。

杜英歌、娄成武:《西方协商民主理论述评》,《国家行政学院学报》2010 年第 5 期。

杨立峰:《"商谈质量指数" 述评——一种研究中国基层协商民主的实证方法》,《黑河学刊》2013 年第 6 期。

朱虹、孙信:《社会主义协商民主制度研究——2013 年全国社会主义学院系统理论研讨会暨中央社会主义学院中国政党制度研究中心第十一届年会会议综述》,《中央社会主义学院学报》2013 年第 5 期。

韩志明:《街头官僚及其行动的空间辩证法——对街头官僚概念与理论命题的重构》,《经济社会体制比较》2011 年第 3 期。

韩志明:《街头官僚的行动逻辑与责任控制》,《公共管理学报》2008 年第 1 期。

张翘楚:《关于民警在群体性事件现场 "软处置" 存在主要问题的剖析》,《四川警察学院学报》2011 年第 3 期。

郭奔胜、黄豁、代群:《盘点 "民意失真" 六大症状以假民意推 "官意"》,《半月谈》2009 年第 16 期。

孟庆英:《城管行政综合执法制度的若干思考》,《理论探索》2006 年第 2 期。

英文文献：

Frederickson H. New Public Administration. Tuscal-oosa: University of Alabama Press, 1980.

Dahl, R. A. Polyarchy, participation and opposition. New Haven, CT: Yale University Press, 1971.

Rourke Francis E, *Responsiveness and Neutral Competence in American Bureaucracy*, Public Administration Review, 1992.

Dr. Pia Mareoni, *Public Administration Reform and Government Responsiveness to Citizens in Italy*, Public Management Service, Ufficio Procedimenti ed Efficienza Administrative Department of Public Administration, Italy, 1997.

Sebastian M. Saiegh, *Government Defeat: Coalitions, Responsiveness and Legislative Performance*, Overview of the Dissertation, New York University, September 25, 2002.

The Commission on Global Governance, *Our Global Neighborhood: the Report of the Commission on Global Governance*, Oxford University Press, 1995.

Weber P. Edward, *The Question of Accountability in Historical Perspective.* Administration & Society, 1999. 31 (4).

E. E. Dennis and R. W. Snyder, *Media and Democracy*, Transaction Publishers (New Brunswick), 1998.

Buchanan J M, *A Contract ran Paradigm for Applying Economics*, American Economics Review, No. 5, 1975.

King G., and Pan, J. and Roberts, M., 2013, How Censorship in China Allows Government Criticism but SilencesCollective Expression, American Political Science Review, 107 (2).

Distelhorst, G., and Hou, Y. 2014, Ingroup Bias in Official Behavior: A National Field Experiment in China, Interna – tional Quarterly Journal of Political Science, 9 (2).

Lipsky. M, *Street – level Bureaucracy*, NewYork: Bus – sell Sage Foundation, 1980.

Gordon Wood. The Radicalism of the American Revolution, New York: Knopf,

1993.

Martha L. McCoy, Patrick L. Scully. Delib-erative Dialogue to Expand Civic Engagement: What Kind of Talk Does Democracy Need? [J]. National Civic Review, Vol. 91, No. 2, Summer, 2002.

Iris M. Young. Communication and the Other: Beyond Deliberative Democracy [A]. S. Benhabib. Democracy and Difference: Contesting the Boundaries of the Political Princeton [C]. NJ: Princeton University Press, 2000.

Jorge M. Valadez. Deliberative Democracy, Political Legitimacy, and Self - Democracy in Multicultural Societies [M]. USA West viewPress, 2001. 32.

John Kekes. Pluralism and the Value of Life [A]. Ellen F. Paul, Fred D. Miller, Jr. , & Jeffrey Paul. Cultural Plural-ism and Moral Knowledge [C]. Cambridge: Cambridge University Press, 1994.

Hart, D. K. The Virture Citizen, the Honorable Bureaucrat and Public Administration, Public Administration Review, Mar, 1984, 44.

后　记

本书是在笔者博士论文的基础上修改而成的。记得当时论文答辩老师刘熙瑞教授这样评价：论文最鲜明的特色是用政治学的视角来研究一个行政学前沿问题。的确，本书正是将政府回应作为一个政治过程来研究，试图对当代中国政府回应过程进行一种描述和解释。

2008 年进行博士论文选题和写作的时候，政府回应还没有引起国内学界过多的关注，研究成果还相对较少。2009 年到中共重庆市委党校工作后，笔者一直在关注政府回应领域的研究进展，自己也发表了一些相关论文以拓展原有的研究。经过七八年的发展，政府回应逐渐成为学界的热点，也成为党和国家施政纲领的一部分，各类成果不断增加。本书尽可能地把国内外这几年研究政府回应的成果进行了系统梳理，并将其中的许多观点吸收进本书。同时，由于实践的发展，本书也及时地大量更新了许多素材、数据和案例，尽可能使本书的理论观点建立在最新实践基础上。另外，为了尽可能全面地、连贯地展示自己对当代中国政府回应过程的研究，书中收录了笔者近年来发表的几篇文章，但没有采用附录的形式，而是将它们嵌入合适的逻辑链条上，以求尽量展示出一个完整的、丰满的研究成果。

非常感谢《中国特色社会主义研究》《云南行政学院学报》《行政与法》等期刊先后发表了本书的一些重要观点！

非常感谢我的博士导师陈红太教授，我自本科起就跟随陈老师学习和研究，陈老师知道我家境贫寒，一直对我关爱有加。他对研究的热情专注与勤勉对我的成长是无形的鞭策。尽管他 2013 年突发脑梗后身体大不如前，但一直关注着本书的出版。

非常感谢中共重庆市委党校的领导和同事们给予我的关心和帮助！

当然，我最应该感谢我的家人！我的父母朴实善良，常年辛劳，用微薄的收入供我上学二十余年。参加工作三年后，父亲因突发心脏病而猝然离世，让我深感子欲养而亲不待的遗憾与痛楚！每当想到此处，就不禁哽咽。没有父母的默默耕耘，就没有我的今天！我的妻子周丽女士对我的书稿写作给予了督促支持，并校对了部分文稿。我的儿子承远天真烂漫，尤其是在我劳累烦躁时，往往能够发挥帮我快速调整状态的神奇作用，也给家里带来了无尽欢乐！

最后，非常感谢中国社会科学出版社以及责任编辑张林老师的辛勤付出！